国家社科基金重大项目"中日合作版《中日文化交流史》"
郑州大学双一流重大专项"亚洲文明互鉴与区域关系建构"

亚洲文明交流互鉴研究丛书
总编・葛继勇

# 中国的日本学研究
## 严绍璗先生纪念文集

主编／汤重南 王晓平 胡令远 王 勇 刘建辉

执行主编／葛继勇

上海社会科学院出版社
SHANGHAI ACADEMY OF SOCIAL SCIENCES PRESS

# "亚洲文明交流互鉴研究丛书"学术委员会

顾问　武　寅（中国社会科学院原副院长、研究员）
主任　王　勇（浙江大学亚洲文明研究院副院长、教授）
委员　（排名不分先后）

松浦章（日本关西大学教授）　　　榎本淳一（日本大正大学教授）
刘建辉（国际日本研究中心教授）　陈　捷（日本东京大学教授）
余昊奎（韩国外国语大学教授）　　徐建新（中国社会科学院研究员）
胡令远（复旦大学教授）　　　　　郭连友（北京外国语大学教授）
刘晓峰（清华大学教授）　　　　　王志松（北京师范大学教授）
王向远（广东外语外贸大学教授）　晏绍祥（首都师范大学教授）
拜根兴（陕西师范大学教授）　　　李铭敬（中国人民大学教授）
孙卫国（南开大学教授）　　　　　刘岳兵（南开大学教授）
潘　钧（北京大学教授）　　　　　陈小法（湖南师范大学教授）
牛军凯（中山大学教授）　　　　　陈秀武（东北师范大学教授）
丁　莉（北京大学教授）　　　　　梁　志（华东师范大学教授）
韩志斌（西北大学教授）　　　　　于向东（郑州大学教授）
钱建成（郑州大学教授）　　　　　周　倩（郑州大学教授）
何华珍（郑州大学教授）　　　　　葛继勇（郑州大学教授）

# "亚洲文明交流互鉴研究丛书"编辑委员会

**主编** 葛继勇

**委员** 黄修志(鲁东大学教授)

　　　　渡边诚(日本广岛大学副教授)

　　　　王连旺(郑州大学副研究员)

　　　　张晓明(北京第二外国语学院副教授)

　　　　成思佳(郑州大学副教授)

　　　　楼正豪(浙江海洋大学副教授)

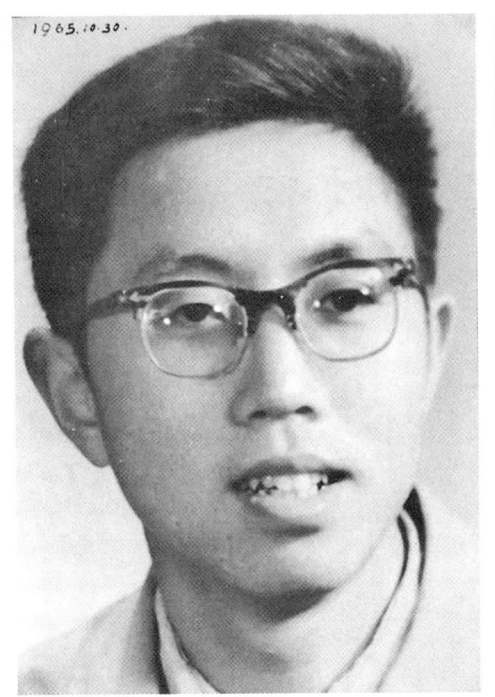

图1-3 为青年、中年和晚年时期的严绍璗先生（照片分别来自"北京大学中文人"微信公众号、郭连友先生和《严绍璗文集》）

# 严绍璗先生追思会

9月17日上午09:00 主持人：葛继勇教授（每人20分钟）
09:00-09:10 "严绍璗先生追思会"缘起说明　　　王　勇教授
09:10-09:15 中西进教授（刘雨珍代读）　日本文化勋章获得者
09:15-09:20 河野贵美子教授　　早稻田大学日本古典籍研究所
09:20-09:40 汤重南研究员　　　中国社会科学院世界史研究所
09:40-10:00 王晓平教授　　　　天津师范大学文学院
10:00-10:20 胡令远教授　　　　复旦大学日本学研究中心
10:20-10:30 休息
10:30-10:50 王　勇教授　　　　浙江大学日本文化研究所
10:50-11:10 刘建辉教授　　　　（日本）国际日本文化研究中心
11:10-11:30 刘晓峰教授　　　　清华大学历史系
11:30-11:50 钱婉约教授　　　　北京语言大学人文学院

---

9月17日上午14:00 主持人：刘建辉教授（每人15分钟）
14:10-14:25 陈多友教授　　　　广东外语外贸大学日语语言文化学院
14:25-14:40 李铭敬教授　　　　中国人民大学外国语学院
14:40-14:55 刘晓芳教授　　　　同济大学外语学院
14:55-15:10 刘雨珍教授　　　　南开大学外国语学院
15:10-15:25 吴光辉教授　　　　厦门大学外文学院
15:25-15:35 休息
15:35-15:50 丁　莉教授　　　　北京大学外国语学院
15:50-16:05 葛继勇教授　　　　郑州大学外国语与国际关系学院
16:05-16:20 张晓明副教授　　　北京第二外国语大学日语学院
16:20-16:30 钱婉约教授总结发言
16:30-16:40 汤重南研究员总结发言
16:40-17:30 学界信息交流、自由发言

2022/09/17　09:00—18:00
腾讯会议：232-764-399　　密码：220806

图 4　严绍璗先生追思会议程

# 总序

葛继勇[*]

## 一

"文明因交流而多彩,文明因互鉴而丰富"。2019年5月15日,习近平主席在亚洲文明对话大会开幕式上发表主旨演讲,明确提出要深化文明交流互鉴,共建亚洲命运共同体。2022年10月16日,党的二十大报告提出,深化文明交流互鉴,推动中华文化更好走向世界,增强中华文明传播力、影响力。并再次呼吁,尊重世界文明多样性,以文明交流超越文明隔阂、文明互鉴超越文明冲突、文明共存超越文明优越。

当今世界面临百年未有之大变局。世界各国尤其是亚洲地区共同应对危机、迈向美好未来,不仅需要经济科技力量,也需要文化文明力量。亚洲各国协同推进政策沟通、设施联通、贸易畅通、资金融通、民心相通,夯实共建亚洲命运共同体乃至人类命运共同体的人文基础,都离不开不同国家、不同民族、不同文明的交流互鉴。

亚洲地区拥有黄河、长江中下游地区,印度河流域,美索不达米亚平原(两河流域)等世界三大文明发祥地,古代中华文明、古代印度文明、古代巴比伦文明等三个古老文明都诞生在亚洲。这使得亚洲文明具有多样性、复杂性,以至于难以整体把握亚洲文明的共通性、普遍性。随着亚洲国家在全球的地位不断上升,作用日益凸显,认识研究亚洲文明、分析阐释亚洲区域关系愈显重要。

郑州大学先后获得"多卷本《犹太通史》"(首席专家:张倩红教授)、"中日合

---

[*] 葛继勇,郑州大学亚洲研究院执行院长、教授。

作版《中日文化交流史》"(首席专家：葛继勇教授)、"越南汉字资源整理及相关专题研究"(首席专家：何华珍教授)以及参与的"东亚笔谈文献的整理与研究"(首席专家：王勇教授)等多项有关亚洲文明交流互鉴研究的国家社科基金重大项目,从文明区域的交融与共生、文化思想的传承与创新、文献典籍的环流与再生、文物史迹的生成与流变、文学艺术的理解与对话、文字语言的认知与变异等六大维度,努力打造具有中国特色的"亚洲学",构建融通中外的学科体系、学术体系、话语体系、叙事体系,增强中华文明的深远辐射力与国际影响力。

面向亚洲未来社会发展的重大挑战,聚焦国家战略需要和国际学术前沿,结合学校的学科与人才优势,郑州大学于2021年启动"亚洲文明互鉴与区域关系建构"双一流重大专项,聚焦亚洲文明研究的基础理论与应用实践协同创新体系,通过优势学科领域的交叉会聚、交互探索和融合创新,系统研究亚洲地区多元文明特质及其交流互鉴机制,探讨亚洲文明研究的重大理论构建和争端问题解决机制;努力培育重大原创成果、培养复合型拔尖人才、搭建新型研究平台,构建学科布局结构优化、学科集群优势凸显、知识创新水平升腾的创新发展模式,努力为提升我国的国际影响力和话语权做出更大贡献。

## 二

郑州大学"亚洲文明互鉴与区域关系建构"双一流重大专项旨在构建不同于旁观者欧美、立足于当事人中国的"新亚洲文明观",以贯穿地理区域、政治社会、文化文明的整体视角和多学科方法,探讨亚洲文明研究的重大理论构建和争端问题解决机制,构建亚洲国家关系新格局研究的话语体系。具体聚焦以下四大学术前沿问题：

第一,克服思维定势惯性。亚洲文明研究难免受到各国意识形态、民族立场、历史认识等主观因素的影响,甚至以西方价值标准来衡量东方、叙述历史和阐释现实。要摒弃"西方中心论"的思维定式,重视各国文明发展过程中相互影响、相互激荡的作用,科学系统地分析亚洲各国民粹主义、国家记忆等的根源,探索解决国际争端问题的研究范式。

第二,驳斥文明冲突言论。近年来,美国秉持单边主义和霸凌主义,以高压手段威逼,粗暴干涉亚洲各国内政,要严厉批判;民粹主义、种族主义和殖民主义抬头,强调文明的等级、优劣与冲突,要坚决反对。今后要摒弃"西方—东方"二元对立的固有定式,从思想根源方面对推进亚洲文明交流互鉴提供理论支撑和智力支持。

第三,解决争议焦点问题。无论在历史上还是当下,中国崛起都是一个不可阻挡、也不必引起无谓惊慌的事实。但是,我们要摆史实、讲道理,梳理中华文明在东亚乃至整个亚洲地区局势稳定以及在国际秩序中发挥的重要作用,剖析中华文明秩序下的国际关系与欧洲威斯特伐利亚体系的本质异同,从根本上驳斥"中国威胁论"。

第四,探寻历史悬案真相。比如为什么在19世纪中叶以前,战乱在欧洲接连不断,而稳定却成为东亚国际关系中的常态?全面系统地研究亚洲国际体系以及不同历史背景下的国家间关系,既能引导我们发现与欧洲经验不同的新现象、新问题,又能为我们审视当代地缘政治格局与国际事务提供新视野、新思路。

亚洲人的观念、身份和期望主要脱胎于其独特的历史经验、世界观和知识体系,伴随着东西方人物的往来、物品的流通、知识的传播和思想的碰撞,亚洲文明对西方文明产生很大冲击,同时受到西方文明的强烈影响。中华文明也不例外。五千年绵延不断的中华文明,需要动态立体地展开研究,在发展创新的多轨道模式下,探索中华文明的源流与疆域、中心与边界;在融合共生的多样化视角下,探讨中华文明与东西方文明的交流与碰撞、影响与互动,进而构建中国对外话语体系新平台、一带一路争端解决新机制,努力促成一套行之有效的人文理念、行为规则、国际规范和制度体系。

## 三

"亚洲文明交流互鉴研究丛书"是郑州大学"亚洲文明互鉴与区域关系建构"双一流重大专项推出的系列学术成果之一,由"亚洲文明交流互鉴研究论丛"与"亚洲文明交流互鉴研究译丛"两种丛书组成。我们的亚洲文明研究,以中华文明为源头、以国家利益为核心、以国学研究为基础、以学科交叉为方法,梳理亚洲文明的发展脉络,弘扬多元共存的亚洲价值;同时,着眼互动环流的动态史观,力争在亚洲文明交流互鉴研究、区域与国别研究等领域取得重大突破。

其中,"亚洲文明交流互鉴研究论丛"主要出版三种类型的研究成果:(1)与亚洲文明的形成与发展、多样性与差异性相关的前沿研究成果;(2)亚洲文明相关文献典籍的整理、翻译与研究成果;(3)亚洲文明相关学术会议的研究报告论文集;(4)前辈学者的遗作及追思纪念论文集。"亚洲文明交流互鉴研究译丛"主要出版亚洲文明相关的国外前辈学者研究成果的译作,当然对其中的某些观点有不同意见时,我们会通过添加译注等方式,阐明国内学者的立场与观点。出版国内外前辈学者的遗作、译作,既向前辈学者表达敬意,亦对青年学人寄托期许。

今后,我们将在思路方法上,把亚洲整体作为方法,兼顾点与面、讲究全与精,既有宏观论述,又具微观考证。在时间序列上,不局限于某一时段,而是纵贯古今,勾勒亚洲文明形成与发展的历史轨迹。在空间区域上,既强调中华文明、日本文明、印度文明等国别文明研究,也重视东亚、南亚、中亚等区域文明的联动性;不仅梳理多元文明间的交流与影响,还探讨不同文明间的碰撞与冲突。

本丛书将对亚洲区域内多元文明的交流互鉴进行系统科学的分析、阐述和探讨,特别是关注21世纪以来学界取得的新成果、发现的新资料、关注的新问题。同时进行有选择性、针对性的专题研究,摒弃知识偏见、学术偏见、思想偏见,努力开拓新的学术领域,促成新的学术增长点,推出新的前沿学术成果,搭建中外学术交流的平台。热忱欢迎文明区域、文化思想、文献典籍、文物史迹、文学艺术、文字语言以及区域关系等领域的研究学者出版学术著作、发表最新成果。希望借此平台,让我们首先在亚洲文明研究领域建成学术共同体!

丛书在筹划、编辑和出版过程中,得到国内外多位专家学者的关心和指导,同时,学校学科与重点建设处、社会科学处以及外国语与国际关系学院等单位领导的支持和帮助,在此表示诚挚的谢意!

2023 年 2 月 15 日

# 序

葛兆光[*]

我保留了一份40多年前(1981)的听课记录。这是在北京大学古典文献专业读书时,我听严绍璗先生讲《文献中所见日本古史及其他》和《日本传统中的汉学与汉籍》两课时的笔记。现在翻开来看,还是有些吃惊,记不清为什么会记得如此仔细,整个记录差不多两万字,涉及众多中日古文献,而其中的内容,至今看来也仍不过时。当我为了写这篇序文重读这些日久泛黄的记录时,又想起严先生兴致勃勃给我们讲课的情景,也由此再次感受到严先生理解和研究中日关系史和日本中国学的一些特点。

40多年前与现在,其学术环境与取向显然不同。我总觉得,现在的学术界,崇尚的是高深理论、繁复论说、前沿时尚,有些像乘飞机在云端翱翔,但那个时代,学术界刚走出机械和刻板的意识形态化论述,特别反感"以论代史",追求的却是文献实证,以便重回可以安心地脚踏实地。被提得最多的,一方面是重视文献考据的清代乾嘉诸贤,一方面是五四时代胡适所谓"有几分证据,说几分话,有七分证据,不能说八分话"。特别是严先生和我们所在的北大古典文献专业更是如此。其实,如今我重读这两份讲课记录,还是深感严先生讨论中日关系和日本汉学,尽管在古典文献专业中别具一格,好像越出了传统的六大类,即文字、音韵、训诂、版本、目录、校勘的范围,但实际上仍是在古典文献学的延长线上。在有关日本古史的一课中,无论是讨论古文献何以称"倭"、徐福东渡的史实与传说、《新旧唐书》前中国正史之"倭国传",还是讨论"日本名称的形成与天皇之出现",他都要引述古今中外的文献及诸家考证,甚至还要进行史源和字义的训诂考证。而在讲述日本汉学与汉籍的时候,更是特别凸显了文献学的特色,仅仅是

---

[*] 葛兆光,复旦大学文科资深教授。

序图　听严绍璗先生讲课的课堂笔记

讲《古逸丛书》中的《日本国见在书目》(简称《书目》)一节,就引述了6种日本文献来讨论编者,引述了安井息轩、岛田翰等论述来讨论编纂年代,还要非常仔细地按照古文献专业习惯,对《书目》的体例、来源、遗漏,作点鬼簿式的介绍。即使是对《书目》的学术价值作判断,也不仅泛泛而论"对日本文化史,(它)是研究上古时代日本文化渊源的直接史料,透露了日本文化受中国文化影响的程度",还要进一步反过来放在中国古文献学史中,指出它可以弥补隋志、二唐志的空缺,可以提供学术史上被忽略的事实,甚至还要指出《书目》的错简、讹误、脱字。这或许是因为他面对我们这些古典文献专业学生的缘故,但恐怕也是同样出身文献专业的严先生的习惯,而这一专业习惯和偏好,一直延续到他后来的重要著作《日藏汉籍善本书录》。

学院的学术,当然应当新旧交替不断超越,中日历史、文学与学术的研究,现在已经与40多年前大不一样。在当年,严先生编纂《日本的中国学家》和《日本中国学史》第一卷的时候,大概这一领域还相当荒芜。我们曾多次在严先生狭小的小屋里看到那些仿佛万国旗一样,悬挂在他房间绳索上写满资料的卡片(这是严先生的习惯和特点)。把资料抄成卡片,把卡片写成著作,当然很艰难,而现在资讯文献来自电脑网络,容易得太多,因而各种译作或著作已经郁郁葱葱、树木成林。不过,有时候回过头来看,那时候的学术传统,却始终还有意义。严先生那一代学者,没有现在学院里那么多玄虚绕口的理论,也没有那种故作高深的习惯,除了文献需要扎实之外,学术表达也是既清晰又明确。如果你读1991年出版的《日本中国学史》第一卷,或许就有这种感觉。也许你可以不赞成他过于执着中国立场,太强调"中华民族的文化"对日本的影响,而忽略日本文化的"古层"与"低音"对中国文化的修正,也可以不赞成他著作中某些遗留的时代标签,如"近代资产阶级历史观""封建性质的反映本阶级意志的近代性文化",但是,你不能不承认他"从中国出发"的立场是清晰的,论述日本东洋学的逻辑是一贯的,关于思想与学术价值评判的表述是明白的。我想强调的是,论著的立场清晰、逻辑一贯、表达明白,恰恰就是学术的力量。这在传统学术中是何等重要,而在当下学术中却又如此稀缺。其实,严先生并不是没有理论,也未必不熟悉方法,其实他自有他的理论和方法,记得在北大古典文献本科读书时,他给我们上的"历史文化论",正是这个专业本科生唯一的一门理论课。

说到论著的力量以及立场、逻辑和表达,我不由得还有一些感慨。近年来,很多人都注意到不能仅仅以中国谈中国,在全球史和区域史的视野中,很多域外关于日本历史文化思想的著作被翻译过来。仅仅日本通史类的著作,我就读到讲谈社日本史、岩波日本史等,书店里也可以轻易地找到丸山真男、网野善彦、尾藤正英等人的著作,同时欧美学者如布鲁姆(Ian Buruma)、克雷格(Albert M. Craig)、基恩(Donard Keene)的著作也很畅销。不过,什么时候我们能有自己关于日本史、中日关系史、日本中国学史的著作,表达出中国角度、独特理路和清晰表述？我记忆犹新的是,十几年前,那时我们和严先生都住在蓝旗营,偶然在小区里见到严先生,就听他大发感慨,说为什么现在还是当年戴季陶说的,日本把中国放在解剖台上用放大镜看了个仔细,而中国人对日本却总是雾里看花不明不白？我明白,他是希望他从事的这一领域,能有中国学者的、有影响的标志性著作。

遗憾的是,如今严先生已经往生,给我们留下的是追思,当然也给我们留下了很多启迪,但更重要的是留下了沉甸甸的期待。我和内人戴燕都是1977级北大古典文献专业的学生,严先生是我们的授课老师。大学时代戴燕就对中日文学有兴趣,曾经跟随严先生做大学毕业论文《剪灯新话和剪灯余话在日本的流传及其影响》,她也许是严先生"文化大革命"后第一个专门指导毕业论文的本科生,而这篇毕业论文1982年就发表在《中日文化交流史论文集》(人民出版社1982年版)中;我进学校的时候年纪大些,兴趣很快就由读前四史而转向历史学,但受到严先生影响,也写了一篇《从记、纪的差异看中国史学对日本的影响》,发表在论文集《从徐福到黄遵宪》(时事出版社1985年版)里。毕业40多年来,我们虽然并不专门从事中日文化比较和日本中国学研究,但在我们各自的学术研究过程中,始终会不断涉及中日之间历史、文化与学术这一领域,这也许也是来自严先生的无形影响。

古代纪念逝去的先贤,往往需要石刻的碑志。古人相信,镂之金石,便能不朽,而现代纪念前辈学者,我以为最好就是熟读他的论著,承继他的研究,用研究论著和纪念文字,镂刻成纸上的墓志。我想,这本纪念文集,就应该是献给严绍璗先生的一块墓碑。

2022年12月11日写于上海

# 严绍璗先生纪念文集缘起

王 勇*

2022年8月6日,新中国东亚文化关系、国际中国学、中日汉籍交流史研究等领域的奠基者和开拓者之一——北京大学中文系教授、比较文学与比较文化研究所原所长、在海内外享有崇高学术声望的严绍璗先生因病逝世,享年82岁。严绍璗先生温文儒雅,治学勤勉,学问精深,著述宏富,在研究方法与理论建构等方面成就斐然,贡献卓越。先生遽归道山,实为中外学术界之巨大损失。

斯人已去,风范永存。为了缅怀严绍璗先生在日本学研究等诸多领域做出的突出贡献,我与复旦大学日本研究中心胡令远教授最初商议,并获得中国社会科学院世界史研究所汤重南研究员、天津师范大学文学院王晓平教授、(日本)国际日本文化研究中心刘建辉教授赞同,遂作为发起人联合倡议举办严绍璗先生纪念活动,安排弟子郑州大学葛继勇教授具体筹备,于2022年9月17日以云端会议的方式举办"严绍璗先生追思会",邀请从事日本学研究的学界同仁及先生旧知,共同追思严先生高尚的道德风范,回忆严先生与中外学人的交游往事,彰显严先生的学术贡献与人格魅力。邀请函发出后,日本学研究界同仁积极响应,纷纷寄来怀念文章或学术论文,日本文化勋章获得者中西进先生、早稻田大学河野贵美子教授也越洋发来唁电,表达对这位杰出的中国学者的敬意与哀思。

追思会当日,参会学者回忆起与严先生交往的时时刻刻、受严先生学术熏陶的点点滴滴,娓娓道来,严先生音容笑貌浮现眼前。他们中年长者如汤重南先生与严先生是北大同窗,而年龄最小者才刚过而立之年,年龄相差近半个世纪。他们有在北京大学与严先生工作多年的同事刘建辉教授、潘均教授,也有在北京大学求学、聆听严先生教诲的学生钱婉约教授、刘晓芳教授;他们有通过学会、学术

---

* 王勇,浙江大学日本文化研究所所长、求是特聘教授。

报告与严先生有密切交流的陈多友教授、刘雨珍教授,也有通过阅读严先生著作、深受严先生学术熏陶的葛继勇教授、张晓明副教授;等等。

很多学者在动情之处几度哽咽,将严先生奖掖后进、诲人不倦的仁爱性情展现无遗。尤其是王晓平教授从与严先生的初次见面谈起与严先生的学术交流以及严先生对其的影响;我本人则从书籍的角度谈及与严先生的缘分以及蒙受严先生的学恩;刘建辉教授则从与严先生"共事"多年的亲身经历谈到严先生的睿智、勤奋、健谈、善良与仗义等。众人发自内心的发言,清晰回顾了严先生所取得的辉煌业绩,高度赞颂了严先生所具有的人格魅力。

很多没来得及参加追思会的国内外学者后来也寄来了文章,如东京外国语大学名誉教授高桥均先生、北京外国语大学郭连友教授等。高桥均教授回忆严先生在日访书经历及其与严先生家人的交往,郭连友教授谈起严先生在北京日本学研究中心的教学工作以及其对学界的贡献。同时,追思会也得到钱婉约教授等严先生弟子们的大力支持和帮助,未能与会的中国社会科学院王青研究员也特意发来追思文章。

尤其令人感动的是,与严先生学缘深厚的复旦大学文史研究院创始院长、文科资深教授葛兆光先生百忙之中撰写序文,北京大学原常务副校长、博雅讲席教授吴志攀先生惠赐玉稿,对本纪念论文集的出版给了了热情鼓励与鼎力支持!

本纪念文集收录的文章中,王晓平教授对日本汉文学作品中出现的地名汉名及其文化符号意义进行了绵密考证,胡令远教授从第二次世界大战后我国中日文化关系研究的结构性转变论及严先生创立的文学"发生学"与文化"变异体"理论,刘晓峰教授论及严先生的文化"变异体"理论对其从事东亚民俗比较研究的影响。此外,吴光辉教授、丁莉教授、葛继勇教授、王连旺副研究员等人的学术论文,也展现了当今中国学界的日本学研究水平。

经与诸位共同发起人商议后,我们决定将上述追思文章及学术论文汇为一集,呈现于严绍璗先生灵前,以永远纪念严先生的光辉历程与丰功伟绩。纪念文集的约稿、编辑、翻译、出版诸事一并委托郑州大学葛继勇教授操办,在此对他及郑州大学团队付出的辛勤劳动表示衷心感谢!我们希望借此纪念文集,能够寄托对严先生的哀思、缅怀严先生的丰功伟绩,并期盼有更多的后来者继承和发扬严先生博大精深的学术思想。

2022 年 12 月 8 日

# 目　录

总序　　　　　　　　　　　　　　　　　　　　　　　　　　　葛继勇　1
序　　　　　　　　　　　　　　　　　　　　　　　　　　　　　葛兆光　5
严绍璗先生纪念文集缘起　　　　　　　　　　　　　　　　　　王　勇　9

## 追 思 篇

怀念严绍璗先生　　　　　　　　　　　　　　　　　　　　　　吴志攀　3
永远深切怀念严先生　　　　　　　　　　　　　　　　　　　　汤重南　7
学之通变、通变之学——与严师严兄论东亚文学书　　　　　　　王晓平　10
春风无痕——追怀严绍璗先生　　　　　　　　　　　　　　　　胡令远　22
我与严绍璗先生的"书缘"　　　　　　　　　　　　　　　　　　王　勇　24
我所认识的严先生　　　　　　　　　　　　　　　　　　　　　刘建辉　36
抚存悼亡,感今怀昔——忆严绍璗先生　　　　　　　　　　　　高桥均　40
深切怀念我所敬仰的严绍璗先生　　　　　　　　　　　　　　　邱　鸣　45
我心中的严绍璗先生　　　　　　　　　　　　　　　　　　　　郭连友　49
怀念严绍璗先生　　　　　　　　　　　　　　　　　　　　　　刘晓峰　53
心香一瓣,可否慰天人——悼念恩师严绍璗先生　　　　　　　　钱婉约　55
我与严绍璗先生交流印象二三记　　　　　　　　　　　　　　　陈多友　63
天涯海角有尽处　唯有师恩无穷期——怀念恩师严绍璗先生　　王　青　67
高山仰止,景行行止——缅怀严绍璗先生　　　　　　　　　　　刘晓芳　70
学者之风范,温厚之长者——缅怀严绍璗先生　　　　　　　　　李铭敬　73

先生之风，山高水长——悼念严绍璗先生 　　　　　　　刘雨珍　78
斯人已去，风范长存——怀念严绍璗先生 　　　　　　　潘　钧　86
"心中的恩师"——悼念严绍璗先生 　　　　　　　　　　丁　莉　92
严绍璗先生的古典文献学研究对我的影响 　　　　　　葛继勇　95

# 研 究 篇

日本汉文学地名丛考 　　　　　　　　　　　　　　　　王晓平　101
试论二战后我国中日文化关系研究的结构性转变及其意义
　　　——以原创性研究为中心 　　　　　　　　　　胡令远　124
从传说到史实——东亚书籍之路的开启 　　　　　　　王　勇　135
符号、变异体与东亚民俗比较研究 　　　　　　　　　刘晓峰　153
熔义理、考据、辞章于一炉
　　　——严绍璗先生日本中国学研究的几点启示 　　钱婉约　167
严绍璗先生治学方法管见 　　　　　　　　　　　　　陈多友　179
作为"文化他者"的中国——近代日本的中国形象的考察　吴光辉　194
从《竹取物语》看古代亚洲文化圈 　　　　　　　　　丁　莉　209
《清朝探事》诸写本的条目内容、系统分类与抄写时间 　葛继勇　230
中世日本的"坡诗讲谈师"与"东坡诗抄物" 　　　　　王连旺　250
斯文在兹——从严绍璗先生的文献学看日本思想史研究　张晓明　274

后记　　　　　　　　　　　　　　　　　　　　　　　　　　278

# 追思篇

# 怀念严绍璗先生

吴志攀[*]

8月7日,我接到同事的微信,告知严先生走了。

就在半年前,他还给我来过电话,我们在电话中聊了老半天。此前,我给严先生画了一幅水墨肖像,裱好了,托其他老人的直系亲属带进养老院,转给他老人家。因为新冠疫情,养老院管理很严格,除非直系亲属预约并持核酸证明等一系列手续才能进去,其他亲朋好友无论什么理由,均一律谢绝。

由于见不到严先生,我只好照着网上严先生的照片来画。几经辗转,严先生收到画了。他很高兴,来电话说,没想到能收到这件礼物,让他喜出望外。我们两家在蓝旗营教师公寓是楼上楼下,曾是多年的邻居,他去养老院前,我经常去他家串门聊天。与比他年轻的人相处,他一点不摆长者的架子。与他聊天,让我感到亲和,所以我们无话不谈。因此,他的形象早已记在我脑子里了。这次虽然是对着照片画,还是加入了我对他的理解,比如:严先生的头发,不论怎么梳理,总会有一部分"宁折不弯"的,怎样都不能被"驯服";严先生的眼里永远含着笑,他既是一丝不苟、严肃认真的学者,也是与人为善的长者;他说话充满激情,语速快,而且语言十分诙谐,透出学人的智慧。

在那次通话中,我俩约好等这一波疫情过去,待养老院可以让亲朋好友预约进来时我一定去他那里。他还说,前几天与另一位也住在养老院的北大老师聊天谈起我,问起我的情况。

再往前一次我们通电话是在他80岁生日时。中文系和出版社的老学生们把他从养老院里接出来,回到城里下馆子,给他祝寿。那天,他是在餐厅给我打

---

[*] 吴志攀,北京大学博雅讲席教授。

的电话,他说:"现在跑出来吃饭了!"可能外面的人很难体会住在养老院里面的老人,能出来吃饭是件多么不容易的一件事!我也能感受到,严先生这次很高兴。我问他:"在哪家饭店吃饭?我马上过来。"他说:"你别来了,已经吃完了,准备撤。因为是老学生们请的,没叫你来。下次我请,一定叫上你。"我说:"好的,只要您再方便出来时,我开车来接您和师母出来吃饭。"可惜,我的这个承诺还没有兑现,严先生就走了。

在疫情发生前,我和家人曾开车去昌平的泰康之家(燕园)养老院看望严先生和其他几位北大老师。他头天给我在电话中详细讲了行车路线,到养老院进哪个门,进门时怎么跟门卫说等,他还给我留了房间座机的电话号。那天,他先带我们在养老院各处参观,一边走,一边介绍各处的优点和缺点。我还记得他说的优点是,硬件设施好,服务也不错;缺点呢,第一价格不便宜,第二就是出入不方便,进来不容易,出去更不容易。因为院方担心老人出去发生意外,或把外面的病菌带进来,管理方式就好像医院住院部那样。这真让我意想不到。他抱怨说,最主要的缺点,就是"见不到外面的老朋友了"。

那天中午,严先生在养老院食堂请我们吃午饭。午饭是自助式的,老人们排队,自己端盘子,但菜品种类比北大食堂少得多,价格也比学校食堂贵。那些行动不便的老人,就由保姆或护工帮忙端盘子。严先生对我说:"每天吃饭都看着这种场面,能有胃口吗?不像过去在学校食堂,看着朝气蓬勃的学生们吃饭的样子,胃口就好了。"

严先生说到这里,又认真地对我说:"你也不小了,也该考虑将来养老怎么办?如果你愿意,可以想办法来我们这里养老,我们一起做个伴儿。"严先生解释"想办法"住这家养老院的意思,就是那时该养老院的房间已经全满了,想来的老人得等再有空房间才能入住。严先生说:"我们来得早,那时价格比现在也便宜一些,现在不但涨价了,而且想来也没房间了。"

上述这些场景、这些对话,我都记得清清楚楚。

严先生长我十几岁,他是59级中文系的,我是78级法律系的。他是我的老师,但他对我却从来不像老师,更像兄长。因为我们可以无话不谈,无所顾忌,有什么说什么。他的语言非常幽默,经常把我逗得笑不停,他却一点都不笑。他还经常自嘲,一点都不在乎别人怎么看他。严先生做学问时十分严谨,与他在聊天时的幽默判若两人。他是一位真正的语言大师,他永远能够在平常事中找到有趣的点,这就是他与生俱来的本事。

记得我们刚搬到蓝旗营时,他约我去家里坐坐。地上堆满一摞一摞的手稿。他说,这是要他老命的一个"大活儿",就是正在编写的《日藏汉籍善本书录》。这大部头已经"折磨"他十多年了,而且越做越多,看不到尽头。他认真地对我说,可能不等他做完他就没有了。我说不会的,就因为有这个事要做,老天爷也不会放了您的。又过了一段时间,我们在楼下遇见了,他对我说:"志攀,这次是真的了!我不跟你开玩笑,医生已经跟我说了,我鼻腔里好像长了一个什么东西,应该是癌。所以这次我真的要没了。那部大书还没编完,只能留下遗憾了。"我说:"看您气色好着呢,说话底气比我还足,不像您说的那种情况。医生一定是搞错了。要不就是吓唬您,让您别太累了。"我们一起进楼上了电梯后我送他先到他家,我再回家。

又过了几个月,我去他家看望,地上的稿子更多了。他说:"这个活儿真的要累死人不偿命的。你都看见了,真是自找苦吃,我也只能跟你发发牢骚了。"我说:"这部大书很有学术价值,中日研究汉籍善本的学者这么多,没有人能做出来,只有您能做出来。再坚持一下就大功告成了。"他说:"好吧,鼓励我,我谢谢你。如果我哪天真没做完就没了,你是亲眼看见我在干活儿的人。"

又过了一段时间,严先生突然跟我说:"志攀,你要帮我一个忙。《日藏汉籍善本书录》三卷出版了,要举办首发式。你一定来参加。"我坚持要他把首发式放在北大来办,也去参加了会,国内和日本都有同行学者参加,给予这套大书很高的评价。我记得有位日本做汉籍研究的老学者提出,这些善本收藏在日本,但日本学者没有编出来这好的书,严先生是一个中国人,他做出来了,这让日本学者感到汗颜。

严先生跟我讲过一些他在日本访汉籍善本的往事。因为这些善本分散在大学图书馆、大企业收藏室,以及宫内厅图书馆等,要到大企业收藏室,特别是要进入宫内厅图书馆查书,可谓难上加难,需要有一定社会影响的人介绍,外国人才能进去;特别是那些被列入日本"国家财"的善本,都是珍贵文物,保护很严密,他费了很大力气才查询到。

严先生送给我一套《日藏汉籍善本书录》。我这个外行从头看到最后一页,真是聚沙成塔、集腋成裘,工程浩大啊!要做这部大书,可能也只有严先生能行。在大学里面,日语是一个专业,图书版本是一个专业,古籍文献是一个专业,这三个专业都要有很深的功底,还要舍得吃苦,舍得花 10 年、20 年的时间,才可能做成这事。我想除了严先生,这样的人很难找到了。

在当今的学术评价中,我们重视论文、重视专著,但很少有重视工具书编撰的。其实,两者各有各的难处,各有各的价值。邓广铭先生把年代、地理、官制和目录作为治史的"四把钥匙",我觉得严先生就是打造钥匙的人。

他还是一个完美主义者,虽然外表上有一点不修边幅,但他对自己的书却做得非常仔细,尽可能尽善尽美,这里面下的是"绣花功夫"。编撰这样的工具书,就好像是给学术大厦打下深厚地基,不为常人所见;而有创见的论文、专著,是大厦高层房间的窗户,大家在很远处就望见了。即使这样,没有人会认为地基不重要。

我和严先生的交往,还有很多事情值得铭记、值得写下来。特别是在遇到困难的时候,他是那么真诚地给予我帮助并仗义执言。我深知,那是基于百分之百的信任和百分之百的正义感,而这种信任、这种友谊,在这凡尘俗世中无比宝贵。

严先生走了,但他留下了那么多沉甸甸的书,留下了那么多朋友、学生。我想,他应该没有留下遗憾。

严先生安息。

# 永远深切怀念严先生

汤重南[*]

尊敬的各位线上线下与会的中日专家、学者们,大家上午好! 值此严绍璗先生仙逝四十二日之际,心潮起伏,思绪万千,有太多的话语想倾诉。故以《永远深切怀念严先生》为题,简单列出先生三大方面的杰出贡献,以表达对严先生的追思和缅怀。

第一,永远敬仰先生为中日文化交流所做的杰出贡献。提起严先生,学界同仁都会异口同声地称赞其为中日文化交流所做的诸多杰出贡献。我对先生深表敬佩,将先生的杰出贡献和与他的所有交往永远铭记于心。我与先生是同年,我仅比先生小两个月,而且同在1959年进入北京大学学习,我在历史系,先生在中国语言文学系古典文献专业。当时的古典文献专业可是一个非常时髦的新专业。从1964年毕业以后,他留校北大任教58年,我到了中国社会科学院。先生的一生为我国社会主义的文化教育建设和发展做出了不可磨灭的杰出贡献,先生为中日文化交流做出了令人感佩的努力,留下了诸多流传后世的大作和成果。先生开始以研究日本藏中国典籍、日本的中国学家而广为人知,后来其研究领域则不断扩大、深入,成为著名的大家。我对先生十分敬佩,佩服他这么早就有这么多成果发表。我们在北大从第二年,也就是1960年就开始有所交往。先生的三大主要业绩,站在国内外学术的前沿,我想我们国家不会忘记,我们的同仁和晚生后辈、学人也将永远铭记,永远敬仰。先生参加了多项有意义的国际活动,曾经参与中日两国领导人的会见,而且有所对话,对增进当时的中日文化交流发挥了特殊的重要作用。另外,先生承担了多项社会工作。就我所知,我和他就一起参加了第六、七、八届宋庆龄基金会"孙平化日本学学术奖励基金"专家评审委员会工作,他一直担任着历届

---

[*] 汤重南,中国社会科学院世界历史研究所研究员。

的主任。2017年10月,他还担任了第八届评委会的主任,不想这竟是我与先生的最后诀别。最后一次相见时他的音容笑貌我还记忆犹新。而到2021年第九届时,先生病重了,由我担任了评委会的主任。经历了这一届评审我才真正地、深深地知道这一工作的复杂、多样和艰辛。可他一直是那样的宽厚仁慈,对待所有的评审都那么认真、负责。这项工作已经在中国和日本有着广泛的影响,已有几百位受奖者获得了"孙平化日本学学术奖励基金",而这一切又凝聚着严绍璗先生的心血。先生在国内外兼任各种职务,他的讲学、讲座也数不胜数,与中外学术界进行了广泛的学术交流。这些都有非常清晰的记载,我也非常敬佩。

第二,永远铭记先生的学术贡献。先生从1964年起,到现在58年的教学学术研究活动中,其学术生命更加辉煌,先生在中日文化交流史、东西文化交流史研究方面具有开创性的学术贡献。据不完全统计,先生讲授的课程多达十三四门,出版学术专著16种,学术论文、文章有250多篇。先生的学术成就还可以从他获奖之多和所具有的含金量中得到充分体现。王勇先生最为了解他获奖的情况,而且跟我非常具体地谈了这些大奖的意义,在这里不多赘言了。先生担任了学校、系、所和研究会等各种各样的行政领导和兼职。仅在学会、理事会以上的社会兼职就多达13项。凭心而言,先生在不胜枚举的学术机构、学术团体和学术刊物上常年担任领导、顾问的工作,为我国教育出版、学术研究、中日韩的文化交流等诸领域做出了巨大的贡献,功不可没。这些机构的发展、成就也都凝聚了先生的辛勤劳动、心血和汗水,我等确实应该永远铭记不忘,先生是当之无愧的先行者、开拓者和领导者。先生自己在中日文化交流史的研究方面是大师级的奠基人和指导者,先生的数部代表性著作或为首创、或开风气之先、或为大的突破、或成一家之言,备受学界重视,影响深远,堪称研究史上成就卓著的呕心沥血之作,其精辟独到的见解,受到学界广泛重视,对我国日本文化研究领域的发展及深化都有深远影响。先生在学术上的杰出作用和贡献还体现在广泛地进行着国内外学术交流以及在国内外所做的学术报告、讲学等各个方面,特别是在中日韩文化交流方面,将永载史册。先生的一生是从事教育和研究的一生,作为中国的学界领导,其开创之功彪炳史册,其著述丰硕,水平极高,影响巨大而深远。教书育人,为人师表,德高望重。应该说先生是新中国学界的一代宗师,先生的丰功伟绩,国家、民族特别是中国的日本学界我等同仁、后学将永世不忘、永远铭记。

第三，永远敬服先生的学问、为人。先生不仅自己博览群书、严谨治学，而且以身作则、教书育人，更以其学识精神和平时的为人深受同辈、后辈学者们的衷心爱戴和尊敬。记得先生在诞辰70周年之时，我们恰好在香港召开学术会议，与会学者为他举行了庆祝活动，对先生的学问、人生、为师、为人做了介绍，生动、具体、感人。当时的情景，至今我依然万分感动、敬佩，记忆犹新。先生在北京大学常年教授中日文化交流史、东西文化交流史等课程，早已是桃李满天下。先生培养出了大批良才。从1986年开始，在日本中国学方面、东亚文学与文化关系方面，培养了28名硕士、博士，以及大量的本科学生，还有日本的几位留学生，其中不少已经成为学界的著名教授和专家学者。先生在给研究生讲课时，还特别注意充分调动学生们的主动性和积极性，不仅传授知识，更让学生们掌握从事研究的方法，从而使学生们听得清、记得住，终生受益。先生从事教育58年，以一腔热忱和心血，培养了难以尽述的人才。先生桃李盈门，众多弟子大多已经成为我国日本研究界中日文化交流的领军人物、核心骨干和中坚力量；弟子的弟子们现在也正在一批一批地成长、成才，源源不断地壮大着日本文化、中日文化交流的研究队伍。在纪念先生逝世"六七"四十二日之际，在缅怀先生杰出业绩和崇高师德之时，我们可以充满自豪地告慰先生：您奠基开创的中日文化交流教学研究满园春色；您辛勤培养的一代代后生学子们承继着您宝贵的精神财富和丰富的教研经验，后继有人；您用心血浇灌的史学、文化交流学的园地，如今已是百花尽开，争芳斗艳，现正在北京大学和全国各地为祖国的教学科研事业的发展和走向世界而拼搏向前；您的未竟事业，必将发展光大，不断取得一个又一个新的更大的成绩。我们同仁、后辈学者都会努力做得更好，取得更优秀的成绩。

可敬可爱、可亲可佩的严先生，我们永远怀念您，您永远活在我们心中。我们永远无比地敬仰，永远铭记不忘，永远敬服热爱，永远无尽地怀念永远的严绍璗先生！

2022年9月17日于北京

追记：本文由张辰龙根据录音整理，王连旺校订成稿；成稿后，多次联系汤先生过目未果。2023年1月，得知汤先生仙逝，学界又损失了一位儒雅博学、德高望重的前辈学者，汤先生安息！我们也永远深切怀念您！

# 学之通变、通变之学
## ——与严师严兄论东亚文学书

### 王晓平[*]

"一般来说,对古代文化的研究,学者常常会囿于自身设置的文化氛围中而难以实现与现代接轨,更难以与世界文化交汇融通。"[①]这句话您写于18年前。今天读来,感慨系之。身为中国古代文化研究者,我们和许多从20世纪七八十年代走来的学人一样,将自己的研究紧紧地和未来与世界拴在一起,向往着做一枚小小的石子,为打通中外学术铺路。您,还有您的师友们,一直站在探路者的头排,走在我们的前列,带我们走出自我封闭的藩篱,推开向现代接轨、与世界学人握手的大门。眼下正是雨雪载途,风尘莽莽,不曾想到,您会这么早地丢下一摞未完的文稿,一堆待阅的书本,匆匆飞逝,一去不归!呜呼哀哉!

## 严师严兄

记得和您第一次见面,是1980年代中期,在北京大学一间小小的会议室里,一个会议的间隙。匆匆忙忙的,没有说上几句话,就决定了一件事情。在此之前,您的《中日古代文学关系史稿》和我的《近代中日文学交流史稿》同列入乐黛云先生主编的"比较文学丛书"中,这次还是得乐先生厚爱,让我们合著一部《中国文学在日本》,收录于乐先生与钱林森先生主编的"中国文学在国外丛书"。当时,我们只简单说说各自打算怎么写,散会后就各忙各的去了。

---

[*] 王晓平,天津师范大学国际中国文学研究中心、文学院教授。
[①] 严绍璗、王家骅、马兴国、王晓平、王勇、刘建辉:《比较文化:中国与日本》,吉林大学出版社1996年版,第54页。

再见面的时候，就是我捧着一堆稿子，在您家，看您三下五除二地将两个人写的内容统合一番，合写前言，拼合两个人的稿子，似乎没有多长时间，书稿就挺像个样子了。您的敏捷、睿智、果决，以及我们两个人的默契，毫无涩滞的顺畅合作，都是在边说边做的过程中享受到的。

说来这种默契，在两人见面之前似乎就已经形成了。原来在1984年暨南大学中文系饶芃子先生举办的比较文学研讨会上，机缘巧合，我和乐黛云先生同坐一车去吃中饭。没有说太多的话，车上乐先生就说她正在编一套丛书，你也写一本吧。并且告诉我，丛书还将收录严绍璗教授的一本，内容是有关中日古代文学的比较研究。当时，我还是一个刚工作两三年的硕士生。我为乐先生的错爱所鼓舞，几乎毫不犹疑地决定，那我就写近代的吧。

虽然原来我的兴趣一直在古代中日文学的交流，近代部分很多是我从头学起的，但当1987年底，捧着您的《中日古代文学关系史稿》一遍一遍读的时候，还是十分震撼。稍感欣慰的是，我们这两本书有很多相近之处。简单来说，都是在大量文献资料的基础上，来展开两种文学现象同与异、通与变的分析，有很多一般教科书或时髦文章中见不到的深入思考，而又很少空泛的议论。

多少年后的今天，我仍在庆幸。是那个开放的时代，让我得以接触到乐先生和您这样的大家，得到扶持与提携，才得以走到今天。与您高效的合作，让我感受到巨大的信任，就像从乐先生那里感受到的一样。乐先生或许只是看了三五篇我发表在《中国比较文学》《文史知识》《日语学习与研究》这些"边缘"刊物上的几篇文章，听了一次我在学术会议上不足20分钟的发言，就把中国第一套比较文学丛书的写作任务交给了我。她没有问我是不是来自名校、是不是拜过名师，有没有什么闪亮的头衔。虽然当时的"身份标签"还没有像今天这样具有冲击力，但已经有人拿起了这个"神器"，比如在名片上印上一大堆头衔，这成为当时教授名片的"国别特色"。

从与您定稿不久，我就在国外待了不短的时间，所以后来的工作就未能参与。那次归国后，《中国文学在日本》已经出版。有意思的是，那本书封面折页上的作者介绍，关于我的"身份标签"，大多有些不确。这是因为当时的国际电话、电报甚至通信都极为不便，少了些沟通的机会，同时是不是从另一方面说明，那时人们对于"身份标签"魔力还"认识高度不够"。

那些年，不论是在国内还是在日本，每当遇到难题，首先想到的就是您。从1980年代末，我就过的是中日隔海两头飞的"海鸥"生活。2005年那年我还是帝冢山学院大学的专任教授，当时由于小泉参拜靖国神社，两国关系遇到困难，我们学校与朝日新闻社准备召开一个面向全社会的公开讲演会，以"文化能为中日关系做些什么"为题，说明中日关系的真相，在损害中日关系健康发展的各种势力嚣张的局势下，发出我们的声音。会议筹备期间，您正飞往美国，在飞机上为我们起草了贺信，半夜用电子邮件传到大阪。在大会开始的时候，这封贺信和平山郁夫的贺信一起宣读，在会场引起很大反响。听着会场上那热烈的掌声，我心里充满了对您的感激，为在如此时刻能有您这样的朋友的支持感到无限幸福。

对于我在天津师范大学的工作，您从来都是鼎力相助的。2004年，天津师范大学比较文学与世界文学博士点建立，您亲自从北京来祝贺，为师生作了高屋建瓴的学术报告。2009年，天津师范大学文学院举办《东亚诗学与文化互读》国际学术研讨会，开会当日正值中国人民大学举办的国际学术会议需要您主持，结果您一日之中往返于京津两地，为天津的会议作了基调报告《关于文学"变异体"与发生学的思考》，而后马上赶回北京，去主持另一个会议。在没有高铁的时代，京津之间单程也要两个来小时，加上两边市内，所需时间更长，其紧张和疲惫是可想而知的。像这样的事情，几乎每年都可以举出来。

## 严 情 严 理

不管是您的文章，还是您的谈话，特别让人感动的是您对那几位在学术道路上指点、激励、启迪过您的先生们，对支持您走上日本文化研究道路的魏建功等老师，对中外朋友点点滴滴帮助的真心感激。您的那些话常常让我想起相似的场景，引起内心深深的共鸣。

您曾讲起您带着日语的语录上干校的那些事儿，我马上想起自己在大字报拦下翻俄语语录的情景。那时爱读书的人，都有"明读"与"暗读"的经历。"明读"就是读那些没有贴"毒草"标签的书。只能暗读的书千千万万，能明读的书就那么几种。《史记》《莎士比亚全集》属前者，《鲁迅全集》属后者。由于对《鲁迅全集》翻过好多遍，所以后来读您收录在《中国文学在日本》中有关日本鲁迅研究的部分就不由得发出会心的笑。

晴耕雨读,逆境淘书,是古代读书人常见的故事。而到了现代,又有了许多新版本。天津师范大学中文系原主任、后来担任中国作家协会书记处书记的鲍昌,曾说他戴着右派帽子读完了所有能找到的马克思、恩格斯的书。《鲁迅全集》一遍一遍地读,就读出了鲁迅的喜怒哀乐,读出了一个有血有肉的鲁迅,一个有骨气和有血性的鲁迅。很多话就刻在脑子里,深深的、死死的,到今天,也是狂潮冲不走,狂风吹不掉了。鲁迅的话让人清醒。我研究《诗经》,当然不免偏爱,但我总也不会忘记鲁迅说的"《颂》诗早已拍马",觉得他说得真不错。鲁迅那些言说中国文化的段落,有些是以在日本的体验为背景的,而他言说日本文化的很多话,又有着中国文化的参照。他绝不是一个主张文化闭关锁国的人。

鲁迅这盏灯在我们心目中是永不熄灭的。在《日本藏宋人文集善本钩沉》一书的序言中,您在回答"你那么费劲地搞这些资料做什么的问题"时说:"回顾学术文化研究的历史,作为文学家的鲁迅,一直在做着中国古文献的整理工作,作为史学家的郭沫若,一直做着古文字的考辨工作。他们始终把人文的研究,与确证的原始材料统一起来,对 20 世纪中国学术文化的贡献至大至巨。"[①]在《日本中国学史》的第十四章,《日本中国学的当代文化研究——对战前鲁迅研究的考察》引用了吉川幸次郎的话:"对于日本人来说,孔子和鲁迅先生是中国文明与文化的代表。一个日本人,他可能不了解中国的文学、历史和哲学,可是,他却知道孔子和鲁迅的名字,他们常常饶有趣味地阅读孔子和鲁迅的作品,通过这些作品,他们懂得了中国文明与文化的意义。"[②]您用这样大的篇幅来论述日本的鲁迅研究绝非偶然,这当然完全可以看出鲁迅在您心中的位置。

不知道那一年代,《鲁迅全集》和各种粗糙发黄的纸张上面印或写的鲁迅文章,在多少电灯、油灯、马灯、路灯昏黄的光照下被人们默读谙记,有多少戴眼镜和不戴眼镜的双眼在凝视它,有多少人在窑洞土房、田边地头、牛棚马厩、鸡舍羊圈里默念过鲁迅的名字,默诵过他的名言?鲁迅作为那一时代中华先贤的代表,他的智慧、血性和骨气曾经默默地支撑了多少人走过苦涩的日子。因为想起他,也会想起他谈过的魏晋风骨,想起他对知识者的定义,想起他对"无韵之离骚,史

---

[①] 严绍璗编撰:《日本藏宋人集善本钩沉》,杭州大学出版社 1996 年版,第 6 页。
[②] 严绍璗:《日本中国学史稿》,学苑出版社 2009 年版。

家之绝唱"的赞美,想起他对中国古代文化入木三分的洞见,就明白什么是真正的中华文化精神,就不怕被人忽悠。

上大学时,我的班主任申建中老师一再跟我们说,读作家要读全集。研究生导师温广义先生又总跟我说,古书不要光看注释本,要多去看"白文",学先秦的也不要只看先秦的书,要把汉魏、唐宋乃至以后的书都要多读,也才能真正理解先秦。这些话,都让我受益终生。在和您议论起古代中日作家的时候,听您那些关于原著、原典重要性的话,便感到格外入耳。您的话有着极强的针对性。如果有人最关心的并不是究明真相、认识"真人",而是性急地去找那些可以引来证明自己预先设计的"条条"和"框架"的话,那么完全不用费那么大的劲儿去啃全集,也不用去弥补阅读经验严重不足的短板;如果真想做一个您那样的"纯学人",那也就别无选择,只有好好去读、好好去想一条路。

1970年代末您发表的那些文章,不少都是逆境淘书的结果。1979年出版的《日本中国学家》,收录有关学者1 105人,辑入他们的著作10 345种。这是我国国际中国学研究最早的成果之一,而此书正是在十多年国内资料奇缺、研究工作的物质条件非常困难的情况下完成的。在《中日古代文学关系史稿》一书前言开头的一段话,便有着这种逆境淘书后的感慨:

> 双边文学研究或多边文学研究,特别是关于它们之间的相互影响,常常会面临一些危险。这一方面是由于研究者为观念与视野所限,不经意地对一些似是而非的文学现象,振振有词地发表见解,自然会受到饱学之士的讥评,双边文学研究的名声,因此也就会被败坏;另一方面是执着于民族主义情绪的研究家,常常把对揭示不同民族、不同国家之间的联系、排斥、包容和反馈的诸种研究,斥之为意在否定作家与作品的"个性"、试图抹煞文学的"民族性",等等。从事这一研究,有时不得不承担如此重大的责任,岂不让人如履薄冰,胆战心惊。[①]

这样的话,正是那一位在特殊时代怀着惴惴不安的心情踏上探索之路的读

---

[①] 严绍璗:《中日古代文学关系史稿》,湖南文艺出版社1987年版,第1页。

书人的心声。何止是双边文学研究会不得不面对这样的危险和尴尬,就是那些读双边历史、双边文化的人,甚至搞翻译的人,如果他不满足于糊里糊涂扫读而愿意求个究竟的话,都多少会为自己的学力不足而苦恼,也常不免会为自己的认知在多大范围内被认可而显出焦虑。对真知、真相、真情的渴望,或许是极大的诱惑,但也多伴随着无尽的思虑甚至痛苦。

"暗读"则是背地里读那些包括《古事记》《蟹工船》在内的"草"类书。我曾亲耳听著名戏剧研究家吴晓铃先生讲过,钱锺书在干校当售货员的时候也有过"暗读"故事,我想那绝不是虚构。

在《中日古代文学关系史稿》中,您已提出古代日本是一种"复合体的变异体文学"的命题,并且给"变异"下了明确定义,指出文学的"变异",一般来说,都是以民族文学为母本,以外来文化为父本,它们相互会合而形成新的文学形态。这种新的文学形态,正是原有的民族文学的某些性质的延续和继承,并在高一层次上获得发展。在《日本中国学史稿》第四编《日本中国学发展中"变异"状态研讨》里探讨的也是日本中国学的"变异"[1]。从那以后,"变异"一语便逐渐热起来,为比较文学研究者津津乐道,您似乎有了这一概念被滥用的隐忧。曾在《国际中国文学研究丛刊》第一集《寻求表述"东亚文学"生成历史的更加真实的观念——关于我的"比较文学研究"课题的思考和追求》一文中说:

> 当我从文学的"发生学""传播学"和"阐释学"等多层面的立场上考察学术界关于"东亚文学"生成历史的表述后,便日益感觉到目前所读到的国内外关于这个层面的研讨,不少论说还是过多地局限在"民族文化自闭"的文化语境中,以自己本民族文学的所谓"统一性""单一性"和"稳定化"及"凝固化"为自身的"民族性特征",从而事实上隔断了"民族文学"与世界文化的丰富多彩和千丝万缕的联系,把本来是由多元组合的民族文化与文明的发展,伪装成七零八碎的所谓具有"单一性"和"凝固化"的"愈是民族的便愈是具有世界性"的。[2]

---

[1] 严绍璗:《日本中国学史稿》,学苑出版社2009年版,第373—445页。
[2] 王晓平主编:《国际中国文学研究丛刊》第一集,上海古籍出版社2011年版,第1页。

根据我的理解,在采用"变异"这个概念时,您是有明确界定的,言说对象也很明确,它对于描述"东亚文学"具有切实的意义。有变,并不一定就是变异。意料之中的是,这个概念很快被扩展,有些越来越偏离您提出这一概念本身的含义,一谈跨文化,便论其变异。我曾经听您说,那不一定都是您所说的变异。20世纪七八十年代以来,新理论、新概念、新词语纷至沓来,很多未经消化的东西一时变为漫天飞絮,对于这一"国产"理论,急于构建理论的人们泛化而用也不足为奇。您并不想陷于争论,这也是那一代学人普遍乐于采用的方法。然而,我总是在等待着,什么时候您再来澄清一下。

在天津师范大学国际中国文学研究中心召开的会议上,我曾以"五个一"来说明您的学术贡献,这"五个一"是:第一个全面系统地调查日藏善本书籍的学者,第一个从事日本中国学研究的学者,第一个撰著中日文学关系史的学者,第一个培养中国历史上东亚比较文学博士的学者,第一个培养海外中国学博士的学者。这一点也不夸张。这些固然是我尊敬您的原因,但更尊敬的、发自内心里向往的,是您那个"纯",那个一心不乱。

## 严 风 严 雨

《中华读书报》上曾经发表过陈洁写的一篇文章《严绍璗:象牙塔里的纯学人》,文章里记录您讲的话,很能传达您的口吻,您坦率地谈了一些人心目中的敏感话题。题目称您是"纯学人",可算是实至名归,而那象牙塔的修饰语,或许是一个媒体人听完您的故事后的妙手偶得,抑或是一时灵感。如果容许我想一个题目的话,恐怕容易想到的只能是负笈四海这类的俗词儿了。

不知什么时候起,"纯学术"不像有啥好意思,"纯学人"也就只能呆在象牙塔里似的。然而,您那些学术,不是躲在象牙塔里做得出来的,更不是与象牙塔外无关的。您在言说东亚文学,其实也是在言说中国文学;您在言说中国文化的昨天,实际上是为了言说中国文化的今天。

不止一次听您说过,有些人本来是一心搞学术的,后来看到别的好处,或另有原因,就半心半意了,甚至转身而去。您还谈到过,小南一郎曾经跟您说过,学者就是要专注于学术。您实际上是用几十年的学术实践,树立了自己的真读书人的形象。在各种诱惑、冲击、压力面前,知识分子的道德底线毕竟要自己守护,每个人的行为方式也毕竟由自己决定。一心不乱搞学术,不容易;一心不乱搞您做的那些学问,是不是更不容易？人在江湖,有时候,我们不得不跟着某一种乐曲群舞,能够决定的或许只有我们自己的心境和舞姿。然而,就是这样,我们也还是可以快乐地投入自己喜欢的学术工作中去的。

您说《比较文学视野中的日本文化——严绍璗海外讲演集》里收录您的讲演文稿,大致可以反映出30年间您在以"中日文化与文学"为中心的"东亚文化与文学关系"的研究中逐步形成的学术观念和学术立场,"大致可以勾勒出北大一个从事人文学术的教师在数十年间孜孜努力,希望在这个长期被学术界所冷落的领域,能够有所作为,并进而争取与国际学界进行对话的学术发展的轨迹"。这样的轨迹,出在北大,可以由此管窥的却是一个广布北大以外的群体。这是一群由开放时代催生的"身为下贱,心比天高"的当年的年轻人。说来司马迁用生命的光焰点燃的那句话"通古今之变,成一家之言",曾经把他们年轻的心照得通亮,而敞开的世界大门,让他们睁开眼睛一看,便选择了自己的命运。他们学的是中国文化,这已经够他们学几辈子的了,但他们好"狂",他们不光要知道中国,还想知道世界,他们不光要通古今之变,莫非竟然还想通中外之变？他们梦想把看到的外边世界,一五一十地讲给自己的同胞兄弟,也把真实的中国告诉身边的异国友人。他们不止步于"拿来主义",还想与国外同行当面锣对面鼓,论一论真实的中国文化。就为了这个一生一世自己可能都达不到的目标,他们已过而立之年,还牙牙学语;在异国的书城书海里,一杯咖啡几片面包,死坐不动,不停地抄写,不停地掀起头脑风暴,只因心里坐着个伦敦图书馆抄经的王重民、枯守敦煌石窟的常书鸿;异域大都会的地铁四通八达,而为了多省出一点复印费,他们不在意走破鞋子、晒黑脸子,只因脑子里住着个西行的玄奘、东渡的鉴真;他们在中餐馆里端盘子、洗碟子的时候,也会偶尔走神,思绪跑进了构思着的论文,推敲起明天面对异国民众讲演的洋文。您所说的那个长期被冷落的领域,虽然依旧冷落,但还是拥进来一群人,他们中会不会出一些真读书人,我们期盼着。

您说,争取与国际学界进行对话,"这或许是一种奢望,但我的意愿却是真诚的"。您的这份真诚,中国学人的这份真诚,已有很多国际学界的朋友感受到了。唯有对学术的真诚、对文化的真诚、对对话对象的真诚,才能与真知靠近,才能让对话成为平等交流。与国际学界对话，需要一套不同于关起门来论天下的"话术"。说来道理也简单，知己知彼，话就容易说到点子上。井上哲次郎和永田广志这样的日本哲学界的大家，都把藤原惺窝当作日本儒学的创始人，而您通过对五山汉诗的深度解读，指出从事汉诗创作的五山僧侣们，在接受中国新佛教禅宗的同时，也接受了中国的新儒学，并逐步确立了宋学的地位。① 您真诚的态度，有理有据的论述，更新了对日本宋学的认识，也打破了对大腕名家定论的迷信。这样的学术对话，会使双赢越走越近。对话有时也不免会吵架，但吵架并不是目的。双赢很难很难，甚至遥不可及。您和那些真正的对话者一直在思考的问题，就是如何让这种文化学术的对话取得双赢之效的可能性。我们是不甘认输的实践者，不是空谈家。纵然一挫再挫，我们也找不到放弃的理由。

我们见面，次数最多的还是各种会议。有您在场，就像多了习习清风，多了点点细雨。那是您在讲话，普通的事情，从您嘴里说出来，便变得有了故事性，大家围着您，咋吧着话里的滋味，而我却喜欢默默地坐在一边，享受着倾听的乐趣。

您讲的不是闲话，也不是"段子"，几乎都是学人、学者、学问的故事。和您在一起的时候，我总是一个心情愉快的倾听者。读您的文章，也好像是在聆听您的倾诉似的。只要您毫无倦意地说，我就期待着新话题。您很善于和各种年龄的朋友相处，也很擅长处理各种复杂的关系，或许这正是您真诚待人、阔达宽厚的禀性为基础而造就的才能。每次我们见面，我都感到很开心，也很轻松，时间过得很快。

在接受陈洁采访时，您是大实话小爆发，您说："学术智慧是个积累的过程，人文学者需要积累。'疯狂速成'犹如'异想天开'。"您甚至说某处"现在的用人政策既很奇特又很愚蠢，教授的调入以 50 岁为上限，其实人文学科真正的成果大都是长期积累和思考的结果"，环顾四周，能用这样口气说话的，能见几人？若有人一开口先隐去锋芒，磨去棱角，去找那种于人无伤、无己无损的"话术"，或许会越来越不知道"纯学人"也可以这样说话。纯学人说话，岂能总是雕章琢句、七弯八拐？您的这番话，绝非泛泛空谈。您曾说过，某位教师要调入某校，结果那位老兄没能出生在"正确"的年份。学校上限在 45 岁的时候，他 46 岁了，学校上

---

① 严绍璗、王家骅、马兴国、王晓平、王勇、刘建辉：《比较文化：中国与日本》，吉林大学出版社 1996 年版，第 56 页。

限 50 岁的时候,他 51 岁了。当然,可能还有别的原因,总之,那个"身份标签"分量重得很呢。有些怪现状就跟这个"身份标签"挂着钩,让人凭空多增加些烦恼。您给的药方是避开"利益狙击手",还说"要有多元文化心态",真是说出了我这个喜欢远远地坐在角落里看人抢 C 位的人的心里话。读书人总好讲个"学理",而这个学理在"骨感"面前时不时会乏力。

人道学者如牛毛,成者如麟角,其实能做一根牛毛也满不错的。我们这些从事跨文化、跨学科研究的人,地位本来便有些尴尬。要做不同时空的人们中的探路者、对话者吗?就不可能只听一方,只看一面,而这一听一看,自然会与很多人看到的不完全相同,就既要通,也要变,通变不当或不时,惹起两头非议的事情就难免发生。您堪称成者,给了我们信心,而身为牛毛,何不心甘情愿地就做那搭桥修路不可缺少的一片沙一片石呢?人们会忘记那桥上路上究竟有多少粒沙、多少块石,但总会觉得路在脚下,走得很舒服。那就让手底的文字化沙化石吧。司马迁说过"通古今之变",而"通中外之变"不也是在铺路架桥?

不止一次听您谈起您的弟子,您对他们每个人的境遇充满关爱。由此我对他们中一些人的故事也多少熟悉起来。您希望他们都能尊重学术研究史,确认相互关系材料的原典性、原典材料的确证性、实证材料的二重性与多重性,希望他们都有健全的文化经验。您总是强调,比较文学者的学术准备和比较研究的艰巨性,对一哄而上的所谓"学术热潮"心怀忧虑。您说,您不明白这样的东西为什么要出那么多,不明白为什么本来明白的意思要说得让人摸不着头脑。您总是说,写完的东西要放一放,"闷一闷"。是的,当一种方法、一种思路成为一种套路的时候,这种学问操作就会变得疲软乏力。

从 1990 年代起,几次听您谈起您"斗病"的经历。最后一次见面,是在 2016 年北京语言大学举行的研讨会上,那时您的耳力已不太好,但依然是那样精神矍铄,谈笑风生,所以我错误地以为,我们还会有很多机会,继续讨论"文化能为中日关系做些什么""东亚文学该怎样表述"等各种各样的问题;相信总会有很多时间,听您谈对当下学风、文风和士风的见解,除此之外,我还想到一些小事,比如会有时间,来弥补过去做的事情所留下的遗憾。比如,《中日古代文学关系史稿》和《近代中日文学交流史稿》,底稿都有详尽的参考书目,这是作为学术著作不可缺少的,而当时因篇幅的关系被删减了。也算是"历史局限"吧。今天想来,既感到有趣,也总想找个机会纠正一下。

那以后便是被各种事情追着,行动更为不便,与您见面的机会就更少了。然而,无论如何,也没有想到您走得这么快。我知道,您给自己还留了很多事,上天为什么不多给您一点儿时间呢!

记得1989年底,我曾应邀在九州大学中国研究室里做过一个发言,讲《诗经中的情歌》。当时,我一走近那间研究室,就被一幅巨大的油画吸引住了,那张油画高足有1.5米,只多不少,那是九州岛大学中国文学研究室的奠基人目加田诚的半身像,慈祥而儒雅。另一次是在茨城基督教大学的时候,当地汉诗朗咏会会长鬼泽霞邀我到他家做客,一进客厅,也看到一个巨大的画框,那是该朗咏会的创始人老鬼泽先生的油画像,庄重而威严。

写过小说的人,总有睹物联想的习惯,那些联想有时真是奇奇怪怪的。不知怎么,这两幅镜框里的大画像总在脑子里挥之不去。有时不由得就联想起来,在某处,会不会挂起乐先生、您和其他几位比较文学大先生的大画像呢?我知道这种想法很傻,想想而已,然而这样的画像早就挂在我的心里了。

苏轼谈到文同(与可)时说:"与可之为人也,守道而忘势,行义而忘利,修德而忘名,与为不义,虽禄之千乘不顾也。虽然,未尝有恶于人,人亦莫之恶也。故曰:与可为子张者也。"其《书晁补之所藏与可画竹三首》之一:"与可画竹时,见竹不见人。岂独不见人,嗒然遗其身。其身与竹化,无穷出清新。庄周世无有,谁知此疑神。"文同(与可)走了,但他一生画竹的精神没有走,他画的竹依然无限清新。学人不是画家,也不是艺术家,但他可以用他的学术智慧放歌,用他的学术智慧起舞,用他的学术智慧挥毫。他们的著作依然有着自己的生命。您所从事的那些工作的魅力,也引来了越来越多火热的渴望目光。1992年,您在《汉籍在日本的流布研究》的前言中,就指出:"中国文献典籍在域外的传播,它本身就构成了中国文献学的一个特殊系统。从本质上讲,它是国内文献学在境外另外一种异质文化背景下的延伸。因此,它的研究既具有了中国文献学的基本内容与特征,又具有了文化比较学的意义与价值。"我这些年痴迷的"跨文化新朴学",则是想再向前迈上一小步,将域外传播的中国典籍与域外其他民族用汉文撰写典籍放在一起来研究,您所搜集整理的材料以及所采用将比较研究与目录学结合的方法,是重要来源与依据。您的那些著述,让我想起文同留给后人的修竹。

古人把写诗入魔之人、之态、之境呼作诗魔。唐白居易《醉吟》诗之二:"酒狂又引诗魔发,日午悲吟到日西。"宋陈棣《偶书》诗:"诗魔大抵解穷人,到得人穷句益新。"日本菅原道真《秋雨》诗:"苦情难客梦,闲境并诗魔。"朝鲜李朝李奎报效韩愈《送穷文》撰《驱诗魔文》,说诗魔之来,使自己"不知饥渴之逼体,不觉寒暑之侵肤"[①]。诗魔之生,乃东亚汉诗传统的产物。那么,通变的学问传统,是否也会有"学魔"之生呢。我想是有的。就是现代,在我们熟识的朋友中也不乏其人。通变之学孕育了这样的人,也由这样的人薪火相传。一个扣儿解不开,一个表述不惬意,便寝食难安,失魂落魄,岂不就是与学魔约会了?诚然,学魔附身也不一定能成为"成者",更不一定会挣来金光闪闪的"身份标签",但那种状态是很值得享受的。看清了"蝇头微利,蜗角虚名",身子会轻松许多。您说是吧。

严师严兄,您一定还是那样,一心不乱,读您想读的书,写您想写的文章。和您在路上一次一次重逢交结,那路上的跌跌撞撞、踉踉跄跄,那身上的破皮擦伤、暗自神伤,都已变成了永恒的不忘。愿您走好,带着您的书囊。

---

① 卢思慎、姜希孟、徐居正等编:《东文选》(二),学习院东洋文化研究所1970年版,第434页。

# 春 风 无 痕
——追怀严绍璗先生

胡令远[*]

得知严先生驾鹤西游的讯息,心中怅惘久之——人生中一个重要、美好的部分,已经永远地失却了!又可恨新冠疫情,剥夺了到先生灵前一祭的机会。赖有王勇兄、重南先生、晓平先生、建辉兄诸师友,以及王勇兄高足继勇教授等张罗,严先生追思会暨纪念文集得以举办和结集出版,使对先生的哀思聊有寄托,心中稍安。

与严先生结识,并非缘于什么重要事由,因而也不知起于何时,源于何地。但二三十年来,虽未程门立雪,但以各种方式从先生游,自视与先生结缘匪浅。

如果说到严先生一生给我留下的整体印象,则觉得他就像中国传统文化形象化的一个剪影。严先生温润如玉的性格修养、博雅精深了无岸涯的学问蕴藉,似乎钟灵毓秀集于一身,使我们日常研习和浸润的中华文化活了起来、灵动了起来、具象了起来,而不再仅仅是浩繁的卷帙与星海般的文字与画图。千年修炼,方成正果;涓涓细流,汇成江海。先生手记的无数小小卡片,面壁10年的苦功,是一代文化巨匠的起点!

先生一生的职志,伴随着其文化研究成果的,无疑是他作为教育工作者即所谓"师者"的身份与志业。在与先生的日常交往中,也许是未列门墙的缘故,所以未领教过"严师"之严。耳目所及,包括自己的弟子在内,严先生待人总是"恂恂如也"。有几次参加与先生相关的纪念活动,包括在香港与先生祝寿,看到诸多弟子如张哲俊、钱婉约、周阅等得意门生,犹如庭芝玉树,环绕先生左右。当时就

---

[*] 胡令远,复旦大学日本研究中心主任、教授。

遥想所谓杏坛设教、泗上讲学的风景，以及"各言其志"时，"莫春者，春服既成，冠者五六人，童子六七人，浴乎沂，风乎舞雩，咏而归"的"吾与点也"；当然也少不了夫子的川上之叹。立德立言，薪火相传，所谓不朽之盛事也！岂非先生之谓乎！

与严先生交往如坐春风，是大家的共同感受。但有一次，听说先生竟然与人"吵架"了，不禁吃了一惊！后来知道，是为了中日交流的历史事实求证而展开的驳论。尊重历史，追求真理，本就是先生求学问道的题中应有之义！无论菩萨低眉，还是金刚怒目。

因为先生是上海人，所以有不少机会在沪上陪侍先生。有一次路经虹口区，先生说他家的老宅就在附近的溧阳路，准备退休之后回上海安度晚年。因为溧阳路离我家很近，所以当时很庆幸以后能有更多机会与先生亲近。后来先生告诉我，因为要与其他亲人住在一起而老宅逼仄，就结庐于上海近郊的莘庄。我还实地去过一趟，虽然比较远，但交通便捷。与溧阳路相比，是一个理想的休憩之所。但先生荣休后不仅未来上海定居，而且去了昌平居住，不言而喻自有缘由。但由于3年的新冠疫情等，在先生荣休之后，竟然未能去看望过先生。在先生远行之际，殊觉遗憾。造化弄人，徒唤奈何！

先生登遐，音容宛在。而手泽一编，披阅之间，既有幽冥相隔之叹，亦有神思相接之感！

春风无痕，先生千古！

*壬寅冬于春申西岸复旦燕园*

# 我与严绍璗先生的"书缘"

王 勇

严绍璗先生融通古今、学贯中日,他建构的学问世界高屋建瓴、气势恢宏、丰富多彩,可以说已经达到我们这个时代、日本研究这个领域的巅峰,令人高山仰止。我所窥见的可能只是一些边边角角,但哪怕是这些边边角角也使我受益终生。借助今天这个"严绍璗先生追思会"的平台,我想从书籍的角度谈谈我与严先生的缘分以及蒙受严先生的学恩。

## 一、初结"书缘"

我与严先生最早结下的书缘,可以追溯到三四十年前了。

1989年我在杭州大学也就是现在的浙江大学创建了日本文化研究中心(1994年易名为"日本文化研究所"),确立以书籍作为纽带的中日文化交流史研究方向。研究中心成立当年,获得日本国际交流基金会的资助,举办了一次有关中日典籍交流的国际学术研讨会。在召开这次会议之前,我跟严先生虽然见过面,但没有很深的私交,可是读过他的论文,读过他的书籍,自诩为私淑弟子,所以斗胆给严绍璗先生写了一封邀请信。当时我还是一个初出茅庐的无名小辈,惶惶恐恐地等待着他的回复。意外的是很快就收到了严先生回信,对我们主办的会议给予鼓励,允

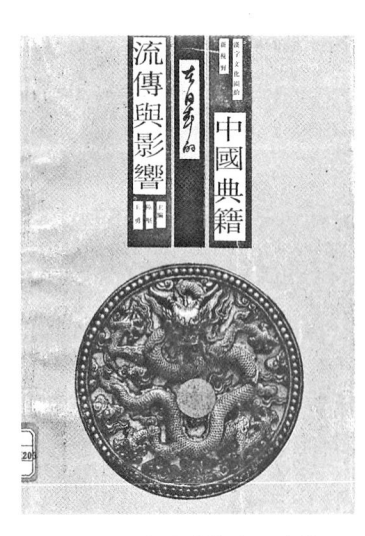

图1 《中国典籍在日本的流传与影响》封面

诺参会，而且提前发来了大作，令我又惊又喜。

以"书籍"为主题的中日交流史研究学术会议，20世纪末无论国内还是海外都是比较少见的，因此吸引了中日多位顶尖学者的关注，日本方面大庭修、中西进、德田武等均属各自领域的泰斗级人物，严先生在这个会议上代表了中国最高的水准，他的与会给了我们巨大的信心，同时也拔高了会议的学术档次。

在这次会议上，严绍璗先生与大庭修先生分别代表中日两国做了主题演讲。严先生演讲的题目是《中国文献典籍东传日本的轨迹——中国文化的世界历史性意义的探讨》，这篇论文高屋建瓴，从中国文化的国际影响力高度探讨中国典籍东传日本的历史轨迹。

会议结束之后，时任杭州大学教务处主任、唐宋诗词研究大家陆坚教授与我合作，编辑了论文集《中国古代典籍在日本的流传与影响》（杭州大学出版社1990年版）。严先生的论文冠于卷首，令这本论文集蓬荜生辉。

严先生虽然出自古文献专业，可是与纯粹注重考据的文献学研究者相比，不同或者超越之处在于他很早就有自己的理论思辨，有一个理论框架。与严先生的首次书缘，对我和我的团队有指导性意义，与数年之后我提倡的"书籍之路"理论是有关联的。

## 二、再续"书缘"

第二次书缘是在5年之后，我出版了第一部自己的专著《中日关系史考》（中央编译出版社1995年版），严先生专门为拙著作了序。

当时请严先生赐序是不抱多少希望的，想着严先生工作繁忙怎会为一个籍籍无名的年轻学者作序，心里就忐忑不安。出乎我及周围同事意料的是，严先生马上回复答应写序，但特意说明手头工作积压，需要些时间。

那段时间严先生确实很忙，后来得知他被京都大学聘为首席客座教授，在出国前的百忙之中，花了很大的精力来写这篇序。稿子修改交给

**图2 《中日关系史考》封面**

我以后，严先生一再要求推迟出版，又对序文做了数次修订，最后的定稿是1994年12月7日从京都大学发传真给我的。

严先生写的序绝非一般的应景文章，而是融入了自己的观察、思考、期许，从某种意义上讲，是"借题发挥"阐述自己的学术思想。比如，在这篇序文中，严先生认为中日双边的文化关系研究，虽然研究者队伍在扩大、关注的层面在拓展，但依然存在阻碍学术进一步发展的结构性问题，他具体阐述道：

> 第一个问题是关于研究的立论与研究的视角问题。双边文化研究，有时会涉及民族情绪。……实际上，中日双边研究中的民族主义，是一个非常深刻的历史传统。如果反省历史上中日诸位先辈的学术，那么，像"大中华主义"与"大日本主义"常常是他们观察与判断双边关系的基点，从而模糊了许多事实。近代学术的基本特点，便是要求人文研究者把双边文化关系作为一个客观实体加以对待，并以文物文献的二重证据来揭示这种关系的真实内容。惟有内容的真实，才有可能依据科学的思维接近史实的本质。这或许正是说辩证法与唯物论对研究者的基本要求。王勇教授在一系列的论述中，摒除历史上迂腐的成见，强调从客观事实出发，构筑研究的基点。他的日文版大著《超越时空的圣德太子》，在基本立论的科学性与客观性方面，给人十分深刻的印象。这次呈献于读者的新著《中日关系史考》，当我读第一章《平安迁都的原因与意义》时，便深为著者所显示的公正的学术立场所感动。一个研究者在自己的研究活动中，能够确立属于自身的而又具有科学性的立论的基点，并由此构架起观察的视角，形成自身的学术观点，并逐步形成体系，这是十分不容易的。王勇教授的论著，已经开始显现这一特点，这是极其难能可贵的。
>
> 第二个问题是关于研究材料的发掘与验证问题。人文科学的研究，任何假设和立论的基础便是材料。21世纪初，敦煌文献的发现和甲骨文字的出土，大大地推动了人文研究中的史料观念的发展。先辈学者王国维等由此而倡导"二重证据法"，并依此验证各种假设立论。这在本质上符合近代科学史观。一个被称为"学者"的文化人，如果一生中都未曾做过关于史料的发掘、认识和验证的工作，那么，他的所谓学术，其实都是值得怀疑的。但

是,材料的发掘和验证,是一项十分艰苦的工作,并非急功近利之徒所能操作。当前国内学术界,靡夸之风盛于一时。研究者有时竟把相距 2 000 年的材料拿来互证,有的又把前人与今人已认定的作伪材料拿来翻弄谱新。其实,没有老实诚恳的态度,是做不得长远的学问的。王勇教授在这一方面特别的自觉。10 多年前当他步入这一研究领域时,便在文献学的各个方面自行补阙,其勤奋好学的精神令人感动。细读他的每一篇论著,都能感知其中较为坚实的材料基础,并且越来越多的是属于他本人发掘的新材料,例如《胜鬘经疏义私钞》及其来龙去脉,都是由他考定验证而近日才为学术界所知晓。把自己的研究建立在尽可能可靠的史料的基础上,反复验证,去伪存真,持之有故,言之成理,不自己欺骗自己,更不欺骗读者,这样的学术,才能对人类文化与文明的进步,尽到自己的责任。这是一个学术的观念与方法论的问题,同时,无疑也是一个学术的道德论的问题。王勇教授的研究与论著,在这方面可以显见他成熟的步伐。

重读这篇热情洋溢、发自心扉、谆谆教导的序文,深刻地感受到了严先生奖励后学、关爱年轻学者的情怀。

## 三、第三次"书缘"

第三次书缘是在 1995 年,这个缘分出现在中西进先生退休之际。

1995 年,辽宁大学日本研究所所长马兴国教授在丹东举办"中国日本研究杂志历史回顾与展望"学术研讨会。会议期间马兴国专门找我商议一事,他说中西进先生即将从日本国立国际日本文化研究中心退官,我们这些受其学恩的中国弟子辈,是否应该编一部纪念文集?中西进先生在任期间,严绍璗、马兴国、王晓平、王家骅、刘建辉及本人,皆有幸受邀到国际日本文化研究中心任职,那里研究条件好,薪酬也很高,大家对此感恩在心,大家商议后决定出版纪念文集。

此事由马兴国发起并统筹,找出版社、找人全部是他一手操办的,策划、统筹能力非常强。虽然筹备工作比较顺利,但书名一直定不下来。记得马兴国先生准备动身去东京大学访学,所以他很着急,我们两人在北京王府井大街来回游

图3 《比较文化：中国与日本》封面

走，迟迟想不出合适的书名，能够涵盖我们几人的专业。我突发灵思，提议取名《比较文化：中国与日本》，因为我们各人专业不同，很难统一起来，这个书名包容性很大，最后被大家采纳，不过添加了副标题"中西进先生退官纪念文集"。

这部纪念论文集收录我们6个人的6篇文章，都是比较大部头的文章，按照顺序为：王家骅《古代日本儒学及其特征》、严绍璗《五山汉文学与五山新儒学》、王晓平《古代日本的汉语散文与散文理论研究》、刘建辉《日本近代文学的中国——谷崎润一郎作品分析》、马兴国《中日岁时节令习俗异同辨》、王勇《中日佚存书研究》。

论文很快就收齐了，但遇到了头疼的问题——出版这本论文集的经费如何解决？1990年代大家都是很穷的，可以说我也没有办法，马兴国动了很多脑筋也解决不了，虽然我和马兴国私下议论过大家凑钱的方案，但人微言轻，无法定论。最后是严先生一锤定音，他说我们都受过中西进的恩惠，既然经费一直解决不了，不如我们就自掏腰包，大家凑钱。我记不清楚具体出了多少钱，但有个大致的概念，好像是用了我一年的工资，也就是说我们每个人都拿出大约一年的工资出版了这本书。从这件事情可以看出，严先生也是一个非常讲究情感、知恩图报的人。

最后值得一提的是，那时以周一良、中西进为代表正在推动一个很大的项目，即通过中日双方合作编纂10卷本的中日文版《中日文化交流史大系》，我与严先生是中文版的副总主编，马兴国、王晓平、王家骅也参与了该项目。1995年4月，马兴国从东京大学发来的《后记》中专门谈到此事："文集中的部分论文系撰稿者参加中日合作研究项目'中日文化交流史大系'的中间研究成果。"这也是短时间内能够收齐论文的原因。

## 四、又一个"书缘"

接下来的书缘是一年以后的1996年，我们合作编纂推出了10卷本中日文版丛书"中日文化交流史大系"(日文版丛书名为"日中文化交流史丛书")。此事在我的学术生涯中具有里程碑式的意义。

大约是 1990 年春天,我邀请比较文学国际权威中西进先生短期来杭讲学,公务结束后陪他到苏州、无锡观光。在无锡鼋头渚那天,我们聊的特别多,回宾馆路上他说:"王君年轻有为,对日中文化交流史有独到见解,我们一起编一套丛书如何?"我受宠若惊,车到宾馆,中西进先生说:"还有一个小时,各自回房考虑方案,晚饭时再谈。"

这一个小时,我在房间不停地来回走动,频繁看表,直到还剩十来分钟,才在宾馆信笺上列出 8 卷目录:历史卷、艺术卷、民俗卷、人物卷、典籍卷、文学卷、宗教卷、思想卷。下到餐厅,我迫不及待地先拿出方案,中西进先生细问"人物卷""典籍卷"的构思。我说文化交流"人"是主体,中日交流"书籍"是关键。中西进先生不住地点头,说"这套丛书我们两人主编,让大修馆出版,因大修馆几十年前出过类似的丛书,已经旧了,尤其是人物卷、典籍卷是以前没有的"。

图 4 《中日文化交流史大系》10 卷

我们的谈话集中在我的方案上，事后才发觉中西进先生没有拿出他的方案，不过他肯定有个方案，猜测是按照大修馆的旧版列出10卷，最后他在我的方案上增加法制卷、科技卷，合为10卷本。

这套丛书本来是在日本出版，没有考虑到中文版，因为那时候我跟出版社没有太多的联系。然而，浙江人民出版社得知这个消息后申请了"八五"国家重点图书规划项目，并顺利获得立项，所以中文版也提上了日程。可是我在偏远的"吴越"之地，与国内学术界交往的面很窄，没有什么人际关系，于是又去找严绍璗先生，希望严先生能够帮助把关，推荐相关的各卷主编。

按照我与中西进先生最初的商定，每一卷由中日双方各出一人担任主编，作者也由中日双方分担。由于严绍璗先生伸出援手，中方的人选很快就遴选出来，最后在浙江人民出版社的协调下，确定中文版由周一良先生担任总主编，严先生与我担任副总主编。整套丛书于1996年正式出版，其中严先生主编了两卷：一个是与中西进先生合作主编的"文学卷"，另一个是跟源了圆先生合作的"思想卷"。我也承担了"艺术卷""典籍卷""人物卷"三卷的分卷主编。

严先生并不是说自己名声大、年纪大而敷衍行事，让下面的人干活儿，他不是这样的性格。我印象很深刻的是他带着我走访了周一良先生，包括到周一良先生家里去，又走访了搞书法的阴法鲁先生。这套丛书出版以后，我们在北京大学举办一个新书出版座谈会，严先生出面请了季羡林先生、钟敬文先生、周一良先生、任继愈先生、刘德有先生、杨牧之先生等学界名流，庆贺这项世纪之交的"跨国工程"获得成功，并围绕中日文化交流的过去与未来，进行客观的回顾与理性的瞻望。

这套丛书获得了亚洲太平洋出版协会（APPA）1996年度学术类图书金奖，在北京大学官方的追悼文里专门提到了严先生的这个业绩。

通过这次长达5年左右的合作，切身体会到严先生严谨公正的工作态度、一呼百应的人格魅力、亲力亲为的行事风格。反观自身不足之处甚多，默默将严先生视为学海泛舟的楷模。

## 五、第五次"书缘"

大家知道严先生获得教育部人文社会科学研究成果一等奖的图书是《日藏

汉籍善本书录》三卷本(中华书局2007年版),这本书从文化交流的大视野编撰中国东传日本的书籍目录,为此严先生20余年间多次赴日本踏访各类藏书机构,可以说是清代以来中国人东瀛访书的空前(或许也是"绝后")壮举。

严先生编写这个目录,耗费了20余年时间,其中的艰辛旁人难以体会,我因机缘巧合对这个过程也算了解一二。

1993—1996年,因为与严先生合作编纂《中日文化交流史大系》,为了讨论体例、遴选作者、翻译稿件诸事,频繁赴京向严先生请教。我到他家里去过多次,目睹了他的整个工作进程。

图5 《日本藏宋人文集善本钩沉》封面

当时中华书局把部分稿子老早就打印出来让他修改,样稿堆积在电脑周围,上面有不少红笔修改之处。有些已经修改完的稿子,整齐地码在一边,大概有数百页。每次我都会问何时出版,可不知道什么原因,迟迟没有进入正式出版程序,出版社似乎一直在拖延。当时有关宋人文集的这一部分已经进入终校阶段,我翻看了一下顿时产生了想法。

那个时候我正好在为杭州大学出版社编纂"日本文化研究丛书",已经出版了《中国典籍在日本的流传与影响》《日本文化的历史踪迹》《中日汉籍交流史论》《中国馆藏和刻本汉籍书目》,于是斗胆提议把已经相对完整的宋人文集部分书稿放在我这套丛书里。严先生欣然允诺,并定名为《日本藏宋人文集善本钩沉》(杭州大学出版社1996年12月版)。

严先生在《前言》(1995年8月)中披露了一段秘辛:1988年,严先生应邀参与北京大学古文献研究所启动的《全宋诗》编纂项目,从《日藏汉籍善本书录》原稿中抽出宋人文集部分,优先加以整理并汇编成册,交由事先约定的某出版社刊印,然而在清样稿已出、校正至第五稿时,出版社来人说,这类纯学术资料的书"实在赚不到什么钱",问严先生"你看怎么办"。严先生能怎么办呢?他充满苦涩又不失睿智地调侃道:

日本东洋史学界的元老宫崎市定曾经对我说过一个可怕的故事，当年日本的一家出版社因慕他的名声而出版了他的《中国六朝九品中正官制研究》一书，却因为没有销路，竟然以倒闭告终。我既无宫崎先生之名，又实在不忍心出版社赚不到钱，更怕出版社因此而破产，于是便主动地向出版社撤回了原稿。

按照严先生的记忆，我提议把这本书编入"日本文化研究丛书"是在"五年"之后，也就是1993年，此后经过3年时间的修改、增补、编辑，才于1996年正式刊印出来。

这部书的缘分还涉及其他一些人，一位是杭州大学沈善洪校长，一位是严先生的夫人邓岳芬教授。"日本文化研究丛书"从第一本《中国典籍在日本的流传与影响》开始，便采用申请日本国际交流基金会项目经费或出版资助的形式解决出版费的问题，沈善洪校长接受丛书中方顾问（日方顾问是恩师石田一良先生）时表过态，出版经费有问题可以直接找他。所以，严先生答应把书稿给我们，我第一时间就向沈校长汇报，他支持高水平的丛书适当引进校外著名学者的作品，他知道严先生的大名，对此颇为赞赏。严先生在《后记》中谈道：

在本书赴梓之后，1996年6月我在上海参加"中日东方思想研讨会"，有幸与参加同一会议的杭州大学校长沈善洪教授再次晤面。沈校长是我的前辈，我一直敬仰他的长者风度、学者气质。我就杭州大学出版社决定刊行本书向他表示感谢。沈校长说，杭州大学出版社在出版学术著作上的努力是应该的，并且要尽可能地与校外的学者建立广泛的联系。

诚如严先生所说，1996年6月出版社已经印出样书，但最终出版发行是当年12月份，这中间的半年是因为何明春编辑提出的一个建议，此事又把严先生夫人带入这场"书缘"之中。严先生在《后记》中详细记录了这件事：

当本书打出第一校清样时，我的眼睛恰好得了角膜萎缩症，而当时又有

"中日文化交流史大系"正在看清样……此时,何明春女士来电话说,本书最好配一个"书名索引"。电话是拙荆所接,她满口应承。这一建议当然是完全正确的,但我正处在焦头烂额之际,不知所措。拙荆邓岳芬是北京大学生命科学学院的教授,向与我的专业无关。此次她认定一部文献如果没有"索引",便没有多大用处之理,便承担了全部"书名索引"的编纂。

严先生的集大成之作《日藏汉籍善本书录》是 2007 年出版的,但在 10 多年前,严先生就把其中的精华部分、足以代表国际水准的成果放到了我这部丛书里,使这套书蓬荜生辉。通过这份"书缘",让我回忆起已故沈善洪校长的提携之情、严先生夫妻合作无间的家庭温馨。

## 六、永远的"书缘"

从 1990 年第一次"书缘"开始,数十年来我个人及我们团队一直受严先生恩惠。就我个人而言,在严先生的力荐下到北京大学工作的经历,尤为令人难忘。

2008 年,我到美国哥伦比亚大学工作结束之际,当时有两个选择,是留在美国还是回国?因为我的英文底子不太好,日常会话倒还能应付,但表述学术观点还是困难重重。

图 6 "东亚坐标书系"三卷本封面

我跟严先生商量了这个事情。严先生给我写了很长的一封邮件,建议我还是回国,说学者的生命短暂,应当在精力最旺盛的时候,用最熟练的语言表达最精华的思想。如果回国,他希望我到北京大学工作。正因为这样,虽然当时哈佛大学阿部龙一教授建议我到哈佛大学工作几年,但最终我还是选择回国,因为严先生的话深深打动了我。

那时严先生担任北京大学比较文学与比较文化研究所所长,这个研究所的情况在国内高校的体制中比较特殊,名义上与中文系是同级的机构,但学科上归属于中文系,所以没有完全的进人指标和权限,需要与中文系协商解决。为此,严先生耗费了大量的精力,最后在吴志攀副校长的支持下才得以实现。

自2012年起,我在北京大学工作了几年,在北京大学工作期间的成果,可以说也是严先生学术思想在我个人身上的演化,出版了"东亚坐标书系"三卷本(中国书籍出版社2013年版)。这套书严先生拿到以后非常高兴,赞赏说这是在北京大学工作期间,拿出的一个像样的、成系统的成果。我在这套书中写了一篇《总序》,其中有个小标题是《一段耐人寻味的插曲》,提到了严绍璗先生。

2010年,我从美国回来后,在香港大学也工作了一段时间。香港大学有位叫王向华的爱国学者,也是搞日本研究的。王向华跟我聊起,计划筹备一个中华日本学研究协会,每年开一次年会,今天莅会的汤重南先生、胡令远先生都有参与。当时是严先生70岁大寿,王向华教授和我商议,在香港大学举办了"East Aasian Studies: Retrospect and Prospect"学术研讨会。在这个会上,香港大学的一位美国籍女教授Louis Edwards,她对严先生非常崇敬,在她的发言中有这么一段话:

> 时下亚洲研究正成为热门,严绍璗教授的丰硕学术成就让我们确信,"亚学asianology"绝不会是低于"西学"的学问,方兴未艾的"亚流"完全能成为主流。

她非常博学,既有西方背景又长期在华语圈工作,不仅精通"亚"字在汉语里的古义,而且了解西方主流学术界的偏见。西方主流学术界以西学为尊,亚洲学可以说是支流,因此她才能说出这段发人深省的话语。从这里也可以看出,严绍璗先生的学术影响超越了学科、超越了国家、超越了民族,他生前已经得到了国际上的广泛认同,尤其西方学者非常看重他的独创性。严先生提出的"文学发生学""文化变异体"等重要理论都是他留给我们国内外学术界的丰硕、珍贵遗产,严先生毕生著述的大量学术成果,堪称为我们乃至后代留下了"永远的书缘"。

# 我所认识的严先生

刘建辉[*]

严先生离开我们已经 4 个多月了。几个月来,回想起同先生交往的岁月,其音容笑貌、举手投足,不时地会浮现在我的脑海。特别是当我看到书房里至今还保存着的先生的来信、讲稿等时,由字及人,更感到一个鲜活的身影,就在我的面前。

这些天,一直想写些文字,来悼念这位对我如师、如兄乃至如父的长者。但几度下笔,终未能就。细想起来,一是在我的人生中,曾有几个时间段,可以说是与先生朝夕相处,记忆中的画面犹如一个走马灯,使我不知如何落笔。二是晚年的几次隔海通话,先生的声音,都还洪亮,直至临去世的一个月,才得知先生已患大病。对我来说,先生的离世,实在是太突然、太震惊了,以致我至今仍无法接受这一突如其来的现实。

我与先生最早相识于日本京都的日文研(国际日本文化研究中心)。1994年 4 月,先生作为客座教授来到日文研,供职一年。其间,恰好我也在此进修,双方可以说是一见如故,很快就无所不谈了。当时,先生 54 岁,长我 21 年。由于先生的谦和以及我的不逊,我们的交往从未因年龄受阻,一起谈天说地,一起出游,一起访友。记得因日文研在京都西郊的半山腰,每天报纸送得较晚,我便在上班的路上购一份《朝日新闻》带到所里,两人边看报纸、边海阔天空地议论中日的"国家大事",其乐融融。这件事,先生始终未忘,直至晚年,还经常提及,笑我为一个小报童。

1995 年,在先生的帮助下,我由南开大学外文系调到北京大学中文系比较

---

[*] 刘建辉,(日本)国际日本文化研究中心教授。

文学研究所(简称"比较所"),做先生的副手。在此后的5年多时间里,无论是生活还是工作,我始终都是在先生的关怀与照顾下度过的。由于无法一一介绍,在此仅各举一例。生活方面是,我刚到北大时,没有马上分得住房。为此,先生带我去找校长,希望能够解决。但当我们拿到校长的批示,到房产科去办理时,竟遭到拒绝。这样,我俩又不得不多次往返于校办与房产科之间,最后终于争取到了一个燕东园翌年才完工的新房指标。当天,我们马上赶到工地,查看施工情况。到工地后,先生就对工人大喊:"你们要加油快干啊,这位老师等着入住呢!"其着急的样子,至今历历在目。工作方面则是我初入比较所,尚为无名小辈,没有研究生报考。为了不让我沮丧,也为了让我能够拿到导师奖金,先生就把他的硕士研究生统统转到了我的名下,使我不仅能够顺利地进入教学工作,还有了属于自己的"弟子"。这些眷顾,每一件,都是刻骨铭心的。

我在比较所工作期间,一如在京都时一样,每周都同先生见上几面,在所里、在燕园咖啡厅、在彼此的住处,我们一起定课程,一起举办会议,一起接待外宾,一起出差……当然,也少不了一起长时间的"高谈阔论"。由于经常形影不离,以至中文系的王会计总是嘲笑我像先生的"跟屁虫"。但就是与先生的这些频繁接触,使我就像一个"严门"弟子一样,从他那里学到了无论是学问上还是处理事务上的各种境界、知识与方法。受教于先生的这些,都足够我享用一生。可以说,在先生身边的日子,是我一生最充实、最快乐,也是最幸福的一段时光。

离开比较所之后,我来到了现在的工作单位,即同先生的相识之地——日文研。最初几年,只要有先生的博士生答辩,他都会邀我参加。我也借此机会,前往北京看望先生。而每次见面,先生也从未把我当一个"外人"看待,一切都如以往一样,始终让我有一种回家的感觉。后来,由于所里工作繁忙,我回北京的次数逐渐减少,尽管利用召开国际会议的机会,邀请过几次先生来访,但大多来去匆匆,更多是靠书信与电话联系了。

让人欣慰的是:2008年,为纪念先生出版其毕生巨著《日藏汉籍善本书录》,日文研专门召开了一次研讨会及庆祝会,会议邀请了多位日本中国学的前辈,如安藤彦太郎、户川芳郎、兴膳宏、小南一郎等,数十位中日友人无不高度赞扬先生的壮举,一起举杯为之庆贺。其间,先生在京都小住数日,我们又得以尽情交谈。还有一次,2013年6—8月,基于先生对中日文化交流所做的巨大贡献,日文研再次聘请先生访学,虽然只有短短的3个月,但让我又能近距离接触先生,共度了一段宝贵的时光。与先生的这些深度交流,至今仍在不断地影响着我的工作与生活。

先生去世后,很多学友纷纷发文追悼,对其学问、人品等均从各自的角度做了高度的概括和总结。每每读到这些文章,其中讲述的各种"故事",无不进一步加深了我对先生的认知和理解,亦愈发让我敬仰这位"共事"多年的先辈。下面,我也来讲述一下我与其交往的点点滴滴中所认识的先生,以此让我们再一次深切地缅怀他一生走过的足迹。

一是先生睿智。与先生交往中,感受最深的就是先生的聪明。日文研里,曾有一位提出日本海洋文明观的学者,当我们所有人都听得津津有味时,先生马上就嗅出了其中的危险,指出这是在切割历史,是为日本创立独自文明观点服务的。先生这种高屋建瓴、一针见血地看清对方或对象本质的智慧与敏锐,在其工作与生活中随处可见。只要读一下他为后学们所作的书序便可知,篇篇都直指核心与要害,又能在更高的理论或实践层次上将其归纳、总结,并加以赞扬。

二是先生勤奋。1980年代,先生每天带上两个馒头一壶开水"泡"在北京图书馆里的故事,大家已有所知。我所看到的先生是:在其60岁出头后,一到暑假,当我去日本期间将房间借给他工作时,每次回来都得知,他是在没有空调的状态下,冒着近40℃的酷暑,夜以继日地整理、抄写那部《日藏汉籍善本书录》的卡片,直至我回到北京。听先生讲,他的第一部著作《李自成起义》(中华书局1974年版),也是在同样的条件下,在一个小圆凳上完成的。

三是先生健谈。严先生爱讲话,很多人都会有同感。由于他丰富的经历和广博的学问,每次都会讲上一个下午或一个晚上,直到大家催他回家。从家史、北大史、"文化大革命"史、中国史、日本史到他的师长、同学、同事、国外友人等个人的趣事,可以说是无所不谈,无所不讲。就连平时自诩善谈的我,在他面前,也只能是一个默默的小听众。但看似聊天的这些讲话,都充满着巨大含金量。在日文研时,先生经常会在茶余饭后给这里的中国学者和学生讲"故事"。一位已毕业了的同学后来说,他的很多有关中日两国的知识,特别是一些书本之外的知识都是听严先生讲话获得的。可见,先生走到哪里,哪里就是一个妙趣横生的课堂,其功德惠及了无数的后学。

四是先生善良。严先生为人和善,无论对何人,几乎是有求必应。即使工作再繁忙,对来找他约稿、作序、讲演、推荐、评审等请求,先生每每都是爽快应允。但当截稿或会议等日期将要来临时,又常常忙得团团转,有时甚至抱病工作,以致夫人邓老师总是说他"没有那金刚钻,就别揽那瓷器活"。岂不知先生正是用着最好的金刚钻,打磨着直到自己满意的瓷器,而这些又都是影响了几代学人的高端"产品"!

五是先生仗义。严先生在校内行政上、在国内外学术界均身居高位,但谦和的他,面对"弱者",总是会及时伸手相助。我见过无数人找他商量考研、就职等事宜,他都做了相应的安排或合理的建言。一次,一位报考先生博士的学生,因本人不在国内,无法办理相关手续,为了能够让其顺利报名,先生亲自几度往返于科研处与中文系。看此情形,还是王会计调侃道:"是你考学生的博士啊,还是学生考你的博士啊?"先生付之一笑,只是说:"她人不在,她人不在。"还有一次,我俩从国外出差回到北京,在机场过马路时,我差一点被疾驰的公交车撞着,先生挺身而出,冲着司机,用外人看来非常文明的"粗话",大骂了一通。这是我第一次看到先生骂人,但心中着实被其勇敢和仗义所深深感动。

以上这些,都是我经历的先生工作和生活中的一些"小事"或"细节",这样的例子还可以举出很多。可即使只是这桩桩件件的"小事",也足以让我们领略先生为人、为师的不朽风范。

先生虽去,但其精神与功德将永远铭记在我们后人的心间!

2022 年 12 月 18 日于京都日文研

# 抚存悼亡,感今怀昔
## ——忆严绍璗先生

[日] 高桥均[*]

得知严绍璗先生的讣告,倍感震惊,万分悲痛,令人不胜唏嘘。最近十年没有机会与严先生相会,一直认为先生在北京或者中国各地的大学中精力充沛地从事研究工作,指导后进。

与以往从事日本研究的诸多前辈学者相比,严先生利用完全不同的方法,高水平地构建了"日本汉学"与"日本中国学"这一新的研究领域,将之升格为中国对外研究的一个独立部门。同时,出版了诸多奠定"日本汉学"与"日本中国学"研究基础的佳作,培养了大批优秀的青年日本学研究者。可以说,严先生是中国日本学研究的柱石。我所感叹的是,我们失去了将日本的中国学研究、日本文化传播到中国,而且将来会一直传承下去的最有力的"媒介",感谢先生留下的杰出业绩,衷心祈祷先生冥福。

初次得知严绍璗先生的大名缘于1980年先生在中国社会科学出版社出版的《日本的中国学家》一书。该书书名虽题"中国学家",研究分野以中国研究为中心,但范围广涉日本文学、日本史等领域。作为对象的研究者既有已经过世的学界宿老,也有刚刚从事研究工作的青年学者,收录人数1 000余名,书中详录他们的履历、所属学会、研究题目、业绩、毕业院校等主要事项,通过人物便可了解日本学界的研究状况。而这样的文献连日本都未出版,但在中国却出版了。这一点着实令人惊叹。后来才知道,严先生在北京大学的学生时代起便开始学习日语,掌握了很高的日语能力,长期以来所有的日文文献均是自己独立解

---

[*] [日]高桥均,筑波大学文学博士,东京外国语大学名誉教授。

读的。

得知《日本的中国学家》数年后,时任京都大学人文科学研究所助手的村田(长井)裕子(现北海道大学教授)给我打来电话,说研究所客座教授严绍璗先生要赴东京进行汉籍调查研究工作,拜托我提供一些协助,我欣然允诺。当时我在调查宫内厅书陵部所藏《论语》相关文献,时常前往。另外,静嘉堂文库长米山寅太郎先生是我的毕业院校东京教育大学的前身东京文理科大学毕业的敬爱的大前辈,我们私交甚密。因此,我说如果是宫内厅书陵部与静嘉堂文库的话可以带严先生过去。

严先生是1985年盛夏之时到的东京,当时我没有特别询问先生调查研究的目的是什么,只是认为宫内厅书陵部和静嘉堂文库是日本代表性的汉籍宝库,对所有的中国古文献研究者而言都是值得参观学习的。之后,我陪同严先生一起去了宫内厅书陵部及静嘉堂文库。但是,严先生并非简单的"参观者",他提前准备了各个文库值得阅览的汉籍清单,将之出示给工作人员,便开始以惊人的速度测量书的尺寸,并做笔记,这样的调查作业直至闭馆时间,中间从不休息。我坐在旁边,仅能以惊叹的目光看着严先生工作,而这样的调查工作持续了几天我已经记不太清楚了。又过了数年后,严先生委托我陪同赴东京驹场的尊经阁文库。当时我经常去调查尊经阁文库所藏《论语义疏》,与文库的工作人员关系很好。严先生以同样的方式在尊经阁文库对汉籍进行了集中调查。

宫内厅书陵部虽然位于都市中心,但是在与繁华的街道相隔的皇居内的一角,静嘉堂文库位于要从车站乘坐小巴才能到达的远离街区的小高丘上,而尊经阁文库位于与东京大学相邻的四周树木环绕的安静场所。结束一天的调查后,与疲惫中尽显满足神态的严先生慢慢叙谈,从静逸的"别天地"返回繁华的街区。当时的情景如数年前的事情留存在我的记忆中。

又过了几年后,严先生曾联系过我一次,其子严峥准备前往日本留学,问我能否做担保人。我当然是非常欣喜地应承下来。当时,村田裕子已从京都大学人文科学研究所调至山梨县立短期大学工作,所以和我一同去成田机场迎接严峥君。严峥君和我想象的一样,是位好青年。村田和我一起陪着严峥君租房,准备齐生活用品,之后又同去入国管理局办理手续。严峥君所在的日语学校举办入学仪式时,我也到场陪同了。严峥君在日语学校学一年语言后,第二年考取国际基督教大学,毕业后又继续在东京大学理工学系研究所读研,继续从事研究。严峥君性格沉稳踏实,仅仅打了一些能够维持生计的零工,研究也做得很好。而且,坚持每周定期向担保人的我汇报自己的研究及生活状况,从未间断。每隔几个月,我会在东京吉祥寺的咖啡店和他聊聊生活近况,有时也会填写一些必要的文书。我有一个女儿,但没有儿子,严峥君就像我自己的儿子一样,每次见面听他说话都非常愉快。

1993年,当时在上智大学担任助教授的妻子由利子被派往北京的清华大学、北京大学研修,大约要在北京生活一年。因为是去往北京研修,这回轮到拜托严先生帮忙照料妻子在北京的生活了。严先生非常爽快地答应下来,照料了在异乡生活的我的妻子,这让我感到十分安心,同时万分感激。我指导的研究生去中国留学时,拜托严先生予以接收并指导,当时严先生也是非常爽快地答应了。

此后,我去北京时,我们就在北京会面;严先生来东京时,我们就在东京见面,这样的交往持续了多年。我们在北京相见时,严先生的妻子邓岳芬女士也一同出席。邓岳芬女士从表面看起来不像是北京大学的教授,她做事稳重,同时也非常开朗。严先生经常在日本逗留,但都是为了搞研究,所以基本每次都是孤身一人。但仅有一次,邓岳芬女士也一起来到日本。那次,严绍璗先生夫妇以及严峥君,我和妻子由利子,我们5人一起在吉祥寺相聚。那时留下的快乐的回忆,至今都清晰地留在我的记忆中。

像这样在东京、北京的多次相聚,现在回想起好像都没怎么进行学术上的交流,话题大都是日常的各种"琐事、杂事"。其中一个理由是严先生做调查研究时与平时具有完全不同的两张面孔。我们相聚时,严先生总是笑容满面,有如沐春风的氛围,以至于完全无暇提及研究的话题。

2007年,严绍璗先生出版了耗费毕生精力而写成的大作《日藏汉籍善本书录》三巨册,日本的中文书书店亦有销售。那时我才了解到严绍璗先生早在20年前便开始以详细记述日本所藏汉籍善本为目的,在宫内厅书陵部、静嘉堂文库以及尊经阁文库等日本各地进行中国古典籍调研的成果就凝聚在这部巨著中。严先生致力于上述基础性的日本研究的历程,在《日本中国学史》第一卷卷首《我和日本中国学》中有详细的记载,在此不再赘述。

最后一次与严先生会面，大概是在2008年国际日本文化研究中心的研讨会和之后的恳亲会上。恳亲会之后告别时，严先生轻描淡写却又有些落寞地说道："今后我可能不会再来日本了吧。"我不假思索地说："不会的，今后还会在东京或者北京相会吧。"但遗憾的是，那成了我们最后一次相见。

严先生每次出版著作时，都会用强有力的笔迹签名，有时还会附上书信寄给我。如《中国文学在日本》（花城出版社1990年版）、《日本中国学史》（第一卷）（江西人民出版社1991年版）、《汉籍在日本的流布研究》（江苏古籍出版社1992年版）等，但当时我并没有可以赠给严先生的书。最近，我终于将自己的研究结集为《論語義疏の研究（论语义疏研究）》（创文社2013年版）、《經典釋文論語音義の研究（经典释文论语音义的研究）》（创文社2017年版）以及《六朝論語注釋史の研究（六朝论语注释史研究）》（知泉书馆2022年版）等，原本想着待新冠疫情结束后，时间充裕之时带着这些书去北京赠与严先生，慢慢地谈论这十年间的"琐事、杂事"，而非"学问的话题"。

我的书斋中摆放着一件七宝烧花瓶。1991年11月我同妻子由利子一同访问北京，严先生夫妇在前门的老正兴饭庄招待了我们，品尝了严先生故乡的味道——美味的上海菜，严先生当时赠给我这件七宝烧花瓶，成为我们40周年友谊的纪念。每当看见这个花瓶，我都会回想起与严绍璗先生的交游过往。

2021年7月，我的妻子由利子因病去世。今年，又传来严绍璗先生的讣告。时间总是不顾人的意愿，将人从日常生活中割裂开来，流逝而去，何其悲哉！

2022年10月于东京
（王连旺译）

**译者附言：**

严绍璗先生与高桥均先生初次交游之事亦见于《日藏汉籍善本书录》下册《附录之五 日本藏汉籍珍本访查随笔》，特录文如下：

> 我第一次访问宫内厅书陵部，是由国立京都大学介绍，特别是由当时的国立东京外国语大学教授高桥均（Takahashi Hitoshi）先生（现为东京外国

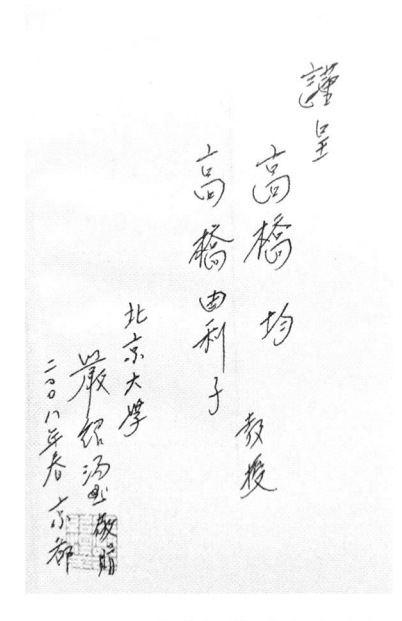

图1 《日本藏汉籍珍本追踪纪实——严绍璗海外访书志》(上海古籍出版社2005年版)扉页处严先生的签名

语大学名誉教授、大妻女子大学教授)为之联络安排的。1985年8月的一天,东京特别的热,我是前两天由京都大学赶到东京的。高桥均教授陪同我先在地处千代田区神田锦町的大修馆稍稍休息,这里离宫内厅书陵部已经不远。大修馆是日本著名的出版社之一。高桥先生与大修馆很熟悉,他们特别让我观看了正在修订的由著名的汉学家诸桥辙次(Morohashi Tetsuji)先生(1883—1982)领衔编辑的《大汉和辞典》的工作室。这部文化巨著,还由镰田正(Kamata Tadashi)、米山寅太郎(Yoneyama Torataro)诸位参加,1963年首次由大修馆刊出,其学术声名,即刻蜚声学界。诸桥辙次、米山寅太郎都是二十世纪日本著名的汉籍研究家。自1970年代以来,大修馆几乎每年对《大汉和辞典》修订再版,故有专门的修订工作室。工作间里有一个占据全室五分之四空间的工作平台,上面铺满了文稿。细看铺在桌子上的文稿,挖补填充之处甚多。满室肃静,静静中却有许多的紧张感,但又让人觉得,一切紧迫而有条理。文稿浩瀚而堆放极为整齐,不像我曾经看见过的有的编辑室,书籍报刊狼藉满屋,胡乱堆积至屋顶,在岌岌可危中躬身坐着勤劳的编辑。后来想起这个访书前的小插曲,或许暗示了某些机缘。在宫内厅书陵部访书后不久,仍然是由高桥均教授安排,我有幸在静嘉堂文库拜见了这部《大汉和辞典》编著者之一的米山寅太郎先生。更有趣的是,10年之后,即1995年,由中日双方50余位学者参加编著的"中日(日中)文化交流史大系"十卷的日文版,便是由大修馆出版的。其间我作为中国方面的主编之一(总主编周一良先生,王勇先生与我共同操理具体事务),多次出入大修馆,回想当年第一次到这里参观《大汉和辞典》修订的现场,总有一种特别和悦的感觉。

# 深切怀念我所敬仰的严绍璗先生

邱 鸣[*]

再过一段时间,严绍璗先生离开我们就已经一年了。严先生去世后,每当读到各位先生的追悼文章时,严先生的音容笑貌就不禁浮现在眼前,那是个儒雅睿智、谦和风趣的学术大家的形象。

我见到严先生最多的机会,是参加北京大学的博士生答辩。那段时间里,每到答辩的季节就会收到先生的邀请,去参加严先生的博士生答辩。从现在在北京语言大学工作的周阅老师到严先生指导的日本留学生,严先生每次都是亲自打来电话,询问时间的安排妥否,让我这个学术晚辈实有诚惶诚恐之感。每次我都非常愉快地接受严先生的邀请,因为我觉得这与其说是去参加严先生的博士生答辩,不如说是一次聆听严先生教诲的机会。除了严安生先生,于荣胜先生、李强先生、刘建辉先生、张哲俊先生等诸位先生外,根据博士论文的内容不同,还会请到北大历史系、中文系等各位大家,各位大家的点评也使我每每受益匪浅。

除了严先生的博士生答辩外,还经常能在于荣胜先生的博士生答辩会上遇到严先生,自然每次严先生就成为答辩委员会主任。答辩时他都会让我们这些来自北大之外的评委先发言。从北京语言大学调到北京第二外国语学院之后,自然我就成了离北大最远的校外评委,所以往往都是我第一个发言。我知道这一方面体现了严先生的谦逊和对他人的尊重,另一方面也是严先生刻意留给我们更多的点评空间。作为答辩委员会主任的严先生自然是最后一个发言。他总是在总结每个委员意见的基础上,从更加深刻的学理层面做出精辟的点评,体现出其深邃的洞察力和融通的理论体系。对于论文评语,严先生更是字斟句酌,往

---

[*] 邱鸣,北京第二外国语学院原副院长。

图 1　北京大学中文系博士论文答辩(一)

图 2　北京大学中文系博士论文答辩(二),中间为严绍璗先生

往是寥寥数语就能将论文的意义和价值呈现出来,同时又恰如其分地提出进一步完善的方向。这不仅表现了作为一个学者的严谨,更是体现了先生对后辈的期盼与关爱。

答辩会结束后大多是去北大西门外的畅春园餐厅聚餐,那也是我所期盼的。并非是期盼什么佳肴美食,而是严先生那博学睿智、风趣幽默的谈话。如果严安生先生在场的话,两位严先生则更是相映成趣。严先生的健谈是有口碑的,每次餐桌上从上海的小吃到中日关系,从五七干校到蓝旗营种种,追忆往事,点评时政,谈古论今,既无作为长者之矜持,也无作为学术大家之孤傲,入情入理,娓娓道来,妙趣横生,甚至还有例如自己名字所带来的麻烦和困惑的自我调侃。平易近人的话语中,既让人感受到严先生作为一个智者的豁达,也能感受到严先生作为一个学者的执着。

在这里,我了解到先生年轻时为了查阅资料,每天从北大骑车到北海公园旁边的北京图书馆。那时借阅一本图书从填写借阅单到图书出库拿到手要花费很长时间,为了节约时间严先生午饭都是自备的干粮和开水。在这里,我知道了为人和蔼的严先生的另一个侧面,即唯真理是从的学者风骨,为了北大的建设和发展,别人不愿提及一些问题和有待改完善之处,他敢于向学校反映仗义执言。在与日本学者的交往过程中更是如此,我清楚地记得严先生讲到作为中日友好21世纪委员会的中方委员,他原以为中日学者关于中日关系的争论,更多是围绕近现代史展开,不曾想日方一个古代研究方面的委员居然提出,如果没有中国的文化入侵,日本的古代文化可能会以另外一种形式展开的荒唐谬论。严先生回忆说他当场就予以了驳斥。这一点也体现于在学术研究领域,严先生之所以敢于推翻日本权威学者的学说,提出中国文化对《古事记》成立所产生的重要影响,我觉得这不仅仅是作为中国学者的一种情怀,而更多的则是严先生对历史真实的探究和对真理的追求。

严先生有时也很喜欢"吐槽"北大的一些事情,但那更多体现的是作为一个同北大一同经历了风风雨雨的老北大人,对自己母校的期待与责任。我有幸参加了2010年在北大举行的严先生七十岁诞辰的纪念研讨会,还清楚地记得在会上严先生非常动情地表达了他对北大的感恩之情。严先生说是北大成就了他,当年他坐冷板凳时,如果不是北大的包容,就没有今天的他,情真意切溢于言表。

北大毕竟是北大,有容乃大,北大包容的精神不知成就了多少大家。但同时我更觉得如果没有严先生这种肯坐冷板凳的精神,怎么可能会有《日藏汉籍善本书录》这样的大作问世?没有像严先生这样的大家的存在,北大怎么会成为北大呢?

严先生曾先后两次来北京第二外国语学院做学术讲座。每次讲座报告厅里都是座无虚席,特别是第二次讲座,那是 2019 年 12 月 12 日,除了严先生外,我们还邀请了北京外国语学院的严安生先生和中国社会科学院的孙歌先生,当时我们称之为二"严"对"歌"的学术讲座,三位先生以对谈的形式分析评判了日本文学及文化的种种现象,谈及了学术的研究方法及对青年学子们的期待。那时严先生已经入住泰康之家(燕园)养老院几年了,拄着拐杖腿脚明显感觉不如从前了,但讲话仍是一如既往的逻辑缜密,他用轻松的语言、幽默地回顾了自己由古典文献专业走向日本学研究的曲折。学习古典文献专业时一次"排课失误"的偶然使他开始学习日语,到后来抄录日本相关文献资料,再到赴日访学,继而实现了从古典文献学专业到跨越异文化从事与日本学相关的研究的转变。此次在北二外的学术讲座,或许也是严先生一生中所作的最后一次学术讲座了吧。想到此,更加感念严先生对我、对北二外的指导与厚爱。追忆往事,感慨万千!先生风范,高山仰止!

# 我心中的严绍璗先生

郭连友[*]

2022年8月的一天,一个不幸的消息在微信朋友圈迅速传开:严绍璗先生去世了!

看到这条消息,开始不敢相信这是真的。不过,随着消息在朋友圈继续扩散,我才慢慢地回到现实,脑海中像过电影一样浮现出我和严先生有过的几次工作上的合作往事……

先说一下北外日研中心和严绍璗先生的缘分。

北外日研中心成立于1985年,那时国内日本研究刚刚起步,师资和研究人员极为短缺。日研中心成立初期,除了政治、历史、英语课程外,其他有关日本研究方面的专业课程均由日本国际交流基金派遣来的日方专家担任。到了1980年代末,中日双方决定在日研中心建立客座教授制度,聘请中方著名的日本研究专家来中心授课讲学,目的是为学生们提供中国人研究日本的视角和方法。

前揭插图照片2是我在制作北京日本学研究中心(简称"日研中心")成立35周年记录映像——《岁月如歌、续梦扬帆》(2020)时偶然从日研中心尘封已久的教学档案中发现的。作为中国最有代表性的著名日本学研究专家、北京大学教授严绍璗先生应该说在日研中心成立初期就受邀以客座教授的身份为中心的人才培养倾注了热情,付出了心血。严绍璗先生的这张照片我在其他场合也看到过,严先生把这张照片提供给日研中心用于办理各种证件并存档,我猜测严先生本人对自己的这张照片还是比较满意的。照片中,年轻时的严绍璗先生目光坚定、充满自信,文静儒雅的气质中还透着一丝"傲岸"的文人风骨。这些精神特

---

[*] 郭连友,北京外国语大学日本学研究中心教授。

质在严先生创作的大量的日本学研究成果中都不同程度地有所体现。

后来,日研中心在举办大型国际学术研讨会时,多次邀请严绍璗先生做基调讲演。同时,严绍璗先生还一直担任我中心"中日协力委员会"的中方顾问,为我中心的发展献计献策,做出了巨大贡献。为表彰严绍璗先生对北外及日研中心所做的贡献,北外授予严绍璗先生"北京外国语大学名誉教授"的称号。

**图 1 严绍璗先生在北京日本学研究中心主持学术会议(1997 年 10 月 17 日)**

此外,严绍璗先生还长年担任中国日本研究最具权威性的学术奖项——宋庆龄基金会"孙平化日本学学术奖励基金"评选活动的学术委员会主任,主持过多次评奖活动。因为北京日本学研究中心是评奖活动的秘书处,为此我和严绍璗先生有了更多工作上的接触。

记得 2017 年第八届宋庆龄基金会"孙平化日本学学术奖励基金"评奖活动正式拉开帷幕时,受组委会委托,我给严先生打电话询问是否可以继续担任学术委员会主任并主持终审工作,78 岁高龄的严先生二话没说,欣然应允。终审会上,严先生首先公布了评奖要求、评奖纪律、奖项数等,并随时了解各组的评审状况,根据情况对奖项做适当调整,其严谨负责的工作作风给我留下了十分深刻的印象。

12月16日第八届宋庆龄基金会"孙平化日本学学术奖励基金"颁奖仪式在宋庆龄基金会青少年科技文化交流中心举办,我受组委会委托担任颁奖仪式主持,严先生代表学术委员会宣布获奖作品名单并对获奖作品做了精彩点评。本次颁奖仪式上,为表彰严先生对孙平化日本学学术奖励基金做出的卓越贡献,宋庆龄基金会特意向严绍璗先生颁发了终身贡献奖。(另一获奖者是文化部原副部长刘德有先生,由孙平化女儿孙晓燕代领)

**图2　第八届"孙平化日本学学术奖励基金"颁奖仪式,前排第二位为严绍璗先生(2017年12月16日)**

**图3　宋庆龄基金会主席王家瑞向严绍璗先生颁发终身贡献奖(2017年12月16日)**

最后一次和严先生通电话是在2018年。

北外日研中心主办的学术刊物《日本学研究》创刊于1991年,是我国日本学研究领域较早创刊的学术集刊,在近30年的时间里共刊登了近800篇学术论文,为我国日本学研究者提供了不可多得的学术平台。

2018年,我们对《日本学研究》的现状以及社会影响力等做了充分调研,根据调研结果,决定对《日本学研究》进行大幅改版,以满足我国对高水平日本学研究出版物的迫切需要。

当我打电话给严绍璗先生请求他做《日本学研究》的学术顾问时,电话那边的严先生对我们的这一举措给予了充分肯定,欣然同意做《日本学研究》的学术顾问。不仅如此,严先生还补充说:"连友,今后只要对你们有帮助,我的名字你们随便用,不用再征求我的意见!"听到这里,我的心头一热。一个赫赫有名的大学者,不摆架子,不设城府,提携后学的言行举止令人肃然起敬。

2020年,《日本学研究》被南京大学中国社会科学研究评价中心评为中文社会科学引文索引(CSSCI)来源集刊,成为我国日本学研究领域具有代表性的学术刊物之一。我一直认为,能够在改版后的短期内取得如此大的进步和成就,光靠我们自身的努力是不够的,包括严先生在内的业界同仁们给予我们的大力支持、鞭策、鼓励和提携才是我们没有放弃的真正动力所在。

面向未来,唯有不骄不躁,踏实做事,不断进取,奋力前行,为我国的日本学研究提供更高水平的学术平台,才是我们对严绍璗先生给予《日本学研究》大力支持和帮助的最好报答。

严绍璗先生留给我们的不仅仅是其学术上的辉煌成就,他那平易近人、奖掖后学的崇高人格更是我们应该永远铭记和继承发扬的宝贵遗产。

严绍璗先生千古!

# 怀念严绍璗先生

刘晓峰*

笔下刚刚完成的这篇论文,使用了严绍璗老师的变异体理论。这是为一本杂志组织的中日学者讨论民俗学研究方法的栏目而撰写的。日方学者的文章都以方法论为核心,这就迫使我从中国古代东亚民俗比较研究的方法论角度构思这篇论文。当我回顾改革开放以来中国学者有关中日比较文化领域的研究成果,我发现最能够拿出来和日本学者交流的,就是严绍璗先生的"变异体"理论。所以这篇论文以中国古代时间文化体系的符号系统在东亚民俗中的转化为题材,采用 20 世纪 90 年代严绍璗先生倡导"比较文学中国学派"过程中整理归纳出来的文学"变异体"研究理论方法,从中国古代的打春牛仪式和日本古代观白马仪式、中日灶与厕的故事传说以及中日琉越的灶神民间信仰三个层面,分别讨论了作为时间符号的阴阳(乾坤)、五行(土金)、八卦(离卦)在东亚古代生活中的转化和变异。因为严绍璗先生提出的"变异体"研究理论方法同样适用于东亚民俗比较研究。上述转化和变异产生的基础,正是东亚时空中具有认知共性的文化元素。

自 2000 年拿到博士学位从日本回到清华大学教书开始,20 多年来和严先生有过很多交往。我忘不了在严先生家听他讲鲤鱼洲的往事;忘不了他在我们清华东亚文化讲座上文采激扬的眼睛;忘不了他坐在家中沙发上讲起自己走进比较文学世界的往事,阐释起"文学变异体"定义的形象;忘不了他讲述调查汉籍在日本流布情况时的千辛万苦;忘不了他冒着大雪从蓝旗营走到清华大学历史系送我评教授的学术评语。20 多年过去了。我已经习惯了前边有严先生这样

---

\* 刘晓峰,清华大学人文学院历史系教授。

的学术大家作为榜样和目标。听到严先生去世的消息,我感觉自己的学术世界一个巨大的柱石轰然崩塌,我在这篇论文的最后,写上了"此文完成之际,惊悉严绍璗先生辞世消息,后学深荷学恩,痛感无以为报。谨以此纪念这位中国比较文学的先行者"。

我这学期开设的课程是"东亚文化史研究:文献与方法"。开学了,上周第一次上课的课堂上我和学生们一起讨论起中国的变化。本来只是课上一个小的话题转折的铺垫,结果因为发言过于踊跃,讨论过于热烈,这个话题一下被拉长到一节课。这里当然有八纵八横的中国高铁建设计划,有电子支付迅速普及和纸币接近消失,有一个一个行业惊人的发展数据,也有中国所拥有的发达国家和发展中国家的两面性。这场讨论让我想到 9 月 12 日参加日本经团联和中国驻日本大使馆共同举办的"不忘初心 开创未来"纪念中日邦交正常化 50 周年研讨会上,东京大学高原明生教授提出的问题,即中国注定成为一个超级大国,中国已经是一个超级大国,成为超级大国的中国,要带给世界的是什么呢?

新冠疫情发生后第三年,世界在我们身边发生着激烈的变化。我们身处在历史发展变化的重要的转折点上。我认为高原明生教授的提问是本质性的提问。回答这个问题很难,也不是我个人能够完成的工作。作为一位研究东亚古典的学者,我觉得我所能够做的,就是清理我们自己的家底,重新认真审视我们的文化传统,从中找到和未来的世界密切关联的那些最核心的思想和观念。要做到这样的工作,我想至少需要三点:一是像严先生那样积数十年力量调查汉籍在日本流布情况一样,要有沉潜致远的心劲。二是像严先生那样有创造性。严先生 1990 年代初刚进入比较文学研究领域就提出"比较文学的中国学派",他的"变异体"、日本古代文学的发生论都是蕴含丰富创造性的研究范例。三是像严先生那样,有充满仁爱精神的学术关怀。严先生为人仁爱后学,对古代文化也充满挚爱。多年学术研究告诉我,东亚的学术深处,是具有这一份仁爱之光的。

沉潜致远、富于创造性和仁爱之心,这是我在严先生身上感受到的高贵品质。愚拙后学,愿以仰止之心追随胜业,以行止之心砥砺向前。

# 心香一瓣，可否慰天人
## ——悼念恩师严绍璗先生

钱婉约*

严绍璗老师于8月6日正午12时2分，在他晚年歇隐的昌平泰康之家（燕园）养老中心的医院里不幸病逝。连日来，唁电唁函像雪片飞来老师生前工作的北京大学中文系。他曾经执掌的北大比较文学与比较文化研究所的微信公号，也连续编发了许多篇学界同仁和后辈学子的悼念文章，其中包括我在2010年为纪念严老师诞辰70周年而作的两篇文章：一篇是论文《严绍璗日本中国学研究的几点启示》，另一篇是人物速写《严绍璗：圆融与超越》（见本节附录）。后者发表在当年《人民日报》的"文苑副刊·足音"专栏上，曾幸得严老师认可，并援引作为他个人自选文集的代序。

从我1981年秋入读北京大学中文系古典文献专业拜识严老师算起，到今天，师生情缘竟然已经整整40年有余了。这几天，内心悲悼，思绪纷繁，无以成文。很多往事像电影回放一样，一幕幕在脑海跳转，临纸彷徨，勉强写下一些，权当心香一瓣，敬献于先师的灵前。

## 不正确理解的方式—变异体研究—比较文学中国学派

严老师的课上得特别有神采，吸引人，是史论结合的典范。从课堂讲述到研究著述，再到最终形成严氏标志性的理论体系，有一以贯之的精髓所在。

1980年代初，他给大学生上一门"历史文化论"课程，内容大致是介绍马克

---

* 钱婉约，北京语言大学文学院院长、教授。

思恩格斯论文化的经典性历史理论,并以此解析中外历史文化现象,同时也介绍其他中外名家的历史文化理论。它的理论色彩和古今中外宽广的视野,对刚刚进入大学又是古典文献专业的学生来说,特别具有吸引力。记得我第一篇像样的小论文,就是受到这门课的启发而写,刊发在当年北京大学学生期刊《学海》杂志上。文章题目是《论"不正确理解的方式"是文化继承的普遍方式》,其中"不正确理解的方式"是马克思经典论说之一,指欧洲文艺复兴借用古希腊罗马思想资源的历史事实,这种"借用"不是原封不动的拿来,而是有意无意地进行"不正确的理解",经典论述中还用了"借尸还魂"4个字。我以中国近代历史上康有为《新学伪经考》《孔子改制考》的思想故事为例,认为康有为也谙熟"借尸还魂"之术,以"不正确理解的方式"借用了孔子的思想资源,来发动近代中国的戊戌维新。当时写完,私心颇有收获的感觉。

冥冥中似乎有巧合,若干年后,我师从严老师攻读比较文学的博士生,在接触到"一切阅读都是误读"的接受学理论时,不由得想起,这不就是严老师课上所说"不正确理解的方式"吗? 1998年,严老师又写成《文化的传递与不正确理解的形态——18世纪中国儒学与欧亚文化关系的解析》一文,正式阐释了"不正确理解"与"文化传递"的关系。

20世纪末,中国比较文学界在引进了法国学派、美国学派等以后,提出了一个学术自觉的话题,即如何建立比较文学的中国学派? 中国学派的内容和特征应该是什么? 当时的好几次国内国际的学术研讨会上,同行的老师们都曾热议过这个话题。历数钱锺书、杨周翰、季羡林等前辈学者以及乐黛云先生等当代重要学者的成就,有提出"阐发研究""跨文化研究"可作为中国特征的,说服力未必强。有风自西来,东方有回音,严老师以他40多年关于东亚文学文化发生发展的实证研究为依据,在《比较文学与文化"变异体"研究》(2011)、《日本古代文学发生学研究》(2020)等著作中,逐渐形成与完善了"文化变异体"和"文学发生学"的理论体系,这是他对中国比较文学学科的重要建树与理论贡献。"变异体研究""发生学研究"是否会成为"中国学派"的标志,我个人不敢妄断,但这些富有标志性特征的严氏理论与著作,业已成为中国比较文学教学科研、人才培养的奠基性重要学术存在,却是事实。

抚今追昔,从严老师80年代课堂上"不正确理解"概念的解读,不正可以看到比较文学中国特色"严氏理论体系"的思想滥觞吗？不知先师地下有知，是否会再次认同我对于他思想学术的认识与推论？

## 京都访学—记纪神话—日本中国学

严老师待人热诚而亲和，凡与他有过接触的人，一定都领略过他那睿智、明快、滔滔如江河般的谈风，那些以渊博的知识、丰富的阅历、敏锐的识断所编织起来的纵横排闼、亦庄亦谐的讲演或闲谈，令人在享受中获得学术与人生的启发。所谓如沐春风，润物无声，说的大概正是这种情况吧。

1994—1996 年，我在日本京都大学人文科学研究所做访问学者，当时我是武汉大学历史系的青年教师，教学内容与研究兴趣在中国近代思想学术史。所以，在京大人文研选择师从狭间直树先生进修学习。

我到京都不久就获知严老师也在京都，在京都郊外日本文部省直属的"国际日本文化研究中心"驻所工作，同在异国他乡，我自然热切地想去拜访当年的老师。自北大毕业后，已有六七年没有与严老师联系过了，当我打通电话时，他不仅清楚地记得我这个"古八一"的学生，还当下约定让我周末上午到他的寓所去，并在电话中详细关照我，从我的住处修学院出发，如何坐电车、坐多少站、在哪里转巴士，下车以后又如何走……这样听着，电话一端的我，真是感激之至，又佩服之至。一个被文部省特别邀请的中国权威学者，一个热诚可掬、无微不至的老师长辈，就这样在我的心中完美统一起来。

那日在京都严府做客，师母特为我准备的饭菜中，有一道久违的江南美味——"清蒸大带鱼"，老师、师母是上海人，我是苏州人，这道菜真是大大慰勉了师生两代人"舌尖上的乡思"。1990 年代中叶，能走出国门的学人还不算多，同在京都，同样面对日本人关于中国研究的很多着先鞭、出新意的成果，那种家国之情又岂止是在"舌尖之上"？

对我这个初出国门的人，严老师像家长一样给我种种叮嘱与提示：比如与日本人相约一定要严格恪守时间，比如对于所需学术著作一定不要整本地全部复印，比如要留心京大东洋学文献中心的资料搜捡与利用。当然，说得更多的，还是他自己的研究计划和下个月要在京都某会馆做的公开讲座，记得所讲内容是关于"记纪神话中的文化变异形态"。讲座当日,我与京大东洋史的几个青年学子一起赶去现场聆听了严老师的日文演讲,增广了学术见闻。在京都的一年半中,又有多次相聚的机会,其中一次是带老师、师母到京大博士生钱鸥家做客,饭后并由钱鸥带领一起探访辛亥后罗振玉、王国维京都居处遗址。王国维住处已消失在京大百万遍附近的道路上;罗振玉寓所永慕园中自建的"大云书库",则还岿然独立,据说已成了一家公司的房产。

正是这段京都访学的岁月,使我的研究兴趣从本来的中国近代思想学术史偏向转移到对于同时期中日学术关系上,特别是被内藤湖南为代表的京都中国研究者所吸引。发生这样的转折,除了内藤湖南的学术魅力外,严老师对于日本中国学研究的示范引领,是起了相当重要的作用的。此后,追随严老师从武汉大学回到北京大学,选择以"内藤湖南研究"作为博士课题,就都是顺理成章的了。后来,我的《内藤湖南研究》一书得以出版,与师兄张哲俊的《吉川幸次郎研究》、师妹刘萍的《津田左右吉研究》一样,都是因为严老师主持的"北京大学20世纪国际中国学研究文库"所给予的机会。师恩陪伴一个个学生的成长之路,铭感不忘。

严老师以《日本中国学史》为代表的一系列研究,不仅做到了一般研究者比较留意的、对古代日本接受中国文化影响的历史性考察,在此基础上,更注意对中日两国复杂的文化关系的廓清,显示了不同一般的史识。严老师还特别对儒学在近代日本巩固皇权观念、鼓吹"大东亚圣战"思想上所起到的负面作用,做了深入独到的揭示和批判,体现了一个儒学本邦学者对于异域儒教文化形态的敏锐洞察力。

## 北大情怀—与历史对话—隐入历史

自从1959年考入北大,严老师做了大半生的北大人。在他的著述中、谈论中,常常体现出对于北大学术宽松氛围的深切认同和自觉继承。要说严老师的北大情怀,正在这份始终不移的知识分子不妥协、不盲从的批判精神吧。在入住泰康燕园前,严老师将自己的大部分藏书捐赠给北大国际汉学家研修基地"汉学图书馆",设立"严绍璗文库",相信薪火相传,斯文相继,代代北大学子可以延续严老师不了的北大情怀。

我在《圆融与超越》一文中,曾预告"近期将有先生新著《与历史悄悄对话——严绍璗北大50年亲历纪事》问世"。这本书始终没有能在严老师生前问世,我的这句话也成了一句空言。事情的缘由是,2010年严老师70岁诞辰时,在北大和香港大学先后举办过两次纪念性学术研讨会,会上除了论析严老师的学术成就与贡献外,还有一个话题就是有关严老师回忆录的出版。那几年,他陆续撰写的"个人回忆录"渐成规模,个别章节也曾打印出来分享给人看,我也得到过几个样章,因为客观条件的限制,书稿一时难以出版,记得会上陈平原老师曾建议在香港出版,事情未果。等到严老师80岁诞辰,北大出版社张冰师姐主事编辑五卷本《严绍璗文集》时,又曾将回忆录书名改成《严绍璗:北大一个甲子的纪实》,但终于也只是部分章节收入了文集第五本而已。严老师常年有写日记的习惯,他曾给我们展示过1970年代中期的一本"专题日记"——严绍璗外事日记,记录了在改革开放之前,他参与北京大学外事活动,接待日本、美国等外宾学者的事情,很多本这样的日记是这本未出版的回忆录的基础。今天看到陈平原老师《那位特会讲古的严老师走了》文章最后也写道:"能言善辩、特会讲古的严老师,留存在五卷本文集里的'自述'实在太少了。不知是因晚年身体状况不好,还是某些客观条件的限制,反正严老师的回忆录最终没能在生前完成并出版,令人扼腕。"深有同感。

2016年秋,严老师入住泰康之家(燕园)养老中心,当我还没有来得及为老师高兴"老有所安"时,不幸就接二连三地发生。先是师母中风,随后是严老师眼疾、腿脚不便、鼻炎等接踵而来,身体精神日渐衰退,看到昔日笑谈风生的老师变得沉默少语又语多重复时,真是特别无力而感伤。去年6月看望严老师时,我再次向他问起回忆录书稿的事情,有没有全文打印稿?电脑里有没有留存?他的回答是:电脑早就坏了,那些书稿,不是被他们拿走了吗?要作为整我的材料拿走了。那天,一高一矮两个人闯进这个屋子(他抬手指着对面的书架),就从这里把材料都拿走了啊……我听着一时满腹疑惑,无语接续,转而问师母,师母说她不在场,她也不知道书稿的事情。这真是让人无比叹惜。他的这种伴随着"阿尔兹海默症"症状的"被迫害的妄想",在生命的最后一两年内,时有发生。另有一次,去看望严老师、师母时,师母对我说,也真不知是为什么,他和我先后都患上了"阿尔兹海默症",我比他轻度一些。被这样的魔怔控制着,可以想象精神上的煎熬。

文章到此应该搁笔了。心香一瓣,可否慰天人?哲人其萎,斯人已去。严老师他的生平行谊,他的笑谈謦欬,像一本终于写完的书,合上了书页,隐入历史。这本用生命与真诚写就的特殊的书,与他出版的众多学术著作一样,将永远留在我的记忆里,留在学术发展的长河中,馥郁芬芳,给人启示,又令人哀伤……

2022 年 8 月 19 日于苏州

**附录:**

## 《严绍璗:圆融与超越》

当今社会,学海涌动热潮,泰斗、大师辈出,令人不由得想,除去社会上热诚奉迎、盲目鼓噪的声音外,对那些于当代文化学术真正有所建树、有所贡献的前辈学人,我们后生学子应该抱有一种怎样的心智和态度,才不致辜负了前辈的真精神?

严绍璗先生是我的业师,更是比较文学、国际汉学界同行敬重的前辈学者。我曾在北大的教室听他上课,曾在外地及日本的学术会议上听他演讲,近十几年来,更有机会在各种会议的宴席上或小聚的咖啡厅里,听他闲谈神侃。那是一次次"功夫在书外"的有趣收获,是一次次扣问先生学问人生的精神之旅、愉快之旅。

且让我拣择一些片段,以飨读者,一起来追寻和谛听一位学人一路走来的足音。

1959 年春,先生中学毕业考入北京大学前夕,撰写 122 行长诗《向科学进军》,诗曰:"朋友,亲爱的伙伴,把眼睛放远些:看看东方的旭日,在怎样升起;望望月亮和你,到底有多少距离?……我们会有自己的星际探险队,去揭开大自然的一切奥秘!……我们一定会以高度文明的国家,出现于世界!"不必嫌 51 年前的诗句直白、幼稚,先生说:"其实这种'建设文明国家'

的志愿,一直在我心里,历50年而不变!"

1969年,先生与北大教师一起,开赴江西鲤鱼洲"五七干校",繁重的劳动、恶劣的生活环境,还要不断"军事训练"和"政治学习"。他怀揣"红宝书"——日文版《毛主席语录》,时常拿出来攻读,借以温习日语,巧妙地做到政治、业务两不误。

1974年底,先生参加"北京大学社会科学访日团",走访日本各著名大学,他自述"有机会第一次看到留存于彼国的数量众多的汉籍,激愤和惆怅融成难以名状的心情,于是,便开始萌生了要查明日本藏汉籍诸种状况的念头"。——这成为他日后30余年坚持不懈、孜孜以求的学术信念。

同样值得一提的,访日结束回到国内,为了"洗涤从资本主义国家受到的污染",先生接受上级安排,到北大锅炉房做运煤工两个半月,工作时间是每晚9点到次日凌晨5点,而这期间的白天,先生仍继续频繁参与相关外交事务,如:接待美国参议院民主党领袖曼斯菲尔德,参与接待以吉川幸次郎为团长的"日本政府文化使节团"等,夜晚与白天判若两人。先生对这样的角色变换,竟然适应自如,愉快胜任,更逐渐于内心培养起"超越当下意义,以多元文化视野"思考问题的自觉意识。

1985年,先生受聘为京都大学客座教授半年,国门初开,这是中国人第一次被日本国立大学正式注册聘为外国人教员。自此后,他先后30余次往返日本,在东京大学、文部省国际日本文化研究中心、佛教大学、早稻田大学等处,或短期访问、演讲,或长期讲学、研究,成为沟通两国学术交流的桥梁人物。他的一系列东亚文学文化关系和日本中国学著作,如《日本的中国学家》《日本中国学史》《中日古代文学关系史稿》这些在本领域具有划时代、着先鞭意义的著作,也一本本地应运而生。

2007年,历时20余年,倾一己之力做成的380万字大书《日藏汉籍善本书录》终于出版,这是中日学界第一次对于日藏汉籍领域的全面梳理和记录。该书2009年荣获"教育部人文社会科学研究成果一等奖",这是个人的殊荣,也是民族、国家的荣誉。就像东京大学名誉教授户川芳郎所说的:"这本来应该是日本人做的事,现在由一位中国教授完成了。我为严先生感到骄傲。"

不再一一列举，所幸有先生著作在。近期，更将有先生新著《与历史悄悄对话——严绍璗北大50年亲历纪事》问世，关心先生学问、关注北大校史及学界旧事的读者，或可有所期待了。

严先生出身上海世家，祖父为沪上知名民族企业家，父亲肄业于英国教会圣约翰大学数学系，毕业于法国教会震旦大学法国文学系，曾创办"中国艺术学院"。国人向持"精明的上海人"之认识或偏见，仔细想想，小精明自不足道，高境界的精明，应该是有审时度势的睿智，与物推移的圆融，超越一时一地的通达，再加上动心忍性的坚守。惟其如此，才能使人生如水般流动常新，如山般坚实厚重；才能在个人所从事的具体领域中，做出超乎常人的贡献。这或许就是智者的人生境界吧。

清人论学，多以义理、考据、辞章三者言之。在现代学术语境中，可以说，严先生的学问，以学术独立、理性批判为宗旨，以原典解读、实证考辨为方法，以专业工具书、史论著作为表述，他所追求的，正是一种义理、考据、辞章三者并举的学术实践。

还是他自己的话说得朴实："反正，做学问，首先要对学术充满激情，不做心里就慌，就难受；其次没有一点奋斗、拼命的精神不行。"这或许正是先生治学境界的写照吧。

今年适逢严绍璗先生七十初度，在"人生七十古来稀"似乎已变成过时的老话时，严先生正以他一如既往的敏捷的思维、洪亮的嗓音、过人的精力，步入所谓"七零后"人生。谨以此文祝愿吾师学术生命之树常青！

# 我与严绍璗先生交流印象二三记

陈多友*

严绍璗先生的去逝是学界的巨大损失,我们要深切缅怀他。先生 1940 年出生于上海,自幼深受诗书礼仪熏染;1959 年考入北京大学中文系,攻读古典文献专业;1964 年毕业后留校任教,担任北大中文系专任教师;1988 年底调入北大比较文学与比较文化研究所工作,后担任该所所长,长期从事以中国文化为基础的"东亚文化"研究,尤其在中日比较文学比较文化领域用力甚勤,做出许多创见性工作,著述丰赡,公开出版学术著作 16 种,发表学术研究论文 250 余篇。而且他还培养出了一批杰出的学者。2015 年,他荣获"中国比较文学终身成就奖",2016 年再获"国际中国文化研究终身成就奖"。

自 1970 年代后期以来,经过几代学者的努力,中国比较文学学科已经发展成为具有完整体系的独立学科。1985 年在深圳大学召开的"中国首届比较文学学术会议"堪称比较文学中国学派的诞生。有学者指出,其标志是:在大学建立起了系统化的专业研究人才的培养机制;出版了与国际学界接轨的体系性的学术研究论著;形成了具有影响力和权威性的学术期刊;出现了国内外学界认可的学术领军人物。在中国比较文学的发展历程中,尤其是在东亚文学与文化关系的研究领域,严师无疑是国内外同行学界认可的一位杰出学者。在中国比较文学形成独立体系的上述四个标志性方面,无一例外地都有严师的积极参与和重大贡献。

周阅教授也曾总结道:"总体来看,严绍璗先生的学术研究分作两大体系:一是以东亚文学与文化关系为标的的比较文学与比较文化研究;二是以日本中

---

* 陈多友,广东外语外贸大学东方学研究院院长、教授、译审,日语语言文化学院名誉院长。

国学为中心的海外汉学研究。两者密切相关、互相促进。"严绍璗先生本人也曾就自身的学术研究领域有夫子自道,他说:"我的总体的学术系统大概有两个层面吧。一是希望经过'比较文学的研究',在'发生学'的意义上重新审视日本文明史(包括文化史),最终能够在更加接近事实的意义上,以'文本细读'为基础重写日本文学史(或文化史);二是希望在'比较思维'的指引中描摹19世纪后期到21世纪初期的'日本中国学'的发生与发展的接近真实的历史,最终在'(个案)阐述学'的基础上完成《日本中国学史》全卷。"

确实,严绍璗先生学术领域十分宽广,学术体系博大,其治学方法论亦非常独到。严先生成长过程中受到我国良好的传统学术训练,版本学、文献学、目录学功底深厚,在此基础之上他又广泛涉猎东西方文学文化史、文艺批评、文艺理论研究,与时俱进地将我国传统的文论与现代西方文论加以融合,创造性地提出了一整套先进的治学方法。

正如北京大学比较文学与比较文化研究所同仁敬献的挽联里所写:"揭橥原典实证方法明其表里,大块文章多浩荡;阐明变异发生门径察乎古今,名山事业自庄严。"其治学方法最大特点就是提倡以原典实证为基础的文学与文化的发生学研究。

严先生不仅是著名学者,也是一位有情怀、有责任感的教育家。正如上午汤重南先生所总结的那样,先生先后开设过13门课程(我本人也多次聆听过);培养了大批卓越的日本研究暨东北亚比较研究的专门人才(包括今天在座的几位学者)。虽然本人无缘成为先生的亲炙弟子,但是由于我十分崇敬先生的道德文章,加之我们之间独特的过从,本人一直将先生尊为自己的私淑恩师。

很早以前就拜读过先生的著作文章,仰慕先生大名。第一次有机会与先生谋面则是1998年5月,当时北大正在举行百年校庆,我恰好在北京外国语大学进修。在香港天地图书有限公司总主编孙立川(京都大学文学博士,先生生前挚友)的引荐下,得以拜见了严先生。由于正值北大校庆期间,先生正忙于接待来自各地的学者、校友,没有太多的时间深谈,我们便约在校园燕园一楼咖啡厅见面。第一印象是先生平易近人、温润如玉、谈吐谦和,娓娓道来之处,含英咀华,皆能给人以启发。整个交谈过程中,始终给我如沐春风的舒适感。好像刘建辉先生当时也在场。我表达了欲投奔先生门下从事学术研究的意愿之后,先生欣然应允,告诉我应该做好脱产学习的准备。本人备受鼓舞,从此结下师徒之缘。

第二次难以忘怀的印象是2001年12月8—12日在广州会面时的情景。当时,"2001中日比较文学国际学术会议——新世纪中日文学关系的展望与回顾"在中山大学召开。由于我是大会组织者之一,得以与作为会议运营顾问的严绍璗先生频密交流。在大家共同努力之下,会议隆重召开。严先生作了题为《比较文化研究中"原典性的实证"的方法论问题》的主题报告。为其担任日语现场翻译的学者是现就职于日本早稻田大学文学部的河野贵美子教授。与会的中日学者同行非常多,其中就包括田中隆昭教授、藏中进等日本著名学者。当时的一幕幕至今仍然记忆犹新。后来我们出版了一部名为《中日比较文学比较文化研究》的论文集,将严先生的文章也收录于内,没想到竟成了永恒的纪念。

跟严先生近距离接触几乎都是在大型国际性会议上。2005年8月13—16日,"比较文学年会暨国际学术研讨会"在深圳召开,季羡林先生发来贺词,乐黛云先生、胡经之先生以及杜威·佛克马先生、希里·米勒先生等著名学者与会。其间,我得以重逢久未谋面的严先生,交谈中得知先生身体状况不佳,刚做完喉部手术。虽然还在康复期,甚至不能在大会上作报告,但是跟我这个门外弟子——青年学者交谈起来,马上就能看到他炯炯如烛的眼神,虽然声音不够顺畅,但是至今仍然如天籁鹤鸣回响于耳鼓。我不禁感慨:我们的前辈学者们为了祖国学术的发展以及中外思想文化交流,真是披肝沥胆,鞠躬尽瘁啊!

时间来到2007年春,在我一再邀请下,先生拨冗莅临广东外语外贸大学讲学并交流。我全程陪同,耳濡目染,受益匪浅。记得有天早上我请先生及夫人喝早茶,不小心被滚烫的开水淋了手,先生夫妇马上表现出生活的智慧,急忙叫服务员拿来酱油撒上,果然立竿见影,发生疗效。当时情景至今历历在目。其间,先生面向全校师生作讲座的题目是《质疑川胜平太"海洋的日本文明"论》,似乎从近代政治思想史维度探讨日本人海洋书写本质的命题就源于此,至今对我们开展东亚海洋文学、文化研究都具有开导性。

后来,我经常寻找机会向先生求教。但凡因公去北京,只要时间允许,我都尽量去拜访先生。最后一次是2014年秋,我在中央党校学习,由于学习任务重,纪律要求严格,时间上并没有太大自由度,但还是有机会约见了各种活动频密十分忙碌的严先生。在一个馨风和煦、满地金色的下午,我们在蓝旗营一家咖啡馆里见面了。先生看起来兴致颇高,甫一落座,便打开了话匣子,滔滔不绝,谈论起社会人生。从井冈山到延安,从延安到北京,从北京到全国,从中国到日本,从日本到世界,上下几千年,纵横千万里。本来想晚上一起餐叙的,但是先生说,非常抱歉,晚上要接待来自日本的重要客人。我一边听得入迷,一边关切着时间,不时地还提醒先生注意时间。然而,先生似乎谈兴甚浓,对我说,反正自己只是陪客,让他们稍等一会儿也不要紧。直到到了快晚餐的时间,先生才怀着眷眷之意离开。不承想,这竟成了诀别。因为后来去北京都是来去匆匆,加之先生后来入住昌平泰康之家(燕园),更是不便拜谒。

为了不能忘却的纪念,2022 年 9 月 3 日晚上,我召集门徒们举行了"严绍璗先生追思会暨比较文学研究学习成果发表会"。会上,除本人作了主旨发言之外,计有 16 位青年学者发表了严绍璗学术思想研究方面的论文,大会在教育部日语专业虚拟教研室平台上向全知识界开放,来自南京师范大学、北京语言大学、中国传媒大学、广东外语外贸大学、辽宁大学等全国各地兄弟院校的专家学者全程观摩指导,会议持续了 4 个半小时。这也算是身为门外弟子对自己最为崇敬的恩师所表达的一点哀思吧。

深切怀念恩师,严绍璗先生永垂不朽!

# 天涯海角有尽处　唯有师恩无穷期
## ——怀念恩师严绍璗先生

王　青[*]

敬爱的严绍璗老师于 2022 年 8 月 6 日去世,已经过了 3 个多月了。严老师刚走时,严门弟子和学界师友们都难抑悲痛之情,纷纷发表了悼念文章。而我作为严门第一批硕士生,却迟迟提不起这沉重的笔。老师弥留之际的病容实在令人心痛,此时说什么都感觉苍白无力。

我于 1981 年入读北大中文系古典文献专业时,严老师是本专业的副主任,后又接任主任。本专业学风一向强调实证主义,而严老师给我们开设的"历史文化论""日本中国学"等课程却围绕关于"历史文化"传递与继承过程的理论问题,对于开启我们的思辨能力非常重要。而且严老师讲课口若悬河,亦庄亦谐,所以他的课非常受学生欢迎。

当时严老师正如一颗在学术界冉冉升起的耀眼新星,他正在积累以多元文本细读与观念综合思考互为犄角的、相互透入的新知识生产经验,逐步形成了以"多元文化语境""不正确理解的中间媒体"和"变异体生成"的具有内在逻辑的理性观念,并以"多层面原典实证方法论"作为实际操作手段,组合成一个自我学术理论系统,被称为"文学的发生学"。

严老师以"文学的发生学"理论作为方法,运用于国外的特别是日本中国学(汉学)研究乃至日本文化本身的研究,取得了很多重大的研究成果。在严老师的呼吁和推进下,1985 年古文献专业在全国大学中第一次设立国际中国学(汉学)研究硕士学位培养方向,我有幸成为本专业两位硕士生之一。在严老师的悉

---

[*] 王青,中国社会科学院哲学研究所研究员。

心指导之下,我总算完成了硕士论文《五山禅僧义堂周信之学术在日本汉学史上的地位和作用》,并顺利通过了答辩。前几天我居然在仓库里偶然翻出了这篇论文,回头看自己都觉得这篇硕士论文还有太多需要打磨之处,忽然感受到了当年严老师对我的鼓励其实是莫大的宽容。尤其令人感动的是严老师的真诚待人,即使是对待学生,也一律平等,使人有如沐春风之感。有时在校园里碰见严老师,招呼一声,骑着自行车的严老师也要特意下车寒暄几句,他谦逊和蔼的态度反而体现了言传身教的教育家风范。

在严老师的引导之下,我的学习兴趣从中日文学的比较研究延伸到日本思想史的专业领域,毕业后我便赴日留学多年。其间,赶上严老师在京都讲学一年。当时我的孩子刚出生,所以无法去京都看望严老师,就给老师寄了一张孩子的照片。多年后回国,再见到严老师,他特意拿出了这张照片,说这张照片我一直保留着呢。这让我于师生情之外又体会到一种长辈般的慈祥。

在日本取得博士学位后,我得到一个回国担任某高校教职的邀约,然而回国办理入职的手续意外地出现了一点不顺利。正当我迷茫之际,又在北大燕北园里遇到了骑着自行车的严老师,一番诉说之后,严老师热情地说先来我这里做博士后吧!于是我重返严门,在承泽园度过了两年安心写作的清静时光,其成果后来在严老师主持的"中日文化研究文库"丛书系列里以《日本近世儒学家荻生徂徕研究》为题出版。出站前在严老师主办的一次大型学术研讨会上,我遇到了一位中国社会科学院的著名学者,她介绍我去中国社会科学院应聘工作,然后我就顺利进入了社科院哲学所。我能结束求学生涯,顺利找到切合自己理想的工作单位,也离不开严老师的支持和帮助。

当我走上学术道路之后,每当有一点研究成果,我都会向严老师汇报一下,既是分享喜悦,也是为了得到老师的批评指导。我的两部专著《日本近世儒学家荻生徂徕研究》和《日本近世思想概论》都是承蒙严老师百忙之中为我作序。老师对我的通篇溢美之词虽然令我觉得愧不敢当,但我明白那都是老师对我的殷殷期望,我只有勤奋努力,拿出更多的成果,才不辜负严老师对我的勉励。

当严老师逐渐步入老年之后,每次见面我总要恳请老师保重身体;但严老师屡屡潇洒地挥着手,声如洪钟地说:"哎呀我这回可能快要不行了!体检的时候医生已经说了我这里那里出了问题!"一开始我不免感到心惊,很为严老师的身体担心不已,久之发现那只是老师的一种幽默的自我调侃而已。严老师依然是神采奕奕,满面红光,他还像当年我们读本科生的时候一样充满活力,以后再听到严老师这样调侃的时候,我就会心一笑。严老师这么豁达开朗,正是他充满旺盛生命力的表现,他会一直都是我们的老师,做我们学术之路的带头人。所以,当严老师病重直至逝世的消息陆续传来时,我感到难以言说的茫然、失落与悲痛,今后再也听不到他爽朗的笑声了,也听不到他滔滔不绝、妙趣横生的讲话了!作为学生,应该如何报答师恩呢?我想唯有继承严老师的治学精神,以更多的研究成果来告慰老师的在天之灵。

# 高山仰止,景行行止
## ——缅怀严绍璗先生

刘晓芳[*]

8月6日,对于我们这些从事日本文学研究的人来说,是一个沉重的日子——我们失去了一代大师!12:40左右,我在点评一位日本外教关于日本羽衣仙女神话的研讨会发言时,建议她采用北大严绍璗先生的文学发生学的理论方法再去深化一下现有的思考和问题意识。我还把她的发表内容与前天的七夕结合为一个巧合,然而令我没有想到的是,严先生却已经在40分钟前仙逝!

我认识严先生,是作为东语系90级硕一学生选修了中日比较文学这门课,跟当时中文系研究生周阅,还有后来在日本NHK工作并一直致力于中日友好的日本留学生汤田美代子都是在这门课上认识的。我还同时选修了乐黛云先生的比较文学概论课。当时这两门课就已经做到了本研贯通,选课的学生很多,以中文系的本科生为主,也有研究生,还有外国留学生。而且,两位开课的先生都已经出版了相关专著《中日文学关系史稿》和《比较文学概论》,如此厚重的课程支撑对我们当时的学习太有帮助了。严先生的文学发生学理论在那个时候就已经提出来了,只是当时并未引起我足够的重视。硕士阶段选修严先生的课还带给我另一种便利,那便是在面对严先生的在读博士生(相当于我博士生导师于荣胜先生的师妹)逼我叫她师姑的时候,我会很理直气壮地告诉对方,我接受严先生的教育比她早了10年!我离开日语界8年之久再次回归北大,第一次正式的学术活动便是2001年12月跟随严先生和导师等一行北大人一同前往中山大学参加"中日比较文学学术国际会议"。全程下来给我最强烈的感受便是,严先生

---

[*] 刘晓芳,同济大学外国语学院日语系主任、教授。

在学术上已经达到炉火纯青的地步,称为一代大师也不为过。当然,真正理解严先生的学术理论及其在比较文学研究上的贡献,是我正式从事教学和科研工作之后。我在讲授日本文学史的时候,会重点介绍严先生关于《古事记》和《竹取物语》方面的研究成果。我一直认为这是体现文学研究价值的两个代表性案例。在《古事记》的研究中,严先生直接叫板日本国学大师梅原猛,将被视为日本国学奠基基础的《古事记》中的中国传统文化要素一一列出,从而在一定程度上瓦解了日本国学纯粹性的神话。至今还有一些学者以《竹取物语》成书早于我国的《斑竹姑娘》1 000 多年而简单界定两者的影响关系,而严先生早就从"竹崇拜"和"日月神客体说"等角度以精彩的分析进行了破解和明证。

  严先生对我的影响还体现在平时交往中的点点滴滴。我在报考北大日语专业博士的过程中曾经由于英语分数和被停招而受挫,一度产生过改考严先生的博士的念头。尽管后来还是顺利地考入日语系读博,但并不妨碍我接受严先生的学术指导。记得刚一开始严先生便对我说过"那我们就是自家人"的话。事实也确实如此,我的论文从开题到答辩,都是严先生做的主席,很多论文写作规范也是严先生指导的。我记得时任首都师范大学外语学院院长的李钧洋教授在看到我的博士论文时,很感慨地说了一句北大的博士论文就是规范的话。我还记得答辩完之后学院教务要我提交一份论文答辩委员会决议书,我跟严先生电话联系好之后,按约定去严先生在蓝旗营的家里取到了纸质评语。严先生的评语虽然只有寥寥数语,却一下子把我的博士论文《岛崎藤村小说研究》提升到了自己都未曾意识到的高度:"作者以日本文化、中国文化和以法国文化为中心的欧洲文化为语境,科学地梳理了'告白'作为思想史范畴和宗教史范畴,从发生到发展的学理过程及其在不同文化语境中的学理意义。这样的学术梳理,体现了作者具有'欧洲与东亚文化互动'的较为宽阔的文化学视野,并且构成为本论文的学理基础";"这是比以往几乎所有的关于这一主题的研究提出的更为明确的也是更具哲理的判断,体现了本论文作者对研究对象的世界观和创作论具有超越前人的理解和把握。"这一评语对于我后来的学术思考和研究具有深刻的启发意义。严先生还讲到曾经有一篇关于《古事记》的博士论文送到他那里评审,里面竟然写到国内关于《古事记》的研究还是空白之类的话语,严先生以此告诫我们整理学术研究史的重要性。

  严先生十分健谈,一有闲暇便会讲各种闲话轶事,在欢声笑语中总会带来更多的启迪。其中,关于校长宴请来访的日本教授时有关"您的太太不会有问题吧"的那段对话,也被我用于跨文化理解方面的教学素材了。严先生不仅风趣幽默,而且也特别谦逊,几次跟我的硕士导师潘金生先生在一起的时候,都听见他很尊敬地称呼"潘先生"。严先生的学问和为人都堪称我辈学习的榜样。

我自2005年从北京转到上海来工作之后,跟严先生的见面机会就不像在北京那么多了。很巧的是2009年6月25日我和严先生竟然在成田机场偶遇了。当时严先生从北京、我从上海出发去的东京,严先生是应邀到日本的大学去做讲座。在严先生的提议下我们照了一张合影,这张照片也就成了珍贵的回忆。2014年在我的牵线搭桥之下,严先生曾到上海财经大学来做过讲座,本来还计划邀请严先生11月份来上海在谷崎润一郎国际研讨会上做基调演讲,但正好赶上严先生去了香港,未能及时联系上。于是我再次联系严先生,希望能在2015年5月份同济大学举办的日语教育与日本学研究国际会议上做基调演讲,严老师也愉快地接受了邀请。遗憾的是,严先生因为突患眼疾而无法如期来沪。再后来,得知严老师搬去了泰康养老中心。前两年上海师范大学的郭勇老师专程去北京的泰康之家(燕园)探望了严老师,前段时间师妹赵秀娟还从我这里问到严先生的电话,与严先生请教了《比较文学研究》的外译事宜。没有想到的是,上述点点滴滴,现在都已成为既往,成了永远的怀念。

**我与严绍璗先生(右)**

# 学者之风范,温厚之长者
## ——缅怀严绍璗先生

李铭敬[*]

8月6日,从朋友圈得知严先生离我们而去了,心里吃了一惊!严先生晚年居住的泰康之家(燕园),距离我在昌平区的家步行仅有半个多小时的路程。有时周末驱车到附近的森林公园散步或者从别处回家的途中经过泰康之家(燕园)时,都会想起严先生就居住在这里。昨天傍晚在南邵地铁站点做完核酸检测后在周围散步时,不由得又走到了泰康之家的院外,心中感到一种深深的寂寞!——其实我与严先生并没有个人之间的交往,有的只是在内心深处对先生为学为人的景仰和钦佩,诚所谓"虽不能至、心向往之"之感情。

## 一

最初获知先生大名,始于1980年代末大学毕业后所购买的先生编著的《日本的中国学家》一书。该书于1980年由中国社会科学出版社出版,收录日本社会科学领域内从事中国问题研究的学者专家1 105人的简历,并列出主要著作凡10 345种(截至1979年1月)。在中国改革开放之初百废待兴的那个时代,这样翔实的工具书极其稀见。作为刚刚从山东大学日语专业毕业、留校任教的一介书生,当我在济南的一家书店中偶遇到这本书、顺手翻到许多当时自己已经一知半解地有了一些了解的日本汉学者的较为详细的介绍之时,心中颇为之高兴了一阵子。这本书成为我日后阅读严先生著书、关注严先生学问的最初契机。

---

[*] 李铭敬,中国人民大学外国语学院日语系主任、教授。

然而,就是最近几日,当我读到陈平原先生在怀念严先生的文章《那位特会讲古的严老师走了》(《中华读书报》2022年8月17日)中援引严先生自己的话介绍这本书成书背后的故事时,不禁为之潸然泪下:原来这本书的编著,凝结了太多严先生年轻时期治学的沉重记忆和艰辛历程!

> 1978年起,我参加了建立不久的中国社会科学院"国外中国学研究室"的活动,受命编撰《日本的中国学家》。这一作业开市的资本是我在1974年访问日本时得到的二百余张名片,国内所存资料极端匮乏,我最先利用的当然是北京图书馆(现在的国图)。早上6点半左右出发骑车到北海,下午5点关门回来,中午不得吃饭。问题是白天做的全是卡片,晚上需要铺开整理,三个二屉桌的面积很有限,便与儿子商量,他总是先睡觉,于是,我就让他把身体躺平了,我在他盖的毛毯或被子上平铺卡片。可怜的儿子很听话,躺在那儿,一动不动,还问:"这样可以吗?可以吗?"太太后来说:"一听到别人说你是'什么什么研究家',我就想流泪,儿子为你付出了多少代价!到现在40岁了,我看他睡觉的姿势还是笔挺的!"这么说来,这个现在被称为"工程"的作业,还真有点"血泪"的痕迹了。有时候小家伙一动弹,两三排卡片"呼"地滑到了地下。孩子有点紧张,会轻轻地说:"爸爸,爸爸,我不是有意的!"妈妈立即就说"不要紧,不要紧,你翻个身吧!"我就把卡片捡起来再重新排过。一年半左右,这个101室中,在桌子和儿子身上平铺成的卡片终于完成了我国学术史上第一部"国际中国学"的工具书。此书收录在世"日本中国学家"1 100余人,64万字(中国社会科学出版社1980年版、1982年重印,统一书号171900-004)。(陈平原主编:《筒子楼的故事》,北京大学出版社2010年版,第133—134页)

这本最初邂逅严先生大名的著书,现在还摆放在我研究室的书架上,但它却有了别样的意义:这是一本最能体现严先生年轻时期笃志为学的具有纪念意义的著书!

## 二

与严先生的接触,多是在学术会议上。2007年5月19—20日,山东大学韩国学院、国际比较文学会东亚分会、帝塚山学院大学国际理解问题研究所共同主办的"从闭关锁国到达尔文主义世界——未来展望"国际学术研讨会(山东大学威海分校),严先生在大会上作了有关日本神话研究的主旨发言,已记不清具体题目,记得在讲演中时有批驳日本学者梅原猛学说等内容,视野宏阔,见解独到,听完之后大有一种耳目一新、淋漓通畅之感。

这个话题,严先生曾经在他的多种学术活动和不同场合中言及过。他曾在文章中谈道:1994年受到日本明仁天皇接见,当天皇问及"喜欢读什么书"时,严先生与天皇交流了其作为中国学者研读《古事记》等书的见解,并指出这些日本文化源头经典深受中国文化影响的事实,得到了天皇的认同。他后来写道:"与明仁天皇对话这件事情使我感知,中国人文学者只要自立于自身的学术,又具有把握对方文化的一定的认知能力,我们就能够在国际文化的表述中逐步地获得相应的'话语权',这样的'话语权'可以提升我们对世界上特定文化层面的把握,并引导对方关注中华文化的价值。这种认知就有可能进一步揭示人类文明发展进程中一些被人所忽视的领域,能够较为生动地展示中国文化在世界文明进程中的意义。"[1]这种体悟,可以说是中国学人以本国文化视角深入阅读日本经典之后的一种深层次的认知,对于我们日语专业出身的学者而言,尤其具有启发意义。

会议之后的餐桌上,恰好与严先生坐在一起,借机向严先生请教了会议话题之外的长期以来关于严先生大名中为何会有如此难读难写之"璗"字的疑问。先生听罢,滔滔不绝地为我们讲起其祖上为之起名的缘起。当时讲话的很多细节现在都已记忆模糊了,唯有一点儿记得清楚:因五行之中缺水。"璗"虽为金之美者,"玉"之上乃一"汤"字,正合乎"水"之意。彼时,先生乃比较文学界的大家,面对如我之小辈晚学的这种无关学术且颇有隐私成分的问题,却如此爽朗作答,着实令人感动! 事后细思,甚为自己的轻率鲁莽感到歉疚。但是正是从这件事上,让我深深感受到了严先生温厚长者的胸怀和对晚辈后学的宽容与友好!

---

[1] 《"日本的发现":严绍璗先生谈日本文化和文学的研究》,http://www.jpChinapress.com/static/content/QW/2022-08-08/1006134530845196288.html。

## 三

2007年2月,结束10余年的东京留学生活回国后的第二个年头,我在留学期间撰写的博士论文《日本佛教说话集的源流》一书由东京勉诚出版社出版,内容分为研究篇和资料篇。其中的研究篇有幸获得2008年12月第五届"中国宋庆龄基金会孙平化日本学术奖励基金"著作类一等奖,并作为获奖者代表在人民大会堂举行的颁奖仪式上作了发言。会后得知,此项奖励基金的评审委员会主席乃是严先生。虽颁奖时严先生未能出席,但是想到在审核过程中抑或最终评审时或许严先生与审查委员会的其他专家一同寓目过拙著。若此,严先生亦当肯定过拙著的些微学术价值,心中乃存知遇之恩和感激之情!

我阅读和购买的严先生著作,多为其关于日本所藏汉籍文献方面的著书,如《汉籍在日本的流布研究》(江苏古籍出版社2000年版)、《日本藏汉籍珍本追踪纪实》(上海古籍出版社2005年版)等,这些书,对于我的课题研究提供线索和启发,颇有帮助。不唯如此,尤其像《日本藏汉籍珍本追踪纪实》等书中所载有关严先生长年奔波日本各地辛勤搜寻、调查中国珍贵文献的文章,读后深有感触!严先生出身于古典文献学专业,研究古本文献正是他的本行,长年累月,跨越中日两国之间不辞辛劳、孜孜矻矻地寻觅散佚在异国的本国文化典籍,足见其热爱本行的专注精神和真性情!其实,这种精神也时时感染和激励着我们这些后学晚辈在这一领域内为之努力前行。

这种感情推及开来,就是严先生对于专注于学术而有所追求的年轻学者和后辈学人的热心培养和扶持。翻开他的学术文集,特别引人注目的是,所载为弟子们或年轻学者之著书而撰写的序言之多!而且其所撰文,皆从学术史方面展开,条理清晰,解说精当,序言本身就是一篇满载学术新见的佳作,可见其用心学术之严谨,指导学生之勤奋,奖掖后学之热忱!作为同为教师职业的吾辈后学,无论其为学为人,皆当以严先生为之榜样、为之楷模!

2017年12月,第八届"孙平化日本学术奖励基金"授奖仪式在中国宋庆龄青少年科技文化交流中心场馆举行,多年未见的严先生当天也出席了会议,因为他长年主持此项基金评审工作的突出成就,受到中国宋庆龄基金会的表彰。久未相见,感觉严先生的面容和精气神有明显的衰退,但依然身体健康,席间与先生略微交谈了几句,最后合影时很巧合自己正好被安排在严先生座椅的正后方。当时想着,先生所入住的泰康之家距离自己的寓所很近,今后或许可以更有机会拜访、问学严先生,然而不期那一次竟成为与先生相见的最后一面!

逝者长已矣,但严先生的"文集"在,精神在!

2022 年 9 月 17 日于北京昌平区宜山居

# 先生之风,山高水长
## ——悼念严绍璗先生

刘雨珍*

## 前　　言

　　2022年8月6日中午,微信获悉严绍璗先生仙逝的噩耗,不胜震惊,朋友圈哀思如潮,我也陷入深深的悲痛之中。上一次见到严先生的熟悉身影,还是2021年4月17日,线上参加北京大学主办的"日本古代文学的生成与中日文学关系研讨会",严先生从泰康之家(燕园)通过视频发表了简短讲话,对研讨会的召开表示祝贺,对中日比较文学的发展寄予了厚望。虽然多年不见,严先生身体已大不如前,却依然充满着对学术的满腔热情和对年轻学子的款款期待。万万没想到,仅仅一年后,严先生遽归道山,我们再也无法聆听他的谆谆教诲,每思及此,倍感神伤!

　　下面仅就本人所知的几个侧面缅怀严先生,聊寄哀思。

## 一、严绍璗先生与"中日文化交流史大系"丛书

　　本人最早拜读的严先生著作是《中日古代文学关系史稿》(湖南文艺出版社1987年版),它与同时刊行的王晓平先生所著《近代中日文学关系史稿》构成系统探讨中日文学关系的双璧,为热衷各种西方理论的1980年代莘莘学子提供了厚重的原典资料和扎实的实证学风。印象深刻的是,严先生从发生学的立场考察日本古代文学,并将其命名为"复合形态的变异体文学"(前言),为我们解读日

---

\* 刘雨珍,南开大学外国语学院教授,东亚文化研究中心主任。

本文学与日本文化提供了重要的理论参考。

　　本人与严先生的密切接触,则可追溯到1990年代。1994—1995年,严先生应中西进先生之邀,担任国际日本文化研究中心客座教授,时值严先生与中西先生、王勇先生等共同筹划十卷本"中日文化交流史大系"的编撰出版之际,日文研便成为中日学术交流的重要平台,我也多次受命担任严先生有关中日比较文学与比较文化研究演讲的翻译,进一步加深了对严先生学术体系的理解。后来又获赠严先生签名大作《汉籍在日本流布的研究》(江苏古籍出版社1992年版)、《比较文学视野中的日本文化:严绍璗海外讲演录》(北京大学出版社2004年版)、《比较文学与文化"变异体"研究》(复旦大学出版社2011年版)等,皆已成为珍贵的架藏和美好的回忆。

　　"中日文化交流史大系"为中日合作出版,由周一良先生和中西进先生担任主编,中日各自成立编辑委员会,中方由周一良先生担任主编、严绍璗先生和王勇先生担任副主编,日方由中西进先生担任主编,中文版由浙江人民出版社1996年12月同时刊行,日文版名为「日中文化交流史叢書」,由大修馆书店1995—1996年陆续出版。大系包括以下十卷:《历史卷》(王晓秋、大庭修主编);《法治卷》(刘俊文、池田温主编);《思想卷》(严绍璗、源了圆主编);《宗教卷》(杨曾文、源了圆主编);《民俗卷》(马兴国、富田登主编);《文学卷》(严绍璗、中西进主编);《艺术卷》(王勇、上原昭一主编);《科技卷》(李廷举、吉田忠主编);《典籍卷》(王勇、大庭修主编);《人物卷》(王勇、中西进主编)。

　　当时我还是神户大学的在读博士生,受中西进先生之命,参与了《文学卷》和《人物卷》的撰写及翻译工作,现将《文学卷》的目录及著译者列举如下:

　　序　论:中日文学交流的历程与我们的研究(严绍璗)

　　第一章:神话世界中的中日文化融合(严绍璗)

　　第二章:日中诗歌的本体形态及其比较研究(中西进著,咸印平译)

　　第二章附:和歌、俳句在中国的流传与影响(刘雨珍)

　　第三章:日本古代物语与中国文化(严绍璗)

　　第四章:日中古代的戏剧与比较研究(诹访春雄著,宋鸿志译)

　　第五章:日本前近代小说的勃兴与中国文化的关联(王晓平)

　　第六章:日中近代文学的形成与因缘(山田敬三著,刘雨珍译)

作为《文学卷》主编，严先生承担了序论及第一章、第三章的撰写工作，内容涉及中日比较文学方法论与学术史、日本神话及古代物语与中国文化的关联等领域，几乎占据该书篇幅的三分之一。在另一部担任主编的《思想卷》中，严先生又亲自撰写了"第三章　日本古代文化中的道家思想""第五章　五山汉文学与五山新儒学""第六章　日本近世的儒学"，内容涉及儒道思想与日本古代文化、五山汉文学及江户儒学之关系，足见严先生学问之广博和精力之旺盛。

"中日文化交流史大系"汇聚了中日两国相关领域的老中青学者，不仅从多角度探讨了中国文化对日本文化的全面影响，还尽力勾勒出日本文化在中国的流播轨迹，出版后受到中日学界的广泛关注，曾获1996年亚洲太平洋出版协会学术类图书金奖。

后来，中日韩三国学者曾筹划撰写一套《东亚比较文学史》，内容涵盖古代文学、近现代文学及文学理论，中方由北京大学比较文学与比较文化研究所牵头组织，本人也跟随严先生及刘建辉先生，多次往返北京、东京等地，商讨编撰方针及章节框架。遗憾的是，因受其他诸多不确定因素影响，该计划最终未能开花结果，想必也已成为严先生的生前憾事之一。

令人欣慰的是，2017年11月，国家社科基金重大项目"中日合作版'中日文化交流史丛书'"获批立项，由郑州大学葛继勇教授担任首席专家，可谓薪火相传，后继有人，相信在不远的将来，将会推出一批有关中日文化交流史研究的卓有成效的崭新成果。

## 二、严绍璗先生与东亚比较文化国际会议

2022年8月9日，我收到中西进先生的邮件，委托我对严绍璗先生的逝世致以哀悼。原来严先生的日本弟子、现任东亚比较文化国际会议日本分会理事的中央学院大学丹羽香教授于8月7日将严先生逝世的消息告知日本分会事务局，事务局将该邮件转给了中西进先生。

受中西进先生之命，我当日联名起草了一份唁函，经中西进先生审阅后，传给了严先生弟子、北京语言大学的周阅教授，不久由北京大学中文系和比较文学与比较文化研究所的公众号相继发布。

先生之风，山高水长

北京大学中文系：

严绍璗先生治丧委员会：

惊悉严绍璗先生仙逝，东亚比较文化国际会议中日韩三国同仁不胜悲恸，谨致深切哀悼，并向严先生亲属致以诚挚慰问。

自1996年东亚比较文化国际会议在大阪成立以来，严绍璗先生作为中国分会会长及中日韩三国轮值会长，长期以来积极推动东亚三国的文学与文化交流，为学会的顺利发展做出了不可磨灭的杰出贡献。

特别是1998年第三届东亚比较文化国际会议中国大会由北京大学主办，严先生殚精竭虑，为参会的三国学者搭建高水平的学术交流平台，给与会者留下深刻印象和美好回忆。

严先生的逝世，是东亚比较文化国际会议的重大损失，泰山其颓，哲人其萎，呜呼痛哉！

严绍璗先生千古！

东亚比较文化国际会议创始会长<br>
大阪女子大学原校长　中西　进<br>
东亚比较文化国际会议中国分会会长<br>
南开大学教授　刘　雨珍<br>
2022年8月9日

8月11日，东亚比较文化国际会议日本分会也发来了唁函：

惊悉严绍璗先生辞世，本学会日本分会全体会员谨致深切哀悼。

本学会自创立以来，严先生作为中国分会的重要成员，在学术研究与学会组织等方面曾给予我们诸多指导与帮助。

我们衷心感谢严先生为本学会发展做出的卓越功绩，并为严老师祈求冥福。

东亚比较文化国际会议创始会长　中西进<br>
东亚比较文化国际会议日本分会长　古田岛洋介<br>
东亚比较文化国际会议日本分会全体会员<br>
2022年8月11日

东亚比较文化国际会议由中西进先生1996年10月创设于大阪,旨在加强中日韩三国比较文学与比较文化的跨国跨学科交流,由日本分会、中国分会、韩国分会轮流主办学术大会,起初是一年一次,后改为两年一次,大会轮值国分会会长担任总会会长,迄今为止共在中国举办过5届,分别是1998年第3届(北京大学)、2001年第6届(南开大学)、2006年第9届(复旦大学)、2014年第12届(浙江工商大学)、2021年第15届(南开大学)。

严先生从创设初期就一直担任中国分会会长,多次在三国大会和日本分会作主旨演讲,并主办了第3届东亚比较文化国际会议中国大会。记得1998年大会前夕,我曾邀请中西进先生顺访南开大学并做学术讲座,次日便与王家骅先生(1941—2000)、韩立红博士一同乘坐南开大学的专车赶赴北京大学。此次会议在严绍璗先生和刘建辉先生的精心准备和全力操持下,办得非常成功,来自中日韩三国的近百位学者齐聚北大,共享学术盛宴。2001年9月,由南开大学日本研究中心主办的第6届东亚比较文化国际会议中国大会成功举行,得到严先生的大力支持,会后出版了论文集《变动期的东亚社会与文化》(杨栋梁、严绍璗主编,赵德宇、刘雨珍副主编,天津人民出版社2002年版)。

2018年9月29—30日,第14届东亚比较文化国际会议日本大会在东京二松学舍大学举行,本人接任中国分会会长。由于新冠疫情肆虐全球,原定2020年秋举行的中国大会不得不延期。2021年11月6日,第15届东亚比较文化国际会议中国大会暨"东亚文化的互通互鉴"国际学术研讨会在南开大学以线上线下混合方式顺利举办,来自中国、日本、韩国的近百名专家学者相聚云端,分为10个分科会,紧扣"东亚文化的互通互鉴"这一大会主题,围绕东亚古代文学、东亚近现代文学、东亚文学与文化交流、东亚思想与文化、东亚语言文字等议题展开探讨,丰富多样的发表内容、积极深入的学术交流、畅所欲言的综合讨论、专业多元的思想碰撞,充分展示了东亚比较文化研究的最新学术成果,进一步推动了中、日、韩三国的学术与文化交流。

衷心希望东亚比较文化国际会议中国分会不断发展壮大,以告慰严先生在天之灵。

## 三、严绍璗先生与"东亚文学与文化交流"国际学术研讨会

2012年9月正值中日邦交正常化40周年,9月8—9日,南开大学外国语学院日语系为纪念建系40周年,举办了"东亚文学与文化交流"国际学术研讨会。当时受日本"购岛"风波影响,中日关系陷入低谷,作为会议主办方,本人承受着来自各方的巨大压力,但在中西进先生、严绍璗先生等学术大家的鼓励和支持下,会议得以顺利举办。

现将本人当时与严先生的往来邮件整理发表,以便学界同仁更好领略严先生提携后学的长者风范。

早在会议的筹备阶段,我就邀请严先生做基调演讲,严先生爽快答应。8月25日,因会期将近,我给严先生发去了如下邮件。

严先生尊鉴:

非常感谢您参加我系于9月8—9日主办的"东亚文学与文化交流"国际学术研讨会,并作为国内学界代表做基调演讲。

现将会务组最新通知转发给您,因准备工作需要,请您于8月31日(周五)前将论文题目及摘要告知我们(因大会将安排同声传译,如有演讲稿效果更佳)。

另,中西先生将于7日中午抵达天津机场。

谨此,恭祝康安!

刘雨珍　8月25日

当晚,我便收到严先生的回信及论文。

雨珍大兄,你好!

实在不好意思,9月会议的文稿拖到现在,现送上供你审阅,涉及的题目是否合适,请尽量直言,没有关系的。

上次电话后,先是叔叔去世,上海奔丧;后又回来参加北京市人文社科

奖评审,担任"语言文学大组"的组长,搅得昏头昏脑。

文稿中的引文,发言时我会用PPT显示,不用翻译了。

我7号下午到是否可以?请示!

你一切辛苦!

严绍璗匆匆致意　8月25日

严先生的论文《中日古代文化关系的政治框架与本质特征》是一篇长达1.6万余字的力作,包括以下两方面内容:(1)关于"册封体制"的研讨:如何认识古代中日文化关系的政治框架;(2)中日古代文化关系中"本体精神"的建构:关于"华夷之辩"的研讨。因论文篇幅很长,严先生附上了摘要:"本文依据基本历史事实,对近30年来关于古代中日关系建立在所谓'中华册封体系'中的主张,以及古代中日文化关系本质上所谓'大中国文化圈的一个层面'的观念进行了辩驳,力图还原'古代东亚文明共同体'的历史真相,为准确理解和阐述古代中日文化关系建立一个接近历史事实本相的基本框架。"

我将论文转给当天担任翻译的老师后,给严先生回信如下。

严先生尊鉴:

大稿收到,非常感谢您在百忙之中为本次会议提供如此厚重而富有启迪的论文,且在演讲中使用PPT显示引文,为同传工作提供极大方便。

因大会的基调演讲者有四位(中西先生、您、台北大学王国良教授、高丽大学崔官教授),故每位演讲时间预定30—40分钟,敬请谅解。

另,先生7日下午来津时烦请告知车次,以便派人去天津东站接您。

谨此回复,顺颂大安!

雨珍顿首 8月26日

9月5日,严先生订好高铁车票后,给我发来如下邮件。

雨珍大兄,你好!

依照你的提示,已经购得9月7日C2051高铁车票,5号车厢。

8号下午回,已经购得C2056高铁车票,也是5号车厢。

一切麻烦你了。

我的手机号:(略),请来接的先生联络。

会议在即,会务繁忙,百忙中打扰,实在不好意思的!

顺祝康健!

严绍璗 致意  9月5日

邮件中,严先生详细告知了往返京津城际高铁的日期、车次和车厢号,给我们的接送工作提供了极大便利。

由于严先生提前做了充分准备,将引文用PPT详细展示,基调演讲的同传效果很好。严先生会上会下与中西先生等学界好友也多有互动,会议开得非常成功。

## 结　　语

严绍璗先生是新时期中国日本学研究的开拓者和老前辈,在中日比较文学与比较文化、日本汉学、古典文献学等领域造诣精湛,学养深厚,著述等身,成就斐然。严先生曾担任北京大学比较文学与比较文化研究所所长及东亚比较文化国际会议中国分会会长等诸多要职,为推进东亚学术交流做出了卓越贡献,在海内外学术界享有崇高声誉。严先生的逝世,不仅是我国日本学研究和日语教育界的重大损失,也是东亚学术界的巨大损失。

范仲淹曾在《严先生祠堂记》中称赞严子陵曰:"云山苍苍,江水泱泱,先生之风,山高水长!"严绍璗先生学术渊博、思维敏捷、谈笑风生、和蔼可亲,言谈举止尽显长者风范,高风亮节将与山河同在,与日月同辉。

严先生的道德文章是我们学习的典范,凝聚着先生多年心血的《中日古代文学关系史稿》(湖南文艺出版社1987年版,福建教育出版社2016年再版)、《日藏汉籍善本书录》(三卷本,中华书局2007年版)、《日本古代文学发生学研究》(北京大学出版社2020年版)及《严绍璗文集》(五卷本,北京大学出版社2021年版)等著作值得我们精心研读,汲取养分。作为后学,我们要沿着严先生开拓的学术道路不断前行,将中国的日本学研究发扬光大。

# 斯人已去,风范长存
## ——怀念严绍璗先生

潘 钧[*]

2022年8月6日,严绍璗先生永远地离开了我们。

闻此消息,我深感震惊,但也不十分意外。因为去年4月17日,北京大学东方文学研究中心(教育部人文社科重点研究基地)联合北京大学外国语学院、北京大学出版社举办了"日本古代文学的生成与中日文学关系"研讨会,我也到现场旁听了这个会。会上举行了严绍璗先生《日本古代文学发生学研究》新书发布仪式。严先生本人因身体原因未能到场,但通过录制视频的方式向会议的召开表示了祝贺。

我上一次见到严先生是在2018年末的北京理工大学。时隔两年半,见到严先生的视频讲话,发现先生身体状况已明显不如从前,但思路仍然清晰,语速也比同龄人快一些,声音虽不像从前那么中气十足,但也还算吐字清楚,总之一切都还不错。然而,没想到仅一年多时间,先生就遽归道山、驾鹤西去了。

严绍璗先生是北京大学中文系教授、国内比较文学的开拓者和奠基人之一,在比较文学、古典文献学、日本中国学等多领域做出了卓越成就与贡献。但在我与严先生不多的接触交往当中,让我切身感受到的则是一种思维敏捷、学识渊博却又宽厚待人、健谈开朗的淳厚长者之风。对我来说,严先生是既遥远又似乎离得很近的不可替代的存在。

1987年9月,我考入北京大学东语系日语专业学习,1998年7月博士毕业后留校。其间虽不多,但读过严先生的一些著作和论文;我本科同学贺雷毕业后

---

[*] 潘钧,北京大学外国语学院教授。

分别考取了世界文学(硕士)和比较文学(博士)研究生,导师均为严先生;此外,我父亲潘金生研究日本古代文学,与严先生来往也比较多,在家时常提起严先生的观点和成就。总之,我对严先生的名字并不陌生,感觉就是身边一位可敬的父辈大学者。后来,我还听说严先生的公子也是北大附中毕业的,和我同一年级,虽然我并不认识;严先生的高足、师从严先生攻读硕博学位的北京语言大学的周阅老师也是北大附中毕业,比我高一级;加之,严先生和我家都是上海人,先生的一口流利正宗的上海话也总给我一种天然的亲近感。但同时,严先生博识洽闻,学问如江似海,且在学界拥有崇高的地位和名望,这一切又让我感到,严先生是我遥不可及的神仙般的存在。

1998年,我毕业刚参加工作后不久,北京高校就开始了轮流承办北京市高校日语教师忘年会的联谊活动。有一年由北大承办,严先生应邀做了主题讲座,这是我人生第一次听严先生的长篇发言。先生声音洪亮,思维敏捷,特别是解释"倭"的由来,以及用上海话证明"矮"和"倭"字古音相近的细节,尤其吸引我,深为先生的广博学识和健谈风趣的风格所吸引,暗自想:大学者当如是也。

之后,我多次参加国内组织的各种学会、研讨活动,也多次见到过严老师,按说不生分,但我生性腼腆,一般都是心怀景仰之情躲在一旁,从未敢主动同严先生打招呼,更不用说向先生求教了。后来,可能是因为我的同学考上了严先生的研究生,也许是别的原因,我胆子大了一些,有一次我竟主动同严先生打招呼,介绍了自己:"我是贺雷的同学。"

大约是10多年前,我所在的北大外国语学院推荐我申请教育部新世纪优秀人才项目。我自觉成果能力不足,但还是应命到北大人文学部参加了答辩面试。进入现场,我环顾四周,发现皆为如雷贯耳的北大人文学科权威学者,特别是我发现严先生也在场,顿时紧张了不少,因为严先生是这里面最熟悉日语专业领域的大学者。结果不出意料,我的申请没有通过。但后来不久,一次我在外文楼一层楼道里,偶然看见严先生正盯着壁报栏看着什么,周围没有旁人,十分安静。想到前不久我刚刚在严先生面前丢了一次脸面,虽想躲避,但也无处逃离,只好上前怯生生地同严先生打了声招呼,并心虚地主动向先生解释前几天答辩时的窘状,当时的情景有些尴尬。不料,严先生却不以为然地安慰我说:"没事没事,下次再争取嘛!"

2011年底的某一天,我接到一个陌生电话,说是我的国家社科基金后期资助项目《日本汉字的确立及其历史演变》已初审通过,正在网上公示。这个消息令我兴奋不已。这本书的书稿是我前后历经数年、费很大力气写就的,本打算直接出书,但北大外国语学院的科研秘书鼓励我申请国家社科基金后期资助。申请表填好后,接下来需要物色几位在国内学界颇有影响力的学者填写推荐意见。想来想去,为稳妥起见,我觉得还是要请这方面的顶级大家来写。最终,我将目标锁定在了严先生身上,并将打算请严先生写推荐的想法不经意地说给我父亲听,父亲几乎毫不迟疑地回应了一句"老严没问题"。当然,父亲是基于对我这部书稿的了解,以及对严先生学问、人品等各方面的了解才下此断语的。

于是,我给严先生发去了邮件和自己的书稿,提出了自己的请求。果不出所料,严先生爽快答应了。10月16日,严先生将他写好的推荐意见发给我,并约好第二天周一上午,我带上打印好了的申请表到中文系找他签字。当时北大中文系位于静园五院,虽然路过无数次,但我是第一次进去。可能是事先没有搞清楚,我就自以为是地到了中文系办公室等严先生。但等了一段时间,仍没见严先生来。于是,我又拨打了严先生的手机,也打不通,为此焦急万分。一方面,我怕由于没有沟通好,让工作忙碌的严先生在别处等我,浪费了宝贵时间;另一方面,科研秘书也在催我赶紧递交申请材料。临近中午,情急之下,我打听到严先生家里的电话后,给先生家打了电话。电话是师母接的,她说严先生在系里已经等了我一会儿,说马上就回家,师母让我去家里等他。于是,我连忙赶到位于蓝旗营小区的严先生的家。不一会儿严先生也回来了,手里拎着一捆书。我连忙站起身,上前一再致歉,严先生面带微笑地说:"小潘,可能你找错地方了。没事,我来签字。"先生的这番话让我紧张到嗓子眼的心顿时放松了下来。

此外,除了严先生外,我还请北京外国语大学日研中心徐一平老师写了推荐意见。徐老师签字时,看到严先生的推荐意见和签字后,说了一句:"严先生现在是孙平化日本学学术奖励基金评委会主任,是我们国内日本学研究的一面旗帜啊!"显然,严先生虽不属于日语专业,但先生卓越的学术成就以及在国内外日本学领域的巨大影响力,大家早就是有目共睹的。

经过公示,此项目正式获批。按照专家意见,我又进行了仔细修改,于第二年即2012年7月正式结项。接下来,就是出版了。我联系到了认识较早的商务印书馆朱绛编辑,之后经介绍,改由日语编辑室张静老师负责编辑工作。张编辑提醒我,可不可以请严先生写个序,这样可以提高这本书的学术影响力。请严先生写序,这是我之前想都没想过的,因为严先生工作十分繁忙;并且,我既不是严先生的亲学生,也不是比较文学文化领域的专业研究人员,自感心里没底,但仍抱着试一试的态度。大约是在2012年底,我鼓起勇气给严先生打了电话,邀请先生为拙著写序。严先生起初以不懂为由婉拒,谦虚地说自己对日本汉字不专业,难以胜任。但在我的一再恳求下,严老师最后答应了,让我欣喜无比。

这本书的校对是从2013年春节过后开始的,截至5月我一共校对了4次。接下来的5校完成后,就要付型。序文必须在付型前完成排版和校对,否则7月份出版绝无可能,因为我的项目是2012年7月正式获批,按规定这本书必须在2013年7月出版。在编辑的提醒下,我从3月份开始,就用手机短信联系严先生,询问序文的进度。但奇怪的是,我一直没有收到任何回复。后来,虽然觉得直接打电话不大礼貌,但在编辑的一再催促下,我又打过20多次电话,但均没人接。5月1日,我不得已给严老师发了一封邮件,说明情况,同时也对自己一再催促的鲁莽行为表示歉意。当时,我单纯以为,严先生是学术界权威,写一篇序不是什么费力气的事情,况且也不用十分认真,一两千字足矣。

5月5日,严先生回邮件了,期盼已久的序文也随之发了过来,并提出内容如有不当之处,可修改。我连夜指出若干小问题后,给先生发了过去。很快,就收到了严先生的回复。先生在邮件里说:"谢谢你仔细阅读并认真提出了问题,我用红笔修正和添加了一点文字,现在送上,看看是否可以。我自己关于'日本汉字'的知识只是'皮毛之相',你是专家。对你大著的全部内容由于没有完整的阅读,评价中有不少的疏漏,实在很抱歉的。"严先生是国内学术界的顶级学者,对晚辈如此虚怀若谷的态度令人敬佩与感动。更令人折服的是,严先生的这篇长达万字的序文写得十分精彩,当时我的感受就是"高屋建瓴、热情洋溢"。后来我才发现,严先生写的序皆为此风格:视域宏大,内容充实,且都有自己独特观点的阐发与论证,每一篇序文都像是一篇精彩的论文。2021年10月《严绍璗文集》五卷本出版,其中第五卷"读书序录"收录了严先生为他人著作写的序,也收录了严先生的自序,严先生给我写的那篇序也被收录进来。

之后,我了解到,之所以严先生一直没有回复我的短信,是因为他春节去上海探亲,正逢亲戚生病,严先生忙前忙后,一时无暇他顾。不过,当时作为无名小辈的我,却曾为此"浮想联翩":严先生后悔了?不愿意写?工作太忙,顾不过来?手机遗失了?等等。其实,我完全错怪严先生了。况且,严先生当时已是73岁的老人了。记得严师母说过,先生年龄大了,效率不如从前了。即便如此,先生仍抽出宝贵时间,为我撰写多达万字的长序,鼓励鞭策年轻一辈,可谓真正体现了坚守学术、提携晚辈的学者风范。

书出了之后,我专门到严先生家里送去样书。那天也是严师母开的门,招呼我进去。严先生从里屋出来,一边说道:"你的大作出来了,很漂亮啊!"原来严先生已在网上看到过这本书的封面了。呈上书之后,我第一次稍有自信地坐在了严先生家客厅的沙发上,陪严先生聊了一会儿天。其实,基本上都是严先生一个人在说,述说自己的各种识见、观点等,感觉先生对什么事情都能信手拈来、娓娓道来,一如既往地健谈、敏锐和风趣,让我大开眼界,对严先生的博学、睿智以及惊人的记忆力由衷产生深深的敬佩之情。

第二年即2014年,我以这本书申请了第七届孙平化日本学学术奖励基金优秀专著奖。一天傍晚,我突然接到严先生的手机来电,原来内部评奖刚刚结束,先生特意打电话告诉我,我的这本书获得专著二等奖,还特意鼓励和安慰我:"这已经很不错了,算是修得正果了。"严先生长期担任孙平化奖专家评审委员会主任,他是在评审会结束后的第一时间给我打电话,告诉我这个好消息的。

颁奖仪式是2015年春天在北京外国语大学日研中心举行的。我1992年4月曾获商务印书馆与日本巴贝尔公司合办的第一届日译中翻译竞赛第一名,当时给我颁奖的就是时任中日友好协会会长的孙平化先生。颁奖前夕,严先生得知我保存有1992年孙平化先生亲自给我颁奖的照片,建议我带着照片去参加颁奖仪式,到时候可以给孙晓燕女士看看。孙晓燕是孙平化先生的女儿,是家属代表,也是基金会理事。当天,我找机会将照片呈上时,孙女士很高兴,用手机拍了照片后又还给了我。

2017年12月,第八届孙平化日本学学术奖励基金的评审会和颁奖仪式,我也都应邀参加了。在颁奖仪式上,严先生获得了中国宋庆龄基金会颁发的特殊贡献奖。与4年前的2013年相比,严老师面容瘦削,动作略显迟缓,但仍然精神矍铄,反应敏捷,一下子认出了我,并嘱咐我:"向你爸爸问好!"

记得在此之前,可能是 2013 年初夏,有一次我乘坐的公交车在清华西门站停下,只见严先生独自一人抱着一个书包费力地上了车。我冲先生打了声招呼,让了座。严先生说,他将应邀再访位于京都的国际日本文化研究中心,所以临出发前到校医院开了一大堆药。后来,我听说先生得了带状疱疹,日方专门派人护送先生回京。

最后一次见到严先生是 2018 年 12 月 29 日,北京理工大学承办了第十二届和汉比较文学会海外会议。当时北京理工大学日语专业的负责人是本科毕业于北大的周晨亮老师,我的几个学生也报名参加了论文口头发表。那天一大早,严先生就被接到了大会现场,记得先生拄着拐杖,更显苍老一些。我再一次全程聆听了先生的主旨报告,领略了先生作为学术大家的奕奕风采。先生仍以他惯有的中气十足的声音和逻辑谨严的思辨力为全场听众开启了一场难得的学术盛宴。

严先生的公子不在身边。退休不久,先生就与夫人住进了位于昌平的一所养老公寓。前述孙平化奖的评审会、颁奖仪式以及和汉比较文学会等都是由主办方派车将严先生接到现场的。这几年,不断有朋友、学生去看望严先生和师母,我也不时地能看到发到朋友圈或上传公众号上的先生的照片。我一直在想,等新冠疫情好转一些,一定要去养老公寓看望先生和师母,但直到最后也未实现……

严绍璗先生是 8 月 6 日走的。借助微信的力量,一时间先生的弟子、同事及学界友人撰写的各种怀念回忆性文章铺天盖地涌来。每当阅读这些文章,先生的音容笑貌便会一下子浮现到我眼前,让我不由自主地回想起与严先生的点滴往事。我也看到了线上通知召开严先生追思会的消息,也曾想参加,始终有些犹豫,但最终还是放弃,毕竟我不是这个领域的专业人员,只想等将来有机会再写一些回忆性文章。

此次,承郑州大学葛继勇先生之邀,有机会写下一点怀念严先生的文字,算是了却了自己的一个心愿。

"云山苍苍,江水泱泱;先生之风,山高水长。"

# "心中的恩师"
## ——悼念严绍璗先生

丁 莉*

我没能成为严先生的学生,甚至都没有跟严先生多说过几句话,但在我心中,严先生就是我的恩师。

2005年,我从日本留学回来进入北大日语系任教,当时很想去中文系追随严先生念博士后继续学习。那个时候,我不太了解相关制度,以为博士后和博士一样,也可以一边在职一边学习。后来管人事的老师告诉我,既然已经是北大的讲师了,如果还想要进北大的博士后工作站,那就必须先辞去讲师的工作。听后我很无奈,只好打消了这个念头。

想要追随严先生学习,并非只是慕先生高名。早在1996年,我在日本刚开始念硕士时,就读了严先生的一篇论文,深受启发①。论文将辉夜姬从竹中诞生这一情节与中国古文献中关于竹生殖的传说相比较,认为这是两种异质文化中存在的共同母题。对于刚刚走上学术道路的我来说,算是刚开始接触到比较文学的研究方法和思路,深受吸引和影响,所以我一直觉得严先生就像是我的启蒙导师。后来我自己还尝试调查了中国南方少数民族的竹生殖传说和竹生殖信仰,整理成文后发表②。这是我发表的第一篇期刊论文,也成为我硕士论文的一部分。

后来,我开始转向从古代东亚文化圈这一视角关注平安朝物语文学,又从严

---

\* 丁莉,北京大学外国语学院教授。
① 严绍璗:《かぐや姫の研究 二题——『竹取物语』の研究レポート》(《論集·平安文学 特集:東アジアの中の平安文学》第2卷,1995年)。
② 丁莉:《竹取物語と中国の竹伝承》(《二松》第13集,1999年)。

先生在《比较文学与文化"变异体"研究》(复旦大学出版社 2011 年版)中所提出的关于文学"变异体"与发生学、要在"多元文化语境"中"还原"文学文本等论述中获得了重要的思路和方法。本书研究篇中收录的小文《从〈竹取物语〉看古代亚洲文化圈》就是基于这一思路和方法写成的。

2021 年 4 月,为纪念《日本古代文学发生学研究》(北京大学出版社 2020 年版)出版,北京大学东方文学研究中心举办了新书发布会。记得当时我在发言中回顾了自己一路走来所蒙受的严先生的学恩,还说相信今后还能从这本新书中汲取更多的灵感和养分。本以为当天可以当面向严先生致谢并表示祝贺,但严先生没有到场,用一段提前录制的视频表达了他对北大东方学学科的期望。

2021 年 7 月,北大东方文学研究中心与闽南师范大学合办"海上丝绸之路视域下东方文学的传播与交流"学术研讨会,我提交的论文是《蓬莱传说在古代日本的跨文化书写——以御伽草子〈蓬莱物语〉为中心》,其中又引用了严先生新书的第二编"传奇论:从神话叙事通向物语叙事"中的观点。在分析《浦岛子传》的文本出源时,严先生将蓬莱看成是一个特殊的"文化语境",分析了其所包含的三层意义。我没有想到,这么快就从这本书中又汲取了养分。我把这本书从北京带到漳州,在会上还专门进行了展示。

2022 年 8 月 6 日下午,我正在参加一个线上会议,我的同事古市雅子老师发来消息说:"严绍璗老师去世了,今天中午。"她是严先生的日本学生。震惊、悲痛之后,我感到一种深深的失落,就好像是一直以来照亮自己前行路上的一盏明灯突然灭了。会议快结束时本来让大家打开摄像头合影,但我再也无心合影,草草退出。脑海中浮现出先生温和慈祥的面容。记得一次学术会议后在畅春园聚餐结束,和严先生同乘电梯下楼,他问我:"你的下一部书什么时候能出啊?别松懈,要努力啊。"那时正是我的学术瓶颈期,听了先生的话,我深受鼓舞,似乎获得了无穷的力量。

我虽然没能成为严先生的学生,但却一直深受严先生所提出的"以原典实证为基础的文学与文化发生学研究"这一方法论体系的影响。我想,严先生虽已千古,但他的治学理念和学术思想就像灯塔一样,会照亮更多学人前行之路。

追记：追思会上，听钱婉约老师说其实严先生的很多研究，尤其是理论方面的研究尚未被全部点亮、点燃，感触良多。希望今后能有更多优秀的研究能够让明灯更亮、更燃，这也是吾辈今后努力的方向。会上，又从刘建辉老师处得知多年前我有幸参与的一项工作，原来是得到了严先生的推荐。先生提携晚辈，而我竟然在先生千古之后才得知……

此恩何以报，惟愿灯长明。

# 严绍璗先生的古典文献学研究对我的影响

葛继勇

8月6日,北大日语系金勋教授告知大家,严绍璗先生于当日在北京逝世!

之前,王勇师曾说起严先生退休后搬进昌平区的养老公寓后,谒见拜访不便,为此遗憾不已。2017年12月16日,宋庆龄基金会举办第八届"孙平化日本学学术奖励颁奖典礼",小著荣幸获奖,遂受邀赴京参加。待颁奖仪式开始后的介绍环节,才得知严先生为该届专家评审委员会主任。为感谢严先生长期以来为"孙平化日本学学术奖励颁奖典礼"付出的辛劳,时任全国政协副主席、中国宋庆龄基金会主席王家瑞向严先生颁发特殊贡献奖证书。当时我很期待能从严先生手中领受获奖证书,但遗憾未能如愿。颁奖典礼结束后,我特意找到严先生致谢。午餐后原想进一步面谒请教,但得知严先生因身体原因早早退席,遗憾又未能如愿。事后得知,这是严先生担任评审委员会主任的最后一届!(请参见本书收录的郭连友先生文章)

1998年4月,在报考浙江大学研究生时,我购买了王勇师在国内出版的专著和编著,其中《中日关系史考》(中央编译文献出版社1995年版)的序言,由严先生撰写。由此获知严先生为国务院批准的博士学位指导教授!此年的6月,又购得严先生、王勇师参加主编的"中日文化交流史大系"丛书(浙江人民出版社1996年版),得以拜读先生撰写的多篇论文,并得知该丛书曾获亚太出版协会学术类图书金奖。在当时,能够获得国际学术金奖,自然是该丛书收录的论文所具有的超高含金量!

有人认为,严先生的学术研究包括两大体系——以东亚文学与文化关系为中心的比较文学研究和以日本中国学为中心的海外汉学研究。其实,还可以添加或者独立出来一个领域——以日藏汉籍追踪为中心的古典文献学研究。严先生除了比较文学家、中国日本学家之外,还是古典文献学家。也正因为严先生在古典文献学方面的功力和底蕴,才成就了严先生成为享誉中外的比较文学家、中国日本学家!①

1999年9月,我迈入浙江大学日本文化研究所、有幸进入王勇师门下研究中日文化交流史后,多次听到学者对严先生学术研究的高度评价,遂在研究所书库找到严先生编撰的《日本藏宋人文集善本钩沉》(杭州大学出版社1996年版)等阅读,对严先生围绕宋代文人文集东传日本的细致梳理、精邃研究大为赞叹!在王勇老师的教导下,我逐渐也对古典文献学、版本目录学产生了兴趣。

2000年9月17日,在浙江大学日本文化研究所主办的中日"书籍之路"国际学术研讨会前一日的欢迎晚宴上,我有幸第一次谒见到严先生。但当时,我只能仰视之,未敢前去寒暄。

翌日上午,大庭修、严绍璗、德田武3位中日两国著名学者作了大会讲演。在演讲中,严先生提出了典籍文本传递的"终端形态"这一新的学术观点,他指出,作为"书籍之路"中传递的"初级终端形态"的版本目录学著作主要有3种类别:以学者个人收录储藏为对象而编撰的"个人目录学著作";以一定范围、一定时间的收录储藏为对象而编撰的"综合目录学著作";以特殊方式和处理的不同类别的入境典籍为对象而编撰的"专题目录学著作"。严先生指出:"中日两国政治文化关系的研究,如果离开了对文献典籍的考察,便是无根之木、无源之水。"②严先生的这一真知灼见,我至今仍记忆犹新,并时常拿来教导自己的研究生。

严先生曾总结15年来有关日藏汉籍的追踪经历,认为关于"书籍之路"的研究有四个层面的工作要做:一是典籍文本的调查研究;二是文本传递的基本轨迹的研究;三是相应的版本目录学著作的研究;四是文本传递的后果(即文化变

---

① 章培恒先生曾指出:"他以中国古典文献学为基础,进而研治中日比较文化,在这两个领域都有杰出成就。我很佩服。"严绍璗:《日本藏汉籍珍本追踪纪实·序》,上海古籍出版社2005年版。
② 严绍璗:《〈本朝见在书目录〉的学术价值与问题的思考》,王勇主编:《中日关系史料与研究》(第一辑),北京图书馆出版社2002年版。

异现象)的研究。这无疑建构了"书籍之路"基本学术体系的重要内容。①

在上述四个层面中,第一层面,严先生撰写了《日本藏汉籍珍本追踪纪实:严绍璗海外访书志》《日本藏宋人文集善本钩沉》等著作;第二层面,严先生撰写了《汉籍在日本的流布研究》(江苏古籍出版社1992年版)、《日本藏汉籍善本研究》(北京大学出版社2021年版)等著作;第三层面,严先生撰写了《日藏汉籍善本书录》(上中下三册,中华书局2007年版)等著作;第四层面,严先生撰写了《中日古代文学关系史稿》(湖南文艺出版社1987年版)、《比较文学与"变异体"研究》(复旦大学出版社2011年版)等著作。可见,严先生的研究浑然一体,环环相扣;一脉相承,自成体系。由此,严先生创立在国内外学界影响深远的文学"发生学"、文化"变异体"等学术理论!②

就目前来看,第二、第四层面的研究依然备受学界关注,研究成果丰硕,但第一、第三层面是苦活、累活,除严先生外,很少有学者在此方面勤奋用功。我个人认为,严先生正是在长期从事对国内外汉籍善本原典的追寻、整理和编纂的基础上,最终形成了他在理论上的一系列原创性见解和在方法论上的原典性实证的特征。

凭借比较文学研究和海外汉学研究的学术研究,严先生分别于2015年获首届"中国比较文学终身成就奖",2016年获首届"国际中国文化研究终身成就奖"。其实,严先生还凭借古典文献学研究,获"日本文化研究的诺贝尔奖"(《中华读书报》)美誉的"山片蟠桃文化奖"。

2007年,严先生历时20余年倾一己之力做成的380万字大书《日藏汉籍善本书录》(上中下三册,中华书局2007年版)在国内出版后,影响巨大,2009年荣获"教育部人文社会科学研究成果一等奖"。2008年9月,我得到王勇师的推荐,有幸进入由中西进先生担任馆长的日本奈良县立万叶文化馆修学。年底,王勇师告知,中西进先生有意推荐严先生参选日本"山片蟠桃奖",让我按照中西进先生的要求整理、翻译严先生的简历以及研究成果简介。但由于翌年1月底,我

---

① 严绍璗:《〈本朝见在书目录〉的学术价值与问题的思考》,王勇主编:《中日关系史料与研究》(第一辑),北京图书馆出版社2002年版。
② 葛继勇:《〈日本靈異記〉捉雷缘の比較文学的研究》《東アジア日本学研究》第9号,2023年3月),谈及严先生创立的"文化变异体"理论。

结束研修回国,未能继续尽绵薄之力。后由王勇师亲自完成翻译任务并提交给中西进先生。2010年底,得知严先生凭此《日藏汉籍善本书录》之成果,成功荣获日本第23届"山片蟠桃奖"。由衷为严先生获得此奖项高兴,为中国学者获得此荣誉而自豪!

2011年9月,我有幸作为访问学者,赴日本早稻田大学留学,此后直至2014年11月,多次深入调查珍藏于日本各高校以及公私藏书机构的善本。严先生在《〈本朝见在书目录〉的学术价值与问题的思考》曾指出:"《白氏文集》抄本多种,皆与《白氏长庆集自记》不合,此是白居易的研究者都应该关注的问题。"(王勇主编《中日关系史料与研究》(第一辑),北京图书馆出版社2002年版)或受此影响,我曾倾力梳理《白氏文集》诸本的成书过程,撰写了相关论文并刊发于《白居易研究》等日本相关期刊,后收录于拙著《漢詩漢籍の文化交流史》(日本大樟樹出版社2019年版)、《中日汉籍关系论考》(浙江人民出版社2021年版)。

虽然我与严先生谋面较少,但严先生的学术研究对我们从事日本古典文献学研究的学人影响至远,恩惠深厚,意义重大。严先生开拓的以日藏汉籍追踪的古典文献学研究,需要我们后来人继承并发扬光大!

研究篇

# 日本汉文学地名丛考[①]

王晓平[*]

日本学者松浦友久受到和歌"歌枕"的启发,作为新的诗歌研究的古典语,提出了"诗迹"的概念。他把那些在被人传诵的诗歌中咏唱的具有某种特定意象的场所,称为"诗迹"。当然,也包括在这些诗中咏唱的人工产物,如宫殿、高楼、别墅、桥梁、亭台、关隘、祠庙、旧宅、坟墓等。[②] 由于诗歌的产生与传播,诗歌中所具有的独特意象、情感、语汇、构思以及作诗的逸事,都赋予这些场所和人造物特殊的意义。诗迹是历代诗人发现与构建起来的,不仅后世的诗人创作诗时会自然联想到这些场所的特别意义,而且我们欣赏这些诗篇的人,也只有在熟悉了这些场所与人造物的文学意义之后,才可能更为准确地接近诗人的本意与情愫。

值得注意的是,这种由诗人创造的特殊意义,其影响却不仅仅在于诗歌。由于汉文的多种文体都广泛吸收了诗歌的表达方式,类似"诗迹"的现象也就大大溢出了诗歌。特别是辞赋、愿文等多用四六句的文体,那些具有历史底蕴的地域、场所和人造物,在欣赏时都需要好好体会地名、物名之外的含义。特别是地名,更是不可轻易看过。在研究各国汉文学时,对地名的考辨与研究也就不可或缺了。

日本汉诗文中的地名,可以分为四类。

第一类,中国神话、历史上出现过的场所。在日本汉诗文的作品中,不仅展现了作者接受的中国地域地理观念,而且也展现了他们接受的中国古代的宇宙天地观念,并且将日本也置于这个空间系统之中。在近代以前来过中国的作者

---

[*] 王晓平,天津师范大学国际中国文学研究中心主任,文学院教授。
[①] 本文系国家社科基金重大项目"日本汉文古写本整理与研究"(批准号:14ZDB85)。
[②] 松浦友久编,植木久行、松原朗:《漢詩の事典》,大修館书店1999年版,第294页。

如空海及后来的入元僧、入明僧等,在诗文中描绘他们体验的中国地域文化,但这毕竟是极少数的;数以百千计的日本汉诗文作者是在描绘他们想象中的天地宇宙和大陆风光。在日本汉诗文中,中国神话、历史中的地名,可谓应有尽有,而且九有、九宇、九州岛等词语也时有所见。出现最多的,也就是中国文士反复咏唱的地方。特别是历来受到他们推崇的经典作品和作者描绘过的地方。那些地名也就被赋予了特别的文化意义。

中国地名往往被用来作为日本地方的比喻使用。《春涛诗抄》载森春涛《海门钓庵集　自戊戌正月至己亥正月》:"江上有酒盍来饮,神仙亦饮余杭家。"余杭,指今杭州市。白居易有《余杭形胜》诗:"余杭形胜四方无,州傍青山县枕湖。绕郭荷花三十里,抚城松树一千株。梦儿亭古传名谢,教伎楼新道姓苏。独有使君年太老,风光不称白髭须。"春涛此诗正是以余杭比东京。

有些中国神话中出现的地名,在日本汉文中常被赋予特殊含义,如"藐姑射""蓬壶"等,在愿文中常表示宫阙,或太上皇的居所。

第二类,日本的地名。《本朝续文粹》卷第三纪贯成《详和歌·问》:"难波津之献何王,富绪河之篇报谁人。"难波津、富绪河均是和歌史涉及的日本典故。花园赤恒的对策作了回答:"难波津之什,献大鹪鹩天皇;富绪河之篇,报丰厩户太子。"《本朝文集》卷六十二藤原敦经《观音院灌顶乞戒导师表白》:"自尔以降,余映照而恢青龙寺之庭,遗韵扇而传耶马台之境。"青龙寺、耶马台都是日本地名。

值得注意的是,很多日本地名出现在汉诗文中的时候,往往按照中国诗文习惯呈现雅化模式,让人看起来很像中国的地名,如:富士山被称为"富岳";日本九州岛东北部古称作"丰国",又略称作"丰",有丰后、丰前、丰肥、筑丰等地名。

第三类,与中国的地名完全相同,却指日本的地方,如:南京,从奈良平安时代以后,指奈良;洛阳,则指平安京,即今日京都。《本朝小序集》及《江吏部集》卷中载大江匡衡《早夏诸客贺予再兼翰林不堪情感聊赋诗序》:"昔山阴曲水之会,右军自作序自书,今洛阳翰林之亭,主人亦自记事自咏。"文中的洛阳,便是指今日的京都。《本朝丽藻》卷下源道济《冬日于云林院西洞同赋境静少人事诗序》:"虽偷出洛城,远寻风流之幽趣;而一入古寺,共动旧故之悲端。"洛城,亦指今日京都。京都至今亦有洛东、洛西之分。平安时代的平安京,分左京和右京,又称东京和西京,右京被比作长安,左京就被比作洛阳,而右京早已荒废,洛阳便成为平安京与京都的异称,而左京之外,就被称为"洛外"。由于街区演变,各自认知有异,"洛外"到底指哪里并不十分确定。《本朝小序集》载《暮春游长乐寺同咏花满远近和歌序》:"五六许辈,属海内之静谧,出洛外而交游。"这里的"洛外",正指左京之外。

第四类,虚设的场所。如《本朝续文粹》卷五明衡朝臣《同公辞左大臣皇太子傅表》:"然则药圃挂冠,照残梦于绿萝山之月;柴户高枕,养余生于赤松山涧之云。"文中的"绿萝山""赤松涧"并非是实有其地,而是指远离世俗的地方;又如菅原道真《吟善渊博士、物章医师两才子新诗,戏寄长句》诗中的"大春堂下寒吟逸",并非有堂名曰"大春(大椿)",而是指追求长寿的地方。

在诗赋中,某些地名成为理念的地标、情感的指标。上述四类都不是孤立的,而是交互联想,彼此交错,而且与佛经中的地名相互勾连。因为在汉诗文中,凡是作者并非身历其境的地方,都是心目中的远方,是一个文化符号,往往有着丰富的,甚至是特定的文化内涵。每一个地方,都是有故事的地方,需要结合文化典籍中前人注入的情感,细细体味。

地名看来只是一个地方的名称而已,其实不然,它往往是这一地域多种文化的聚光点。悠久地域的名称,有的很长一个阶段不曾改变,相沿久远,有的则随着区划的变迁、人文的变转等屡次改称,然而从改换中往往总能看到这一地域的某些文化特点。如果仔细观察在日本各种地名改换过程及其相关话语中,总能窥见汉字和汉语这一有形无形的影响。明治时代谷文晁撰《写山楼无声诗话》有《大和地名》一则,谈到他曾在大和国(近畿五国之一,今奈良县)漫游,名所旧迹自不待言,即是地名亦悉足考辨古昔。或云安部、或云橘、或云曾我、或云百济、或云小野、或云藤原、或云巨势、或云土佐,这些都不难联想到古代这一区域的诸多文化现象。比如巨势,巨势金冈就出身于此,古代的土佐,在此时的高取城下,自城仅五十町相连的街镇,便是土佐氏先人所出之处,巨势与土佐隔河相望,相距不远。[①] 巨势与土佐都是奈良平安时代的望族,出过一些汉学者和汉诗人。研究地名文化,是不能短缺相关的文化知识的。

了解了中国地名的在中日两国诗文中含义的异同,便于更好地识别写本中

---

① 谷文晁:《写山楼无声诗话》,须原铁二郎1895年版,第55页。

的误写误读。《本朝续文粹》卷第十藤义忠朝臣《七言暮秋侍宴同赋菊为花第各分一字应制诗一首并序》：″既而炬松景暮，琨蓬乐酣。尧樽倾味，四海皆是醉恩之臣；虞琴奏音，一曲莫不治世之词。″″琨″，当作″昆″，指昆仑山。传说昆仑山上有瑶池、阆苑、增城、县圃等仙境。蓬，指蓬莱。″昆蓬″，以仙境喻宫阙。

# 一、汉文集地名的文化符号意义

## （一）襄野

《本朝文集》卷六十藤原永范《同御逆修结愿御愿文》（《愿文集》一）：″况弟子遁黄屋而廿八回，着缁襟而一十载。占幽栖于襄野，害马永去焉；求直道于空门。法轮镇转矣。″[1]卷六十一藤原永范《后白河天皇逆修功德愿文》（《兵范集》卷八）：″于戏！襄野轩辕之迹，七圣谁转达法之轮？昆丘骅骝之蹄，八骏徒隔两足之相。″

襄野，襄城之野。传说黄帝与岐圣所到之处。《庄子·徐无鬼》：″黄帝将见大隗乎具茨之山，方明为御，昌寓骖乘，张若、謵朋前马，昆阍、滑稽后车。至于襄城之野，七圣皆迷，无所问涂。适遇牧马童子，问涂焉，曰：′若知具茨之山乎？′曰：′然。′′若知大隗之所存乎？′曰：′然。′黄帝曰：′异哉小童！非徒知具茨之山，又知大隗之所存。请问天下。′″后遂以″襄野″喻指帝王称赞的少年、童子。《艺文类聚》卷五一引南朝梁简文帝《为长子大器让宣城王表》：″襄野之辩，尚对轩君；弘羊之计，犹干汉主。″襄城，指襄阳，在湖北省北部，邻接河南省。城西隆中为诸葛亮隐居处，为游览胜地。唐太宗《述圣夫序》：″翔泳之美尽斯，仁智之乐备矣。可以遁形匿迹，可以养志怡神，独往襄城之中，斯可观也；藐然姑射之上，何以加兹？″

在日本愿文中，襄野喻指天皇所达之处。上引《庄子·徐无鬼》这一故事中出现的″大隗″″具茨″也多见于日本愿文，皆指天皇抵达之处。凡言襄城之野、襄野、大隗、具茨，凡言七圣，凡言大隗问道，凡言问道，皆出于《庄子》的这个故事，而其基本喻义和根本落脚点，则是去″害马″。这是因为牧马童子在回答皇帝″天

---

[1] 黑板胜美编：《国史大系》第三十卷，吉川弘文馆1966年版。

下"之问时,回答的是:"夫为天下者,亦奚以异乎牧马者哉!亦去其害马者而已矣。"黄帝再拜稽首,称天师而退。根据曹础基的说法,庄子要说明的是,沉迷于治天下,就必然会害天下。只要治天下者无为地过日子,就可以除去害天下的因素了。①

具茨,山名,在今河南省密县。陆德明释文引司马彪云:"在荥阳密县东,今名泰隗山。"北周庾信《周王声调曲·变宫调》:"具茨应不远,汾阳宁足随。"唐钱起《奉和圣制登会昌山应制》:"睿想入希夷,真游到具茨。"在这些诗歌中,具茨与汾阳都是求仙得道的象征。

日本愿文常用这个典故,来赞颂天皇退位后度过安闲的生活。除了上面所引的两篇是如此之外,还可以列举一些。卷六十藤原永范《鸟羽天皇奉为赠皇后修法华八讲御愿文》(出《愿文集》一):"自从逐虚舟于汾水之波,去害马于襄城之野,幽闲乐居,志愿适性。"卷六十藤原永范《鸟羽天皇安乐寿院阿弥陀堂供养咒愿文》(《愿文集》一):"逊让以来,送四六载,卜栖汾水,永逐虚舟;问道空门,遂归直乘。"问道空门,即指退位之后,远离天下之道,遁入佛门。

以"具茨"指代太上皇闲居之处,如《本朝文集》卷六十三藤原俊经《又》(《高仓天皇复安德天皇书》)(《山槐记》卷十五):"况乎具茨之茅月静,何如领对(射)山之云包(色);象外之乡去收,是形藉虎旅之风威。"卷六十九藤原雅范《同》(后深草皇女久子奉为深草天皇小祥忌修冥福讽诵文)(《愿文集》三):"苾蒭林远之助音也,围绕济济;鸾乡(卿)鹓俦之从事也,威仪棣棣。矧亦尊兄具茨仙洞,移绮茵兮幸临□□□□。""具茨仙洞",退位天皇居处。

"襄野"常与"汾阳"对称,强化太上皇闲居之意。《本朝文集》卷六十五藤原资实《后鸟羽天皇一日一切经供养御愿文》(《金泽文库愿文集》《愿文集》四):"遂解四海之家,更脱万乘之屣。襄野地幽,草锁塞马之踪;汾限(阳)水静,月随虚舟之棹。"

"襄城",也与"具茨"等一起构成同一意象群的词语。《本朝文集》卷六十七作者亡名《后深草天皇奉为大宫院中阴忌修法会愿文》〔以油小路亚相(隆贞卿)所藏写之,大串善传之〕:"尧门佑庆,以二代母于天子之国;襄城并居;以多年主

---

① 曹础基:《庄子浅注》,中华书局1982年版,第368页。

于地仙之陬。"《本朝文集》卷七十三善俊经《崇光天皇上光明天皇太上天皇尊号诏》(《园太历》卷十二):"太上天皇,德遍乾坤,明侔日月。普天之下,仁风远翔;率土之滨,惠泽广被。而避震(宸)居兮,染思于襄城之春草;访仙楼兮,契乐于汾阳之秋水。"

### (二) 琅耶

《本朝文集》卷十五《淳和天皇答僧空海辞大僧都敕》(《弘法行状要集》四《高野大师广传》卷下):"道林微笑,重来肃祖之朝;竺法被衲,再入琅耶之邸。"

琅耶,同"琅邪"。琅邪,亦作"琅琊""琅玡",山名。山东诸城县东南海滨,秦代在此置琅耶郡。

亦作"琅琊"。卷六十九菅原在兼《同愿文》(《伏见家愿文集》三):"初商七月,仙驾告离,超晋明帝之哭于琅琊。"晋明帝云云,《艺文类聚》卷十三《帝王部·晋元帝》引《晋中兴书》:"愍帝为胡贼刘粲所没,中宗素服出次。举哀三日。于是百僚称上尊号。帝固让。百僚又固请。中宗慨然流涕,曰:'吾本琅琊王,诸贤见逼不已,乃呼私奴命驾,将反国。'群臣不敢复逼,乃求依魏晋故事,为晋王。许之。"愿文言"超晋明帝之哭于琅琊",谓悲哀超过了原来的琅琊王后来的晋明帝。

### (三) 淹稷

《本朝文粹》卷九菅三品《北堂〈文选〉竟宴各咏句得远念贤士风》:"学士涉众流于一朝,扇儒风于三代。方寸之内,胜气笼霄;函丈之间,飞谈卷雾。负笈叩钟者,还迷洙泗之缩地;击蒙染教者,自传淹稷之遗尘。"[1]

柿村重松《本朝文粹注释补订续》引王勃《乾元殿颂序》:"淹中访礼,蹲扬璧水之波;稷下谈经,飞兔跃环林之秀";又引《汉书·艺文志》:"礼古经者。出于鲁淹中";以及《史记·田敬仲完世家》:"宣王喜文学之士……是以齐稷下学士复盛,且数百千人。"

淹,通"奄"。奄,古国名,在今山东省曲阜县。稷,地名,战国齐都城临淄西门。此犹言稷下。临淄西门稷门附近地区,齐威王、宣王曾在此建学宫,广招文学游说之士讲学议论,成为各学派活动中心。汉应劭《风俗通·穷通》:"齐威王、宣王之时,聚天下贤士于稷下,尊宠之。"洙泗,春秋时孔子在洙泗讲学授徒,后常

---

[1] 大曾根章介、金原理、后藤昭雄校注:《本朝文粹》,岩波书店1996年版,第273页。

以洙泗指学术之乡。《礼记·檀弓上》："吾与女事夫子于洙泗之间。"淹稷与洙泗相对，均指传道讲学的场所。以广大区域指称学术设施与学术活动，寓有风气广及、泽被一方之意。

**（四）唐家**

《本朝文集》卷卅三大江千古《上醍醐天皇请赐号于僧正空海奏<sup>代观贤僧都</sup>》："右空海，智慧悬镜，戒定护珠，酌（酌）法水之芳流，为禅门之伟器。爰衔命于魏阙，迥（迥）涉沧溟，问道于唐家。"唐家，指唐朝。

**（五）厉乡**

《本朝文集》卷六十二《高仓天皇祈严岛神愿文》(《源平盛衰记》卷廿三)："忝蹈皇王之位，握干符兮顾微分，镇迷南面之理政；望四海兮耻薄德，更无万民之威仁。仍守谦逊于厉乡之训，乐闲放于射山之居。"

《本朝文粹》卷二巨为时《答六条左大臣辞职表敕》："敕右大臣，省重表，具所怀。于戏！止足之虑，厉乡之风虽高，谦退之词，郁邑之烟难散。"厉乡，正保戊子本作"励卿"。柿村重松《本朝文粹注释》引《史记·老子列传》："老子者，楚苦县，厉乡曲仁里人。"注云："《括地志》云：苦县在亳州谷阴县界。晋《大康地记》云：苦县城东，有濑乡乡祠，老子所生地也。"

厉乡，老子出生地，老子之代称。《本朝文粹》卷四江匡衡《第四表》："步荣路以迷止足，遥谢厉乡之尘；立恩天涯以钓虚名，独惭渭滨之浪。"

**（六）苏门之巅**

《经国集》卷一菅清公《啸赋》："避龙声之陈阶，谢凤翼之入庙。至如苏门之巅，听鼓吹之啴然；印山之上，惊林溪之动焉。"栏上注："苏门，山名。晋阮籍曾在此遇孙登。"①

《本朝文集》卷十八巅作颠。印作卯。栏上注："卯，或当作茆。"案：印，卯字之形讹。卯，同"茆"。茆山，即茅山。山名，在江苏省句容县东南，相传有汉茅君茅盈与弟衷固采药修道于此，因改名茅山。

啴然，通逌然，闲适貌，自得貌。《列子·力命》："终身逌然，不知荣辱之在彼也在我也。"张湛注："逌然，自得也。"

---

① 国民图书株式会社编：《日本文学大系》第二十四卷，国民图书株式会社1928年版，第248页。

苏门之岭，苏门山。苏门，山名，在河南省辉县西北。又名苏岭、百门山。晋孙登曾隐居于此，后因以借指孙登。唐杨炯《群官寻杨隐居诗序》："阮籍之见苏门，止闻鸾啸。"

此指"苏门啸"。晋阮籍尝于此山遇孙登。《晋书·阮籍传》："籍尝于苏门山遇孙登，与商略终古及栖神导气之术。登皆不应。籍因长啸而退。至半岭，闻有声若鸾凤之音，响乎岩谷，乃登之啸也。"苏门山与茅山皆高士隐居之处，与《啸赋》趣旨契合。

苏门山，亦作"苏山"。《本朝文集》卷七十五菅原秀长《为先考义满公一回忌修十种供养愿文并讽诵文代源义持》："原夫苏山境遥，半行半座之滥觞在异域；犹溪程近，如法如说之妙经传本朝。"

苏门山，亦作"大苏山"。《本朝文集》卷七十四菅原秀长《为先考山名时氏卿七回忌修善愿文并讽诵文代其子氏清》："今之长福寺，古之大苏山，管弦声声，抑扬春风之里；幡璎片片，缤纷夕阳之前。"此非言日本有大苏山，而将日本的长福寺与苏门山联系起来，同作为世外仙境、音乐胜地。

苏门山，亦作"苏岭"。《本朝文粹》卷第三三善清行《立神祠·问》："苏岭鹿门，定立何日？樊坛木景，指为何神？"藤原春海《立神祠·对》："至如苏岭鹿门之祠，樊坛木景之鬼，享主不朽，披怪牒而可知；神祠应传，载灵策而不秘。"

（七）升仙桥

《本朝文粹》卷八纪齐名《三月尽同赋林亭春已晚各分一字应教》："齐名升仙桥头，谬题大车肥马；翘材馆下，幸容钝学拙文治身。"

升仙桥在今四川省成都市北，因汉司马相如过此题字励志而著名。相传为秦李冰所建。晋常璩《华阳国志·蜀志》："城北十里有升仙桥，有送客观。司马相如初入长安，题市门曰：'不乘赤车驷马，不过汝下也。'"唐岑参《升仙桥》诗："及乘驷马车，却从桥上归。"按，一本作"升迁桥"。或谓"迁"形近"仙"，转讹为"仙"。参阅陈铁民、侯忠义《岑参集校注》。

翘材馆，出《西京杂记》卷四："平津侯自以布衣为宰相，乃开东阁营客馆以招天下之士。其一曰钦贤馆以待大贤，次曰翘材馆以待大才，次曰接士馆以待国士。"

### (八) 铣溪

《本朝文粹》卷十后江相公《红樱花下作应太上法皇制》："杂蘂烂漫，笑旧契于铣溪之园；重葩乱飞，嘲古迷于武陵之岸。"

铣溪，柿村重松《本朝文粹注释》同。注："《唐诗纪事》云：'徐彦伯为文，多变易求新，以凤阁为鹓阁，龙门为虬户，金谷为铣溪，玉山为琼岳，竹马为筱骖，月兔为魄兔。后进效之，谓之徐涩体。'《水经注•谷水》云：'金谷水出太白原（河南），东南流，谓之金谷水。东南流经晋卫尉乡石崇之故居。'石季伦《金谷诗集叙》曰：'余以元康七年，从太仆出为征虏将军，有别庐，在河南界金谷涧中，有清泉、茂树、众果、竹柏、药草备具。'"

徐彦伯将"金谷"改称"铣溪"，盖以铣为金之美者，以溪为谷水。南朝梁江淹《齐故司徒右长史檀超墓铭》："惟金有铣，惟玉有瑶。"故美玉与最有光泽的金属，则有瑶铣之称。唐王勃《梓州玄武县福会寺碑》："洞参瑶铣，体备丹青。"《本朝文粹》卷二纪齐名《答入道前太政大臣辞大臣并章奏等表敕》："敕：表翰稠迭，含咀雅言。惟公蘅荪蓄芳，瑶铣擅美。寄高象岳，既养杞梓之材；地贵渭阳，能韬江湖之量。"

### (九) 下若

《本朝续文粹》卷第一江大府卿《羽觞随波赋》："于是洁其心，去其卜，酌下若致余味，临中流而求福。"[①]卷第三藤原资光《乡国风俗•对》："燕昭王之筑隗台也，四方之贤俊子来；汉高祖之归沛郡也，一座之老父酣悦。献酬频催，若下之霞荡醉；曲调高和，郢中之雪唱歌。"[②]

《太平寰宇记•江南东道六•湖州》引南朝梁顾野王《舆地志》："夹溪（箬溪）悉生箭箬，南岸曰上箬，北岸曰下箬；二箬皆村名。村人取下箬水酿酒，醇美胜于云阳，俗称箬下酒。"《太平御览》卷六五引《舆地志》作上若、下若。后因称该地所产美酒为"下箬"或"下若"。宋张先《醉落魄•吴兴莘老席上》词："下若酿醅，竞欲金钗当。"

下若，由名酒产地，又为美酒的代称。日语读作"かじゃく"。在日本和汉文学中多见。《明衡往来》中："卢橘直珍，下若（芳桂）之酒，可随身侍。"《本朝无题

---

[①] 国民图书株式会社编：《日本文学大系》第二十四卷，国民图书株式会社刊 1928 年版，第 445 页。

[②] 国民图书株式会社编：《日本文学大系》第二十四卷，国民图书株式会社刊 1928 年版，第 517 页。

诗》卷三大江佐国《红梅花下饮》:"上番香染争仙雪,下若味浓酌晚霞。"亦见于《吾妻镜》《实隆公记》等书籍。

**(十) 柳谷**

《本朝续文粹》卷第三《得宝珠·对》①:"况乎流年难驻,隔桃源而送龄;岭日已斜,顾柳谷而遗恨。"②

柳谷,出《汉书·西域传下》:"狐胡国,王治车师柳谷,去长安八千二百里。"王念孙《读书杂志七·〈汉书〉第十五》:"狐胡国,王治车师柳谷。念孙案'国名'无上下同音者,当依《太平御览》所引作'狐胡'四夷部十八。字之误也,孤胡、龟兹皆国名之迭韵者。龟兹,应劭音邱慈。案:古读邱如欺。又案:孤胡与车师异地,不当云治车师柳谷。师字盖涉下文而衍。《御览》作'治车柳谷',无师字。"

**(十一) 定州**

《本朝文粹》卷第一源顺《无尾牛歌》:"黑牛背上白毛点,古贤验之遂得偷;君若擒奸兼督盗,何必以毛告定州。"

"黑牛背上白毛点",柿村重松《本朝文粹注释》引《桂苑丛谈》:"高浟为沧牧,善捕贼。有人失黑牛,背上有白毛。韦道建曰:'高浟捉贼,无不获矣。得此可为神。'浟乃诈为州县市牛皮,不限多少,倍酬其直。使主认之,因获食贼,谓'定州',未详。恐定州韦道建所治。"小柳司气太《本朝文粹注释补正》:"黑牛背上白毛点,由此注始得明矣。据此,更案《齐书》卷十彭城景思王浟之本传:'转都督定州刺史,时有人被盗黑牛,背上有白毛。'长史韦道建,谓中从事魏道胜曰:'使君在沧州日,检奸如神。若捉得此贼定神矣。'浟乃诈为上府市牛皮,倍酬价值。适使牛主认之,因验其盗,建等叹服。'然则定州非指韦道建,乃王浟也。"

小柳司气太《补正》所言"王浟",当作"高浟"。高浟是追赠齐神武帝高欢的第五子,《彭城景思王浟传》尚有高浟捉拿偷菜贼故事,谓:"又有老母姓王,孤独,种菜三亩,数被偷。浟乃令人密往,书菜叶为字。明日市中看菜叶有字,获贼。"此类故事尚见乾隆《沧州志》等书。新出有《高浟墓志》,全称为《齐故假黄钺太师太尉彭城王墓志》,见上海古籍出版社 2016 年出版的叶炜、刘秀峰所著《墨香阁

---

① 本篇《本朝续文粹》未署作者,据《本朝文集》为菅原宣忠。
② 国民图书株式会社编:《日本文学大系》第二十四卷,国民图书株式会社刊 1928 年版,第 521 页。

藏北朝墓志》。

"古贤验之遂得偷","偷"作名词,"遂得偷"犹言"遂得贼"。

## 二、汉文集地名讹误考辨

**(一) 月朏**

卷十九万多亲王《新撰姓氏序》(《新撰姓氏序》卷上):"皇统弥照圣明,生而睿哲。自体性仁,威被日出之崖,德光月朏之域。"

朏,当作"堀"。传说冲阳子炼丹处,以月相变化为炼丹抽添进退之位,故名。明宋濂《月堀记》:"冲阳子自空明洞天翩翩而来,碧瞳方颐,气貌充甚,谒入扬袂言曰:'月堀之义,子知至乎?'扬雄云:西压月堀,指月所生之地也。吾意则不然,太阴之精,朔后魄生,至望而盈,盈极而衰,随日渐高,晦而复苏,上下二弦,亏盈得平,气和弗偏,吾炼九还七返灵丹,抽添进退之候,每于月而取则焉,因名其室以月堀,所以志之。"

**(二) 曝泉**

《本朝文集》卷四十八藤原明衡《清水寺新造堂愿文代别当定源》(出《本朝遗文》):"是则山城国爱宕郡八阪乡东山之麓也。翠岭围绕,自移炉峰之云;曝泉飞流,如倒银汉之浪。"

炉峰,同"庐峰"。曝,当作"瀑"。瀑泉,喷涌的泉水。唐王维《燕子龛禅师》:"瀑泉吼而喷,怪石看欲落。"又,瀑布。宋钱易《南部新书》辛:"(中条山王官谷)周回十余里,泉石之美,冠于一山。北岩之上,有瀑泉流注谷中。""翠岭围绕,自移炉峰之云;曝泉飞流,如倒银汉之浪",意取李白《望庐山瀑布》:"日照香炉生紫烟,遥看瀑布挂前川。"

**(三) 候岭**

《本朝文集》卷四十六河内守源赖信《进誉田山陵文》(出《鸠岭杂文》):"古人有言,王子晋之升仙,后人立嗣于候岭之月。"

候,"缑"字之讹。缑岭,缑氏山,缑山。在河南省偃师县。汉刘向《列仙传·王子乔》:"王子乔者,周灵王太子晋也。好吹笙,作凤凰鸣。游伊洛之间,道士浮丘公接以上嵩高山,三十余年后,求之于山上,见桓良曰:'告我家,七月七日待我于缑氏山巅。'至时,果乘白鹤驻山头,望之不得到,举手谢时人,数日而去。"

**(四) 第洞**

卷五十八藤原敦光《堀河天皇奉为白河天皇修法华八讲愿文》(《愿文集》二):"伏惟前禅定法皇,仁被宇宙,化洽华夷。遁萝图而送四十余载之凉燠,占第洞而玩三十六峰之烟岚。"

卷五十九藤原令明《崇德天皇授暲子内亲王准三后敕》(出《中右记》):"某内亲王者,朕之小妹也。受钟爱于第洞,致鞠育于椒房。"栏上注:"第,或当作'茅'"。

栏上注是。第,"茅"字之讹。茅洞,茅山之洞,借指王侯之家。茅山,山在今江苏省句容县境内。《晋书·许迈传》:"立精舍于悬溜,而往来茅岭之洞室,放绝世务,以寻仙馆。"南朝梁萧纶《隐居贞白先生陶君碑》:"既而到于句容,登于茅岭,以此地神仙之官府,灵异之栖托,往不能返,遂卜居焉。"《本朝文集》卷六十八作者亡名《后宇多天皇法胜寺供养御愿文》(出《文纂·崇福寺卷》):"然则空峒山间,镇庆黄(菊)童子之图;大茅洞里,久伴赤松仙人之算。"栏上注:"黄,此下恐脱字。"卷七十藤原资冬《龟山天皇奉为后深草天皇周忌修冥福讽诵文》(出《愿文集》三):"大茅洞之中,纵恨圣算于六十二回之夕雾;妙莲台之间,定莹尊容于三十二相之夜月。"《本朝续文粹》藤原敦光《三月三日侍太上皇宴同咏逐年花盛应制和歌并序》:"桃源浪暖,万春之美景几回;茅洞霞浓,三月之佳期无极。"

写本中"茅""第"或相混。《本朝文集》卷六十九《后伏见帝奉为龟山帝修冥福愿文》(出《后伏见帝真翰》,樱木勘十郎所藏):"华鹄之验已空,第鹤之方屡忘。"第鹤,当作"茅鹤"。茅鹤,茅君所乘之白鹤。元萨都剌《赠刘云江宗师》:"拟借茅君三白鹤,乘风骑到玉皇家。"

**(五) 睢湲**

《本朝文集》卷六十藤原永范《同御逆修结愿御愿文》(出《愿文集》一):"夫游睢湲之水者,藻缋习彩;入芝兰之室者,馨香熏衣。"栏上注:"湲,或'汤'之误。"

湲,"阳"字之讹。睢阳之水,指睢水。此处言睢阳之水,犹言梁园、梁苑、兔园。睢阳(今河南商丘东),汉梁孝王刘武曾在此造园林,称睢苑、梁苑、梁园、兔园。北魏郦道元《水经注·睢水》:"广睢阳城七十里,大治宫观台苑屏榭,势并皇居,其所经构也。役夫流唱,必曰《睢阳曲》,创传由此始也。"《宋书·乐志一》:

"孝王筑睢阳城,方十二里,造倡声,一小鼓为节,筑者下杵和之,后世谓此声为《睢阳曲》,至今传之。"唐王勃《滕王阁序》:"睢园绿竹,气凌彭泽之樽;邺水朱华,光照临川之笔。"

**(六) 纷阳**

《本朝文集》卷六十一藤原永范《后白河天皇逆修功德愿文》(出《兵范记·卷八·后白河院御落饰记》):"阆苑花明,空望红荣于春雨;纷阳华脱,唯怜黄落于秋风。"

纷,"汾"字之讹。因汾阳为尧帝所游之地,故有仙境之喻,亦为亡灵所闲游之所。愿文中频繁出现,而藤原永范所撰愿文中尤多见。卷六十一藤原永范《鸟羽天皇千日御讲御愿文》(出《愿文集》一):"所乐者汾阳之秋水,追闲放于尧帝之游;所羡者安养之晚云,任往生于弥陀之愿。"卷六十一藤原永范《鸟羽天皇供养金刚心院御愿文》(出《愿文集》一):"传主斯地,幽闲适性,拟唐尧之游汾阳;出离羡心,同周穆之求净界。"卷六十一藤原永范《同结愿御愿文》(出《愿文集》一):"彼有大块问道之者,七圣犹隔极圣之名;有汾阳留踪之者,四子谁列佛子之籍?"

汾射连言,则指汾阳、藐姑射山,同指退位天皇即太上皇居所。卷六十二《后白河法皇东大寺大佛供养咒愿文》(《东大寺续要录·供养篇》《文纂·请重卷《东大寺大佛开眼式》):"高仓先帝,净土必生。各依善根,宜添妙果。象魏宸阙,秋菊献龄,汾射仙居,椿木让算。"

汾阳、姑峰,亦是汾阳、藐姑射山对举之式。《本朝文集》卷六十三藤原敦周《院御塔供养表白》(《表白集》第四、《北院御集表白集》):"奉祈仙院,汾阳水色,契长河十清之期;姑峰岚声,伴少室三呼之岁。"

**(七) 对山**

卷六十三 藤原俊经《又》(《高仓天皇复安德天皇书》)〔《山槐记》卷十六〕:"夫闲适者为延龄之方,谦虚者为深痾之药,搞挹之思,于焉尤深。况乎具茨之茅月静,何如领对山之云包?"

对,"射"字之讹。"射山"本"藐姑射山"之省,本指仙山,愿文中则指代佛教。《本朝文粹》卷十四后江相公《朱雀院卅九日御愿文》:"射山之十日,虹箭频移;鼎湖隔云,漏水屡滴。"《本朝文集》卷六十六菅原为长《逆修功德愿文》(《愿文集》

四):"太上天皇移嵩唱于射山,契河清于汾水。"《本朝文集》卷六十八《同咒愿文》(《大讲堂供养记》):"银牓德久,射山两洞。博陆台阶,松子献龄。"栏上注:"洞,原作'润',据同上(《大讲堂供养记》)改。"《本朝续文粹》卷六敦光朝臣《申受领》:"当吏部巡期受领,则阙国少而二年无补任;列射山仙籍致拜趋,亦功臣多而十人有超越。"

### (八) 月毚

《本朝文集》卷六十四藤原亲经《后鸟羽天皇东大寺大佛供养御愿文》(出《常修院家藏东大寺开眼供养记》《东大寺续要录·供养篇》):"百辟群僚,确乎尽节;月毚日际,靡然向风。"

毚,当作"窟"。月窟,月窟,指极西方之地。《文选·颜延之〈宋郊祀歌〉之一》:"月窟来宾,日际奉土。"吕延济注:"窟,窟也。月窟,西极。"唐李白《代寿山答么孟少府移文书》:"设天网而掩贤,穷月窟以率职。"《本朝文集》卷七十藤原藤范《后醍醐天皇护国寺供养愿文》(《醍醐杂录》《护国寺供养记》):"南琛北贡之随贡献也,遗牒相寻;月窟日际之怀威惠也,侦牒不窥。"

### (九) 汾限

卷六十五藤原资实《后鸟羽天皇一日切经供养御愿文》(出《金泽文库愿文集》《愿文集》四):"遂解四海之家,更脱万乘之屣。襄野地幽,草锁塞马之踪;汾限水静,月随虚舟之棹。"

限,"阳"字之讹。卷七十七菅原章长《后柏原帝奉为后花园帝三十三回忌修曼荼罗供养愿文并讽诵文》(出《文纂·崇福寺卷》《本朝遗文·丁卯自京来本出处重可记》):"仙跸去几年,射洞指月空皎皎;圣化犹成泽,汾阳之云常悠悠。"

汾阳,汾水之阳。《庄子·逍遥游》:"尧治天下之民,平海内之政,往见四子藐姑射之山,汾水之阳,窅然丧其天下焉。"

### (十) 汾心

《本朝文集》卷六十六菅原为长《后鸟羽天皇逆修功德愿文》(出《愿文集》四):"伏惟受寄托于祖父上皇,初承奉于王者大业,龙河之图,龟洛之年,天贶不臻,浴日之波,悬河之浦,皇辉无及。远寻唐谢之尘,早挹汾心之水。"

心,盖"川"字之讹。汾川,犹言汾水。即汾河,黄河支流,源出山西宁武县管涔山,南流至曲沃县西折,在河津县入黄河。唐太宗《晋祠铭》:"临汾川而降祉,构仁智以栖神。"

汾水,汾川,汾阳,皆被用作超凡脱俗之地的符号。《左传·昭公元年》:"昔金天氏有裔子曰昧,为玄冥师,生允格、台骀。台骀能业其官,宣汾洮,障大泽,以处大原。帝用嘉之,封诸汾川……则台骀,汾神也。"杜预注:"有水旱之灾,则禜祭山川之神,若台骀者。"汾水游,出《庄子·逍遥游》,后以汾水游形容超然物外的处世态度。

《本朝文集》卷六十藤原永范《鸟羽天皇奉赠皇后修法华八讲御愿文》(《愿文集》一):"自从逐虚舟于汾水之波,去害马于襄城之野,幽闲乐居,志愿适性。"

**(十一) 毘仑**

《本朝文集》卷六十九《后伏见帝奉为龟山帝修冥福愿文》(出《后伏见帝真翰》,樱木勘十郎所藏):"就中眇身辞帝道于九禁,卜仙居兮五回。虽顾鲁庾之微分,专蒙殷勤之恳志。瑶台玩花之朝,同情于毘仑阙之游;金坛咏月之夜,伴兴于勾山洞之望。"

毘,"昆"字之讹。毘仑,昆仑。勾,同"句"。勾山,句容句曲山,传说茅君在句容句曲山修道成仙。昆仑阙、勾山洞,指代修道求仙之处。

**(十二) 濮水**

《本朝文集》卷七十藤原氏种《垂钓策文》(出《桂林遗芳抄》):"问:吕望之到磻溪也,申杨所得之玉;蒙庄之临濮水也,子细所持之竿。"

濮,"濮"字稍讹。蒙周,指庄子。庄子钓于濮水,出《庄子·秋水》。《本朝续文粹》卷二左良朝臣《大殿关白表敕答》:"又至庄周之钓濮水,仲彦之游汧岭。虽扇邈旨于异域之风,空隔懿亲于戚里之地。何退贤祖之居博陆,徒求隐伦之在庸流;尚追周姬之踪,宜施齐民之德。"

**(十三) 鄞水**

《本朝文集》卷七十八《后奈良天皇谥僧宗恶敕》(出《扶桑禅林诸祖传》卷九):"大弘宗猷,金曰为佛惠真子,高提正印,由来得临济克家,德重山林;气摸海岳,虚堂如鄞水之月,丕辉宗门;聩翁似笔山之云,普覆天下。"

恶,同悟。鄞,右旁注:"マ"。"鄞"字俗写。地名,春秋时属越,即今浙江省鄞县。《国语·越语上》:"勾践之地……东至于鄞。"韦昭注:"今鄞县是也。"宋王安石《上杜学士言开河书》:"鄞之地邑,跨负江海。"虚堂,南宋临济宗高僧虚堂智愚(1185—1269),浙江四明象山人。日本入宋僧南浦绍明受其法脉将临济禅传回本国。

**(十四) 晨旦**

《本朝文集》卷七十八藤原公条《嵯峨二尊院募缘序》(《文纂·请重卷》,真迹在嵯峨二尊院):"窃以能仁出月氏,慈云覆三有之限;仲尼降晨旦,仁风扇四海之畔。然则赞佛德类,速登十地之榭;守孔门辈,忽入五常之廓。"

晨旦,当作"震旦"。日语中"宸""震"异形同训,震旦或作"宸旦"。"晨"读音亦同。

震旦,又作振旦、真丹、神丹。《佛教大辞典》:"近人或云,震即秦,乃一声之转。旦,若所谓斯坦,于义为地。盖言秦地耳。"《本朝文集》厩户太子《四天王寺手印缘起》(《四天王寺御手印缘起》《诸寺缘起集》):"守屋臣是生生世世相传破贼。震旦汉土,现男女身,弘兴佛法。"《本朝文集》卷六光明皇太后御制《奉为太上皇舍国家珍宝等入东大寺愿文》(《东大寺要录》卷七):"统四摄而扬休,声笼天竺;菩提僧正涉流沙而远到,化及震旦。"《本朝续文粹》卷十一明衡朝臣《宇治宝藏袈裟记》:"所得谁人?玄奘三藏?所历几程?苍波万里。远过震旦,适来日域。"

**(十五) 崋峰**

《本朝文集》卷七十九藤原肃《紫石荷叶砚铭》(出《惺窝文集》卷八):"洞庭紫波,崋峰玉井,有莲虚中,虚中石静,类聚群分。"

崋,当作"华"。华峰,太华山。华峰玉井,太华山的玉井。韩愈《古意》诗:"太华峰头玉井莲,开花十丈藕如船。"元史九敬先《庄周梦》第一折:"豁开你心上蒙,飞身到太华峰,看白莲开玉井,看白莲开玉井。"

别又有"华巅"一语,指满头银发。卷四十八藤原明衡《清水寺新造堂愿文》(《本朝遗文》):"庵中有华巅之人。延镇圣人问云:'居士住此经几年哉?名姓为谁?年龄不审。'"华巅之人,白发老者。

**(十六) 墥国**

真福寺藏《本朝诗合》季纲《滋绿草心长》:"泉清石滑尘谢埃,自怪夏中寒气来。炎日汗干携瀑布,朝(朔)云肤冷触苍苔。峙嘲墥国招凉玉,汲笑袁家避暑杯。一向莫言烦热尽,秋风偷逐地形催。"

壛,"燕"字的增旁字。壛国,燕国。燕国招凉玉,用燕昭王宝珠事,出出晋。王嘉《拾遗记·燕昭王》:"昭王常怀此珠,当隆暑之月,体自轻凉,号曰'销暑招凉之珠'也。"又宋陶谷《清异录·木》:"崔凤蹉跎失志。洛南天庆观颇幽雅,常陪友生夏月招凉于古槐下。"清梁章巨《归田琐记·楹联剩话》:"(张诗舲)又题风洞山云:'漓江水绿招凉去,常侍诗清赏雨来。'"庞树柏《病鹤避暑小云栖寺挐舟访之留赠》诗:"大火流金苦久晴,招凉地僻有谁争!"日本写本中或有为中国地名因地域意义而加"土"旁者,如成都作"城都"之类,见于平安时代的《今昔物语集》等书。

**(十七) 维阳山**

《本朝续文粹》卷第四在良朝臣《富家殿第三表》:"矧复隐逸在野,英俊满朝。若耶溪之春风,鹤板未及;维阳山之秋月,羊裘犹在。求而用之,天下幸甚。"[1]

严光字子陵,一名遵,会稽余姚人也。少有高名,与光武同游学。及光武即位,乃变名姓,隐身不见。帝思其贤,乃令以物色访之。后齐国上言:"有一男子,披羊裘钓泽中。"帝疑其光,乃备安车玄纁,遣使聘之。三反而后至。舍于北军,给床褥,太官朝夕进膳。

严光之事,多见于平安时代汉文。《本朝续文粹》卷第五在良朝臣《同公辞右大臣表》:"彼夏里惊聘之车,徒留商洛之月;子陵逃名之钓,长垂孤高之浪。"鹤板,同鹤版,征聘贤士的诏书。唐王勃《上绛州上官司马书》:"鸾肩停逸,频虚不次之阶;鹤版征贤,累发非常之诏。"鹤板未及,羊裘犹在,均谓贤人尚未受到征召。

若耶溪,溪名,出浙江省绍兴市若耶山,被流入运河,相传为西施浣纱之处。唐杜甫《奉先刘少府新画山水障歌》:"若耶溪,云门寺,吾独胡为在泥滓?青鞋布袜从此始。"维阳,或当作"维扬"。维扬,亦作维杨。扬州的别称。《书·禹贡》:"淮海惟扬州。"惟,通"维"。后因截取二字为名。北周庾信《哀江南赋》:"淮海维扬,三千余里。"南朝梁殷芸《小说》卷六:"有客相从,各言所志,或愿为扬州刺史,或愿多赀财,或愿骑鹤上升,其一人曰:'腰缠十万贯,骑鹤上扬州。'欲兼三者。"

若耶溪、维扬山,与朝廷相对,指代江湖,寓贤才所处之山野民间。全句谓贤才尚在江户之远,未被得到重用。

---

[1] 国民图书株式会社编:《日本文学大系》第二十四卷,国民图书株式会社刊1928年版,第553页。

## 三、日本古代地名汉名举隅

### （一）南京

《本朝续文粹》卷十一实范朝臣《园城寺龙花会缘起》："南京兴福寺有常乐会，东洛天台山有舍利会，皆是为报释尊之恩德，为续佛法之寿命也。"栏上注："南京，奈良。"①

上文中的南京，指奈良，东洛，指京都。天台山，指京都比叡山延历寺。

### （二）漠江

石桥云来《有余堂诗法摘要·连环体》所引《樱祠》之二："廿岁年年赏此花，浪华城北漠江涯。嗾人更有菜花胜，漠漠黄云连彩霞。"浪华（なにわ），亦作浪花、浪速，大阪市上町台地以东地域的古称，一般亦指大阪难波（なにわ）。漠江，一般作"澱江（デンコウ）"，大阪淀川（よどがわ）的别称。"漠"字不见于《康熙字典》等主要辞书，或为"淀"字的换旁字。

江户时代地名汉化的现象更为多见。江户后期的学者村濑栲亭（1746—1818）在其所著《秋苑日涉·地名》中提到很多汉化地名，并对这种过于汉化的现象提出批评。下面这段文字，不仅可以对汉诗文中日域汉化地名有更多了解，而且还可以窥见当时文士地名汉化思路之一斑：

> 近世文士之杜撰，有可发一笑者。国郡邑里、山川之名，欲拟汉名而使人不能辨为何地，殊不知文章之巧拙，非关地名矣。如汉人所谓南兖州、北平原、南兰陵，皆别雷同者也。播磨无东西之别，而称为西播。如三越之人通称越国，盖以越前、加贺、能登、越中、越后，实为古越国也；然在今封疆殊制，岂可通称越国乎？清人指长崎为崎阳，在彼则为阳，特称之阳可乎？紫阳、艺阳、信阳、尾阳、肥阳、甲阳之类，尤无意义。至谓平安为雍州、武藏为武昌、伊豫为豫章、琵琶湖为洞庭、箱岭为玉笥、四日市为泗滨，直谜语耳。京兆本汉名，虽取义于大众，与京师不同，故宋元以来无有称京师为京兆者

---

① 国民图书株式会社编：《日本文学大系》第二十四卷，国民图书株式会社刊1928年版，第741页。

矣。东涯先生每称京兆，为之何故。又山城之与山背、伊势之与伊参、骏河之与珠流河、伯耆之与母来，或波伯、播磨之与针间、宁乐之与那罗，或奈良及楢，乙训之与弟国、缀喜之与筒城、浪速之与浪华，或难波之类，国史皆互通，然而国郡邑里之名，具列邦国之籍者，非有确垢，断不可妄更；但山川之名不可入诗赋之料者，准国史之例，易以国读可通者，宜无害已。①

村濑栲亭虽然指出，江户时代文士不顾史书惯例随心所欲地将固有地名汉化，会造成地名的混乱，但同时也指出，日本历史很多地名本来有不同的汉字表达方式，如今天的奈良，也被称为宁乐，或楢；大阪南部的浪速，也被称为浪华，或难波，这些地名都是相通的。同时他还指出，在撰写诗文时，有些"山川之名，不可入诗赋之料者"，也就是以日语读音不能直接进入汉诗文时，按照日本史书之例，改为与日语古音相通的汉风之名，也是允许的。这样的看法，还是比较全面的。

钱锺书《谈艺录》八九论诗中人名地名之效："狄奥尼修斯《属词论》首言诗中用人名地名之效。""儒贝尔论文，亦以善用人名地名为本领。""推厥心理，正复相同。斯亦诗秘通于神秘之一证也。"又说："吾国古人作诗，早窥厥旨。"②

日人写汉诗，常将日本地名进一步汉化入诗，不仅是为了让三字、四字、五字的地名缩短，以便更加适合汉诗的句式、节奏与格律，而且也是为了更好地体现地名与诗中描绘景物人情共同营造的特殊氛围，利用人名地名的联想效果和音韵效果。将古称改为略称，如今山口县古称长门国与周防国，汉化将古长门国，略称"长"，古周防国改称周，三字变成一字，便于入诗。同时，日语古称中"国"的概念，与汉诗中的"国"不相符，因而往往便改作"州"，如长门国改作长州，周防国改作周南。

在为自己的著作署名时，日本学者也会效仿中国的做法，在姓名之前冠以乡里、乡贯与姓名，都会采用"汉风"十足的方式。太宰春台《斥非》第一条便说："凡文字前后署姓名者，上无所书则已没有所书，必书乡里。如有官者，先书官，次书

---

① 村濑栲亭撰：《秋苑日涉》，石川之聚重校，居易斋原本，葛西市郎兵卫，文化四年丁卯十二月，第一卷，第12页。
② 钱锺书：《谈艺录》，中华书局1984年版，第291—292页。

乡里。若书号,则书于乡里之下。倭儒乃有但书号不书乡里者,非式也。华人弗为也。"[1]因而,熟悉这些场合汉化人名、地名与通行说法的关系,便显得十分必要了。

以下为列举部分汉诗文中常见的汉化地名,以供检阅:

| 汉化地名 | 通用地名 |
| --- | --- |
| 江州 | 古近江国,东山道之一国。今滋贺县。 |
| 河州 | 古河内国。畿内五国之一。今大阪府东南部。 |
| 尾州 | 古尾张国,今爱知县西半部。 |
| 飞州 | 飞驒国。东山道八国之一。岐阜县北部。 |
| 京 | 京都略称。又,东京略称。 |
| 北都 | 京都。 |
| 北海 | 北海道之略。 |
| 南都 | 奈良。又奈良兴福寺。 |
| 南山 | 吉野山。又,高野山。 |
| 北岭 | 比叡山。又,比叡山延历寺。 |
| 北里 | 亦作"北郭",江户城北角的江户新吉原游郭(花街柳巷)异称。 |
| 东都 | 江户。东京。 |
| 东土 | 日本。 |
| 西土 | 西方,印度和中国。 |
| 西海 | 九州岛岛地区。 |
| 西京 | 京都。又,平安京等朱雀大路以西部分。 |
| 西都 | 同"西京"。 |
| 崎阳 | 长崎。 |
| 山阳 | 山阳道略称。古代五畿七道之一。播磨、备前、备中、美作、备后、安艺、周防、长门八国。畿内西方、中国地方的 |

---

[1] 赖惟勤:《徂徕学派》,岩波书店1972年版,第140页。

| | |
|---|---|
| | 濑户内海侧一带。又,中国山地南侧地域。 |
| 山阴 | 山阴道,五畿七道之一,中国山地北侧。日本海侧的丹波、丹后、但马、因幡、伯耆、出云、石见、隐岐八国。又,山阴地方之略。中国山地北侧,面向日本海一带。 |
| 洛阳 | 特指京都。 |
| 洛外 | 京都市街外侧。 |
| 洛城 | 京都西郊外。 |
| 洛中 | 京都市街之中。 |
| 洛东 | 京都鸭川以东。 |
| 洛南 | 京都南郊外。 |
| 洛北 | 京都市街北部至北山一带。 |
| 洛京 | 京都。 |
| 浪华(浪花、浪速) | 大阪市上町台地以东地域。又,大阪。 |
| 信州 | 信浓国。东山道八国之一。今长野县。 |
| 信阳 | 信浓国南部。《空华集·赠东源详上人施信阳诗序》:"世称信阳,山峭拔而地气寒冽。" |
| 对州 | 对马国。西海岛十一国之一。长崎县北部岛屿。亦称"对"。 |
| 西对 | 对马国。 |
| 长州 | 长门国。山阳道八国之一,与周防国同在今山口县。 |
| 周南 | 周防国。山阳道八国之一,与长门国同在今山口县。 |
| 萨南 | 今鹿儿岛西南部。萨,指古萨摩、西南道十国之一。今鹿儿岛县西南部。15世纪有萨南学派,为朱子学之一学派。文明年间(1469—1487)由被召请至萨摩鹿儿岛的禅僧桂庵玄树开创,衰亡于江户时代。 |
| 阿州 | 阿波国。南海道六国之一。在今德岛县。 |
| 阿阳 | 阿波国南部。 |
| 墨水 | 亦作"濹"水。东京隅田川。"墨"日读如"隅田"。 |
| 墨东 | 亦作"濹东"。广义指东京都隅田川以东。一般指墨田、 |

| | |
|---|---|
| | 江东二区。 |
| 肥前 | 今长崎、佐贺两县。肥为古肥国之略。 |
| 肥后 | 今熊本县。肥为古肥国之略。 |
| 豫州 | 亦作予州。古伊豫国。南海道诸国之一,亦作伊余、伊与、伊予。今爱媛县。 |
| 越国 | 北陆地方古称。有越后、越前、越中、上越、信越等。 |
| 泷川 | 泷野川。在东京北区。 |
| 叡山 | 比叡山。 |
| 浓州 | 美浓。 |
| 骏州 | 东海道中的骏河道中。 |
| 江都 | 江户。 |
| 泉州 | 和泉国。泉北丘陵。和泉国为畿内五国之一。今大阪南部。 |
| 奥州 | 亦作"奥羽"。陆奥。 |
| 武州 | 武藏国之略,东海道十五国之一,今埼玉县东部,神奈川县。 |
| 武江 | 武藏国江户。 |
| 淀江 | 大阪府淀川。又,京都市地名。宇治、加茂、桂三川合流点。 |
| 叡岳 | 比叡山。 |
| 函关 | 箱根的关口。 |
| 岐苏 | 木曾。取"木曾"谐音。 |
| 富岳 | 富士山 |
| 莲岳 | 富士山。因山顶形如莲花而得名。 |
| 赞州 | 赞岐,今香川县。 |
| 雾岳 | 雾岛山。 |
| 函山 | 箱根山。 |
| 常州 | 常陆。 |
| 播州 | 播磨国。山阳道八国之一。今兵库县一部分。 |

| | |
|---|---|
| 摄州 | 摄津国。畿内五国之一。今大阪府西北部与兵库县东南部。 |
| 湘南 | 相模国南部,神奈川南部海岸一带。取"相"字谐音得名。 |
| 房州 | 安房。明治后为千叶县一部分。 |
| 淡州 | 淡路国。南海道六国之一,位于濑户内海东部的整个淡路岛。 |
| 浓州 | 亦作"美浓"。东山道八国之一。今岐阜县南部。 |
| 丰州 | 古丰国。今九州岛岛地区东北部。曾分为"丰前""丰后"。 |
| 丰前 | 明治后南部编入大分县,北部编入福冈县。 |
| 丰后 | 西海道十一国之一。古属筑紫国。今属大分县。 |
| 筑后 | 西海道十一国之一。古属筑紫国。今属福冈县。 |

# 试论二战后我国中日文化关系研究的结构性转变及其意义
## ——以原创性研究为中心[*]

胡令远

近年,对应于日本经济的持续低迷、政局的变幻莫测以及由中国的快速发展带来的中日关系的某种紧张感,人们对中日文化交流及其研究的关注度似乎趋于淡薄。小泉纯一郎执政时期可以说是个例外。因为小泉纯一郎将顽固地参拜靖国神社的行为归因于"心灵问题",所以有关日本的宗教文化及其与政治的关系问题的论辩引起了很大关注。但随着小泉纯一郎的下台,似重又归于寂寥。

但这不过是表面现象。第二次世界大战(简称"二战")后主要是1972年中日邦交恢复以后,经过30余年的持续努力,我国的中日文化关系主要指有关中日两国的文化交流、日本文化的起源与中国文化的关系,也即两国文化的"互动"等方面的研究也取得了坚定的成绩,甚至可以说蔚为大观。与此同时,创造性的突破与发展也就孕育其中。本研究试图对这一过程作一梳理与归纳,但限于篇幅,不能做全面周详的考辨,而选择以原创性研究为主题作一勾勒与分析。

## 一、从"他律"性"交流"到"自律"性"研究"
### ——主体结构的转变

由于中日关系的特殊性,二战后我国的中日文化关系研究也呈现出自己的特色。也即,它最初是由一批作为社会名流的文化精英与日本文化界的互动作

---

[*] 此文原载《日本学刊》2010年第6期,谨以此旧作纪念和缅怀敬爱的严绍璗老师。

为起点的。这种互动的背景有着政治因素,但作为文化人,虽然他们的"志业"未必是专门的中日文化研究,然而他们与日本的文学艺术工作者、学者的这种直接交流,无疑自然触动或加深了他们对日本文化的了解和理解;更何况如郭沫若、夏衍、巴金等早与日本有渊源者,如夏衍对《忠臣藏》的评论、冰心所写的《一寸法师》等,可知他们对日本文化是有研究心得的。

本研究将二战后至1972年中日邦交正常化作为第一阶段。这一时期虽长达近30年,先是中国内战,继之以全球冷战,彼时新中国与日本互为敌国,难有将日本文化作为对象予以真切研究的余裕。但同时,正因为是经历战争的国家,国民间和平的意愿也就非常强烈。如果说到二战后的中日文化关系研究,1946年即随丈夫吴文藻赴日本工作的谢冰心女士在东京大学的活动及与当时日本文化界的交往,或许可以说是我国知识界在二战后最早直接展开对日文化交流及研究活动的吧。

她在东京逗留了5年后,在临归国前,写有一篇《临别寄东大学生》的短文,其中说道:"近日里日本就要与其交战国缔结和平条约,这对我来说是比什么都欣喜的事。但是,我的国家——中国,如果按照国际法,和日本还是处于敌对状态,对日讲和会议上也没给中国一个席位。中国有句谚语:'打不断的亲,骂不断的邻。'敌对状态在中日两国人民心里早就不存在了……中国和日本是所说的唇齿相依的关系,我们的国交什么人也不能隔开。从一个中国人的立场出发,从一个教师的立场出发,我最关心的是新发展的中日两国文化和文化人的迅速交流。为什么?只有加速彻底的文化交流,两国间真正的永久的和平才有了基础。"①

事实也是如此。始于1950年代中后期的各种形式、多领域的中日间的交流有了较快的发展。但由于时代的局限,这种交流并没有也不可能立意于学术,而是为了解决当时中日间更紧迫的政治课题。文化交流的主要目的在于形成国民运动,以民促官,在反对美帝国主义的同时,实现中日邦交正常化。一方面,在这一时期的文化交流中两国国民所表现出的真诚和善意,堪称可歌可泣,在推动两国的政治关系方面成效巨大;但另一方面,双方相互的学术研究成果则可以说寥若晨星——虽然两国的文化及学术团体也多次作出过促进学术交流的相关决

---

① 宫玺编选:《冰心七十年文选》,上海文艺出版社1986年版,第616页。

议。① 据统计,这一时期的研究著作只有区区两本。② 真正具有学术含量的日本著作,大概也只能举出朱谦之的《日本的朱子学》(生活·读书·新知三联书店1958年版)、《日本的古学及阳明学》(上海人民出版社1962年版)、《日本哲学史》(生活·读书·新知三联书店1964年版)和刘及辰的《西田哲学》(商务印书馆1963年版)等。而在文学、史学界,则翻译介绍居多,且内容也失于狭窄。即便是延伸至1978年,如万峰曾指出的:"有关日本史的像样的论文也只有十多篇。"③

因之,1961年3月作为中国作家访日代表团主要成员的巴金回国后写过一篇文章,其中提到一直热情陪同他们的日本著名作家兼学者的龟井胜一郎时表示,一方面"接触到他那优美、正直的心灵,我对日本的知识界不能不充满敬意",同时又不无遗憾地说"我还没有机会拜读龟井先生的七卷选集和他关于日本知识分子的著作"。④ 当时任日本学术会议会长的茅诚司,在1955年12月3日欢迎以郭沫若为团长的中国访日科学代表团时指出:"日本和中国,无论在历史上或者地理上,都有着深切的关系。如果日本和中国没有学术的交流,这是一件遗憾的事。"⑤

这样的憾事随着中日邦交的恢复,特别是中国的改革开放而很快成为历史的烟尘。从1972年到1990年代中期的20余年,中国迎来日本研究的一个高潮期,可以说是硕果累累。其中有关中日文化关系的研究,归纳起来可以发现以下几个特征。

**(一) 随着研究的深入,一些大型的或专业、或综合的工具书相继问世**

如刘德有、马兴国主编的《中日文化交流事典》(辽宁教育出版社1992年版),李书成主编的《中国日本学文献总目录》(中国人事出版社1995年版),王长新、金峰玉主编的《日本学词典》(吉林教育出版社1990年版),稍后又有《简明日

---

① 日本中国友好协会编:《日中友好运动五十年》,东方书店2000年版,第38、74页。
② 参见中华日本学会、北京日本学研究中心编:《中国的日本研究》,社会科学文献出版社1997年版,第25页。
③ 北京日本学研究中心编:《中国日本学年鉴(1949—1990)》,科学技术文献出版社1991年版,第4页。
④ 巴金:《我们永远在一起》,《人民日报》1961年6月8日,第7版。
⑤ 参见《人民日报》1955年12月5日第1版的相关报道。

本百科全书》(中国社会科学出版社 1994 年版)和关捷、谭汝谦、李家巍主编的《中日关系全书》(全两册,辽海出版社 1999 年版)等,参与者少则数十人,多者 140 余人,可以说是集约型成果。

**(二) 由分散的单兵作战式的研究,发展为跨越校际、地区的多人合作性研究**

如以天津社会科学院、南开大学、辽宁大学的学者为核心的研究群体为日本六兴出版社撰写的"东亚中的历史"丛书,皇皇 13 卷,其中专门谈文化的有王金林《奈良文化和唐文化》、王家骅《中日儒学的比较》等。另如复旦大学日本研究中心、杭州大学日本文化研究所、华东师范大学日本研究中心合作编辑出版的"中日文化比较研究丛刊"第一辑《东亚文明的共振与环流》(上海社会科学院出版社 1996 年版),严绍璗、王家骅、王勇、刘建辉、王晓平合著的《比较文化:中国与日本》(吉林大学出版社 1996 年版)等。通过这种形式相互切磋琢磨,推动了我国中日文化关系研究的整体水平的提高。

**(三) 与日本学者通力合作,业绩显著**

其中,如由严绍璗、王勇与中西进、大庭修、源了圆等日本一流学者共同主编、中日两国诸多相关专家共同参与的"中日文化交流史大系"(10 卷)的编辑出版。该丛书的每一分卷,皆由中日两位著名学者共同担任主编,并分别在中日两国出版中文版和日文版,如:其中的《中日文化交流史大系·思想卷》,即由严绍璗与源了圆共同主编,1995 年日文版由大修馆、1996 年中文版由浙江人民出版社分别刊行。这套丛书以其鲜明的特色和学术的高水准,于 1996 年荣获亚洲太平洋出版协会颁发的"学术类图书金奖";另如由中国学者卞崇道、王守华、李今山和日本学者铃木正、竹内良知等合著的《近代日本十大哲学家》,也由上海人民出版社和东京北树出版社分别出了中文版和日文版,并获得广泛好评,被认为"填补了日本文化关系研究的空白"。[①] 这种方式,大大深化了我国的中日文化关系研究。上述所举的大型工具书的编纂,也多有日本著名学者担当实际的编辑或顾问,表现了这一时期的共同特点。

**(四) 相关国际学术合作组织的组建与活动**

如 1995 年由严绍璗(中)、中西进(日)、金泰俊(韩)发起组织的"中日韩三国

---

① 刘德有、马兴国主编:《中日文化交流事典》,辽宁教育出版社 1992 年版,第 914 页。

东亚比较文化研究国际会议"（常设学会），嗣后由三国轮流主办有关东亚文化的研讨会，一直坚持到现在。随着学会规模的不断扩大，有力地促进了对东亚文化关系的研究，为多角度、多层面展开中日文化关系研究创造了条件。

**（五）一批高水准的中日文化关系研究著作涌现**

如周一良《中日文化关系史论》曾在日本获得"片山蟠桃奖"；严安生《日本留学精神史——近代中国知识分子的轨迹》在日本获"大佛次郎奖"和"亚洲太平洋奖"；王家骅《儒家思想与日本文化》，获国家图书奖。另如李芒、叶渭渠、唐月梅等对日本文学的研究，周炎辉、刘耀武等对日本语言的研究，马兴国、贾惠萱等对日本风俗的研究，李威周、李苏平等对日本思想、哲学的研究，都取得了引人注目的成就。

若综合起来考察，与前一个时期相比，这一时期的最大变化还在于结构上的两大转变。其一，前一时期活跃于中日文化交流和研究第一线的主流人物，基本上皆属相关领域的社会名流，或与日本有某种特殊关系的人物。这里可以举出诸如郭沫若、茅盾、周扬、夏衍、楚图南等兼负有领导责任的之外，其他如文学界的巴金、老舍、冰心、欧阳予倩、阳翰笙、田汉、林林、焦菊隐、刘开渠、马思聪等，宗教界代表赵朴初、鲁迅夫人许广平，等等，而学术界的代表并不活跃。对日文化交流或研究，对于以上这些人物来说，主要是一种基于责任感的"工作"，而非"志业"所在。他们更多的是利用自身的社会影响力，用"文化"来完成"政治使命"。其二，中日邦交实现正常化以后。虽然上述人物所做的这样的工作，对于维护中日友好仍有继续的必要，但就其自身对于中日关系的重要性和紧迫性来说，与此前相比已不可同日而语，加之年龄等自然规律和经历"文化大革命"等社会原因，这些人物也就逐渐淡出了中日文化交流与研究的历史舞台。同时，随着中日关系正常化，特别是改革开放以后，大批中国人得以东渡留学或工作。这样，与前期不同，这时的中日文化交流呈现大众化、直接性强、覆盖面广的特点。尤其是随着中日文化交流的扩大和深入，在中日文化关系研究方面，出现了以此为"生存方式"和"终身志业"的一批学者，这标志着我国的对日文化交流与研究，进入了"自律发展"的轨道。前一个时期的对日文化交流包括部分中日文化关系研究，主要还是靠政府的推动这种"外力"。这种从"他律"性质的中日文化交流与研究到"自律"性展开，其间的助推因素和历史条件或如以上的简略概述，但它与中国对日文化交流与研究在两个方面的结构性转变的发生有着密切的关联，也是不争的事实。也即它的"主体"成为两个"向量"：一是由"社会精英"为主的对日文化交流变为"普罗大众"形态；二是由"社会精英"出于"工作需要"的中日文化关系研究，转为"知识精英"的"终身志业"形态。这即所谓第一时期与第二时期的最大变化之处及关联之点。

## 二、从"自律"到"自觉"
### ——深层结构的变革与突破

其实，就第二个时期的中日文化关系研究而言，虽云进入"自律轨道"，但如果细究一下的话，与前一时期在精神脉络上亦有明显相承之处。比如，一部分研究者着意于探究日本二战后迅速实现现代化背后的精神文化要素，以为我国之借鉴。这种把日本文化作为"他山之石，可以攻玉"之对象的研究，因为有较强的功利性（虽然不言而喻这对我国来说也是十分必要的），不大容易把其作为真正的"文化客体"进行检视。因为这一研究的逻辑前提是日本已经"成功"，因之"日本模式"背后的文化要素一定具有"积极意义"，现在只是把它发掘出来而已。我们来看这一时期有关日本儒学的研究，多半具有这一色彩。另外，不少有关中日文化关系的研究，依然处在传统的"影响研究""平行研究"的窠臼中。这样的研究，看似有新意，实则无突破。但即便如此，就像第一时期的中日文化关系研究那样，由于时代的局限，虽然学术性成果不多，但若无那些前辈的破冰暖身，第二个时期的中日文化关系研究的出发点和基础无疑会另当别论。同样，这一时期的中日文化关系研究虽然还有不足之处，但如前所述，毕竟有了长足的进步和较深厚的积累。这也就为我国的中日文化关系研究由"自律"走向"自觉"，创造和提供了重要的条件。

"自觉"云者，是指以不刻意追求现实功利性目标为前提，而只是把中日关系作为真正的客体对象加以研究；同时，力求通过个性化的研究，以期达成原创性研究成果并升华为理论形态。这并不是指一般意义上的一种强烈愿望，而是指一个学者在长期的学术研究过程中积累到某种节点时的心理状态、一种基于自我体认的理性的创造冲动。达到这种境界，也就预示着一个新的、创造性时代的到来。第二个时期,就孕育也可以说是内含了这样的一个时代。

本文将第二个时期与第三个时期的界限设定为1990年代中期,乃出于两种考虑。一是这一时间节点有三重复合,即日本泡沫经济崩溃后遗症开始显现、冷战结束后国际格局之重组的始动、中国进入发展的快车道而与日本的低迷恰成鲜明的对照——这三种情形的不期然重合,必然影响到中国的对日研究,中国的日本研究实际上进入了一个调整期。而对中日文化关系的研究,在意识上也有所变化,比如,重新审视和评判"日本模式"背后的文化因素的功能和作用;又如,随着中日两国实力的消长而伴生的民族主义的抬头和国民感情的复杂化,对此进行文化解读成为新课题;等等。也即,这是二战后的中日关系实际上进入一个拐点的时间。二是从本文论旨出发,主要有两个因素:其一,前已言及的1995—1996年由中日两国相关领域学者领衔、众多专家参与的具有标志性意义的合作研究成果"中日文化交流史大系"(10卷)的出版并获奖。而由于中日关系的变化,这样规模和程度的合作今后还有无可能。其二,笔者认为二战后我国关于中日文化关系研究的理论和体系建构已初步完成。

不言而喻,从二战后至1990年代中期的半个世纪,特别是中日邦交正常化和改革开放以来,我国诸多从事中日文化关系研究乃至包括更大范围意义上的日本文化研究的专家学者,如前所述,都在各自的领域中取得了很大的成绩,由此建构起我国日本文化研究的坚实基础,并有望经过努力更上一层楼。但如果说在这数十年的研究中,由"自律"而达"自觉",通过超出常人的持续不懈的努力和极具个性化的研究,以诸多的原创性研究成果,建构起具有方法论和理论体系的中国日本学,则不能不首推继周一良先生之后获得了"片山蟠桃奖"的北京大学严绍璗教授。

当历史进入21世纪,浙江工商大学日本文化研究所王勇首倡"书籍之路"的概念,"意在突破'丝绸之路'的传统思路,构建东亚文化交流的新模式"。"倡导'书籍之路'之用意,在于论证古代东亚诸国的文化交流,无论内容、形式,还是意义、影响,均有别于沟通中西的'丝绸之路'。简而言之,中国与西域的交流,主要体现在以'丝绸'为代表的物质文明层面;而中国与日本的交流,则主要体现在以'书籍'为媒介的精神文明层面。前者虽然能短暂地、表面地、局部地装点某个地区的文明景观,但很难改变某地区的文明内质;后者则可以积淀在某个民族的心灵深处,成为该民族创造文明的源泉。"①这一创意,在学理和实践层面可以说无独有偶,与严绍璗以日本为个案来解明东亚文化创造性工作深度相契合。

而待到2007年,严绍璗"花费22年的心血,往返日本30余次,造访日本100多个藏书机构,收集目前日本汉籍藏书约80%—85%,整理文献10 800余种,才得以完成付梓"②的洋洋洒洒多达350余万字的《日藏汉籍善本书录》终于问世。它的出版,对于中日两国乃至东亚和世界的文化意义是多样的,标志着严绍璗所创建的有关东亚文化存在方式的理论体系,从"终点"又回到了"原点"。这一理论体系的建构,无疑是他一生学术生涯的重要贡献。关于这一理论体系,也可以借用现时颇为流行的所谓"板块"说来表述。即其理论体系由两大"板块"构成:一是作为其基础乃至一种文化观念,同时主要作为方法论——三者合一的所谓"原典实证"主义;二是包含诸多要素的所谓文学(文化)的"发生学"理论。这两大"板块"不是割裂而是相辅相成,犹如基础与建于其上的楼阁之间的结构关系。作为第二大"板块"核心的"发生学"理论,如果用一个未必完全合适的图式来表示的话,其主要和关键要素如下:

"文化语境"(Culture Context)即"文化场"(The Field of Culture)含三个层面:(1) 显现出本民族的文化积淀与文化特征;(2) 显现出与异民族文化的抗争与融合;(3) 显现出人类思维与认识的共性→文化传递过程中"不正确理解"(主体将"事实的文化"变成自己所理解的"描述的文化"的现象,即对文本的所谓"误读")的普遍存在→"中间媒体"(异质文化"嬗变"为本土文化因子的过渡形态)→文学(文化)的变异体。

以上是有关"发生学"理论构成的一些重要或关键要素的解读,而对于这一理论的整体,严绍璗指出:"文学的发生学,是关于文学生成的理论。……文学的发生学更加关注文学内在运行的机制,从而阐明每一种文学文本之所以成为一种独特的文学样式的内在逻辑。"③

诚如周阅所指出的那样,在30年的学术生涯中,严绍璗"不但系统地揭示了

---

① 王勇:《鉴真东渡与书籍之路》,王勇主编:《书籍之路与文化交流》,上海辞书出版社2009年版,第3、4页。
② 周阅:《严绍璗先生的东亚文学关系与日本中国学研究》,张哲俊主编:《严绍璗学术研究》,北京大学出版社2010年版,第28页。
③ 严绍璗:《"文化语境"与"变异体"以及文学的发生学》,《中国比较文学》2000年第3期,第2页。

东亚文学与文化的历史联系及各自的民族特征,阐明了形成各自复杂联系的文学与文化的内在运行机制,而且在此基础上进行理论的概括和提升,建构了关于理解文学与文化'变异体'本质并探明其生成过程及传播路径的、具有高度学理性的'发生学'理论体系"①。

那么,这一"发生学"理论体系创建的原点与路径何在呢?解明这一点应该说并不困难。只要我们做一下严绍璗学术生涯的追本溯源工作就可以达成,因为这一理论来源于他的学术实践的感悟和学理思考。比如,这一理论的起点在于所谓"语境"说,虽然"变异体"是最关键的概念,但在整个体系的连接中,它无疑只是一个逻辑结果——虽然过程也许是复杂的。而多层次的"语境",是我们解析文学文本或文化现象的关键一步。试想,当他以学术研究的目光来阅读日本的神话、小说、和歌等时,应该是在怎样的一种"语境"之中呢?那无疑应该是一个刘勰所谓"思接千里"的境界,除了悟性之外,应该是一个充分调动储存的知识宝库的状态。而这正是其"强项",既来源于北京大学中文系古典文献学的专业训练和英、日外语的修习,也来源于北大深厚的人文社科资源……可以说,严绍璗与日本古代和文化的对话,其起点是很高的,基础是深厚的。因而在获得研究业绩的同时,也感悟出其中的规律性东西。尤其是专业训练所带来的重原典、不尚空言,不仅使其研究成果言之有物有据,具厚重感,而且作为一种观念和方法论,重视本源的东西,也就使学术及理论的原创,内化为一种自觉要求。而皇皇数百万字的《日藏汉籍善本书录》的编纂,其理念与精神,不仅与学术研究相始终,也与其理念建构深层相契合。不揣冒昧地说,它们所体现的,可以用中国传统哲学的"一"作为命题,也即把原点和本然作为学术研究的出发点和归宿。

以中日文学与文化关系为案例所开创的文学(文化)"发生学"的理论体系及"原典实证"的方法论,从二战后我国的中日文化关系研究的视角来评价的话,可以说它给我国的上述研究在理念、方法、意识等深层精神结构予以很大刺激。在观念上,这一体系把既往的对东亚文学与文化的研究,从第一个时期的"经验感知",第二个时期的"双边研究""影响研究""平行研究"等升华为"理性解析"。如果说,由第一个时期到第二个时期的"结构性"转变,主要体现在作为"人"——准

---

① 周阅:《严绍璗先生的东亚文学关系与日本中国学研究》,张哲俊主编:《严绍璗学术研究》,北京大学出版社2010年版,第17页。

确地说,是从业"主体"的变化,那么,从第二个时期到第三个时期的"结构性"变化,则在于理念、意识等深层次的变化。

## 三、推动我国中日文化关系研究进一步发展

我国的日本研究,当然也包括中日文化关系研究,已经到了要加以深入总结和再出发的节点。2010年9月在香港大学成立了中华日本学研究协会,其主要目的之一,即是要把我国二战后积累至今的日本研究作一梳理总结,从中筛选出原创性的代表性著作或论文,用英文发表。这倒并非是西方中心主义作祟,而是用这种方式,让我们的优秀成果在更大的空间传播,以期成为与世界共享的精神产品,从而带动更多更广的学术交流,使我国的日本研究水平有更大的提升。

回过头来审视半个世纪以来我国的对日研究,就文化一面,堪称有独创性的、在世界范围内有重大影响的成果,客观地说还不是很多。前已言及,在前首相小泉纯一郎于任期内一而再、再而三地顽固坚持参拜靖国神社,并声称这是"心灵问题"时,我国国内一再再版的是本尼迪克特的《菊与刀》,甚至是戴季陶的《日本论》,也很能说明问题所在。尽管如此,二战后所发生的两次由表及里的结构性变化,确也使我们看到了希望。特别像严绍璗在理论方面的创新,是具有重大意义的历史性突破,应予以及时总结和评价,并在更深更广的层面上向世界介绍和推出。当然,就目前来讲,如有的学者所指出的,严绍璗的创新研究,还限于"发生学",由此而及于"形态学"的原创性解析,还有待于拓展。

此外,民族文化的发展离不开文化批评,而文化批评尤需理论的支撑。如严绍璗对于日本不少文学、文化史家力图"纯化"日本文化的做法,以厚重详瞻的史料和高屋建瓴的理论给予批评和纠谬,对于还原日本文化的本来面貌,正确认识和对待两国文化关系,起到很大的推动作用。再如,前已言及的严绍璗花费20余年心血在日本寻访作为文化载体、对日本文化的"发生"和"变异"具有特别意义的中国典籍。在谈及于日本国家公文书馆访"国宝"时,他回忆道:"日本的有识之士把'汉籍文献'作为'日本公文'储藏于'书馆',在逻辑关系上似乎有些龃龉,但细想起来,实在是表征了中日文化关系史上一个最基本的事实——即在漫长的文明进程中,中国文献典籍所内具的文化特征与文化品格,已经熔铸在日本

社会的各个层面之中,成为日本文明的材料。故而把'汉籍文献'作为'日本公文',上至于日本国会,下至于黎民百姓,从未见过有什么质疑和反对。"但严先生笔锋一转,严肃指出:"近十数年来,日本知识界中'国家主义'有些猖獗,一种被称为'海洋日本文明论'(Concept of Oceanic Japanese Civilization)的论说,在电视、报章杂志和出版物中,甚嚣尘上。此种'海洋日本文明论'认为,日本作为海洋国家,具有独特的文明与文明形成的轨迹。他们认为,两千年来日本的历史就是摆脱'中国化'的'脱亚'的历史。'海洋日本文明论'的核心,就是彻底否认以中国华夏文化为核心的亚洲大陆文化曾经是日本文明的摇篮之一的根本事实。使人奇怪不解的是,既然'日本国家公文书馆'是把中国文化的主要载体'汉籍'作为'日本国家'的'公文'来处置和保藏的,那么,倡导所谓两千年来日本的历史就是摆脱'中国化'的'脱亚'的历史这种狂妄而又无知的论说的先生们,将怎样面对我身后这座浑厚的钢筋水泥建筑中储藏的文献所内含的历史文化意义呢?"[1]他的诘问是有力的,就像屹立在他身后的这座浑厚的建筑物。

可以说,无论是文学(文化)"发生学"理论体系,还是"原典实证"方法论,皆为文化批评之利器。其对于文化、文明的准确认识和理解,并在此前提下推动民族文化和地区文明的健康发展所起的积极作用,是毋庸置疑的。

最后,本文所述三个时期发生的"结构性"转变,对未来我国于中日文化关系研究所昭示的意义,一方面使我们"朝惕夕厉",另一方面也使我们充满期待和信心。

---

[1] 严绍璗:《日本藏汉籍珍本追踪纪实严绍璗海外访书志》,上海古籍出版社2005年版,第153—154页。

# 从传说到史实
## ——东亚书籍之路的开启

王 勇

## 引 言

人类文明的传播,大抵依赖"人"与"物"负载,这是毋庸置疑的;至于负载体之"物",因负载不同类型的文明,可大致为"物质""技术""精神"诸层面。

举个浅显的例子:大约在秦汉时期,以"丝绸"为象征的物质文明,在东西文明交汇中独领风骚,形成历史上著名的"丝绸之路",改变了沿线国家的文明景观;迨至魏晋南北朝时期,以"蚕桑"为代表的技术文明,随着民族迁徙而传播到周边国家,日本史籍称之为"养蚕之道"[1],推动了这些国家生产力的大幅度提升;到了隋唐时代,"书籍"作为精神文明的结晶,负载着法律制度、伦理道德、文学素养、审美情趣等风靡整个东亚,笔者将其命名为"书籍之路"[2],成功重塑了周边民族的精神世界。

世界各地的文明内质既然存在各种差异,那么文化交流的形式也就不可能划一雷同。当西方人坚信丝绸是从"羊毛树"上采集而来时,日本列岛的先民已经开始养蚕植桑,生产丝绸了。追溯中日古代历史,从根本上影响日本文明进程

---

[1] 《日本书纪》卷一:"于时天照大神……口里含茧,便得抽丝,自此始有养蚕之道焉。"日本天皇的始祖天照大神即是位养蚕织女,从某种意义上说,日本文明亦起步于"养蚕之道"。

[2] 关涉书籍之路的论述,参见以下著述:王勇、大庭修编:《中日文化交流史大系・典籍卷》(浙江人民出版社1996年版),王勇、久保田秀夫编:《奈良・平安期の日中文化交流——ブックロードの视点から—》(农文协出版社2001年版),王勇:《"丝绸之路"与"书籍之路"》(《浙江大学学报》2003年第5期),王勇等著:《中日"书籍之路"研究》(北京图书馆出版社2003年版),王勇著:《書物の中日交流史》(国际文化工房2005年版),王勇编:《书籍之路与文化交流》(上海辞书出版社2009年版),王勇编:《东亚坐标中的书籍之路研究》(中国书籍出版社2013年版),王勇著:《奈良・平安期のブックロード》(大樟树出版社2018年版)。

的,既不是丝绸也不是陶瓷,而是当时西方人或许不屑一顾的书籍。

毋庸置疑,以"丝绸"为焦点,探讨东西文化交汇,证明是行之有效的方法;那么,以"书籍"为线索,考察中日乃至东亚文化交流,也许不失为一种有益的尝试。

## 一、徐福赍书说

中国书籍之东传,究竟始于何时?往古的传闻虚实参半,需作一番认真的辨伪。如殷亡周兴,箕子远走朝鲜半岛,朝鲜史书《增补文献通考》(艺文志)说:"箕子率中国五千人入朝鲜,其《诗》《书》《礼》《乐》、医巫、阴阳、卜筮之流,皆从焉。"意思是说,"六经"中的《诗经》《尚书》《礼记》《乐经》等皆随箕子东行传至朝鲜,尤其是秦火后不传的《乐经》,反映出后世"礼失求诸野"的念想,不可全视作信史。

从地理位置或空间距离来看,中国书籍传至日本列岛,时间上应该晚于朝鲜半岛。秦汉之际的徐福传说,便从这段历史中衍生出来。在《史记》《海内十洲记》等古籍中,徐福(一作"市")为齐人,假言为秦始皇访求长生不老仙药,率童男童女数千,携带"五谷""百工"等,乘楼船入海,"得平原广泽,止王不来"①。

这段逸事为后世津津乐道,好事者不断添枝加叶,传说的舞台从《史记》的"平原广泽",转换为《后汉书》(东鳀人传)、《三国志》(孙权传)的"夷洲"及"亶洲"等,至隋唐五代已经延伸到日本②。

---

① 《史记》(淮南衡山列传):"又使徐福入海求神异物,还,为伪辞曰:'臣见海中大神,言曰:汝西皇之使邪?臣答曰:然。汝何求?曰:愿请延年益寿药。神曰:汝秦王之礼薄,得观而不得取。即从臣东南至蓬莱山,见芝成宫阙;有使者,铜色而龙形,光上照天。于是臣再拜,问曰:宜何资以献?神曰:以令名男子,若振女与百工之事,即得之矣。'秦皇帝大悦,遣振男女三千人,资之五谷、种种百工而行。徐福得平原广泽,止王不来。"

② 《隋书》(倭国传)记载裴世清在日本沿途见闻:"又东至秦王国,其人同于华夏,以为夷洲,疑不能明也。"薛俊《日本考略》(沿革考)云:"先秦时,遣方士徐福将童男女数千人入海求仙,不得,惧诛止夷、澶二洲,号秦王国,属倭奴。"到了唐代,中日交往日趋频繁,人们发现日本的文物制度类似中国,颇存上古遗风,于是将徐福东渡之地锁定为日本。元和元年(806)三月,入唐僧空海回国途经越州,鸿渐《送空海上人朝谒后帰日本国》云:"禅居一海隔,乡路祖州东。到国宣周礼,朝天得僧风。山冥鱼梵远,日正蜃楼空。人至非徐福,何由寄信通。"这大概是文献所见"祖洲""徐福""日本"诸意象结合的最早的史料。此外,五代义楚《释氏六帖》载:"日本国亦名倭国,在东海中。秦时,徐福将五百童男、五百童女止此国,今人物一如长安。……又东北千余里,有山名富士,亦名蓬莱。其山峻,三面是海,一朵上耸,顶有火烟;日中,上有诸宝流下,夜则却止,常闻音乐。徐福止此,谓蓬莱。至今,子孙皆曰秦氏。"《释氏六帖》上述说法便得自日本醍醐时代僧人宽辅。此人是真言宗高僧,法号弘顺大师,公元927年来到中国,与义楚交往甚厚。

在此过程中,徐福被塑造成不亚于箕子的文明传播使者,他不仅率领"百工"、携带"五谷",而且也如箕子教化朝鲜那样,把大量中国先秦典籍传播至日本。徐福凿空书籍东传之路的传说,在波澜壮阔的徐福传说中形成较晚,虽然较之箕子赍书入朝鲜要早,但目前似乎只能上溯到北宋时期。

太平兴国八年(983),日本东大寺僧奝然入宋,翌年赴开封向太宗献《本国职员令》《王年代纪》及中国珍籍《孝经新义》《孝经郑氏注》等,令朝野为之刮目。在这种时代氛围下,宋代的徐福传说又添枝节,将"焚书坑儒"与汉籍东传牵系在一起,衍生出徐福赍书东渡的情节,事见欧阳修(1007—1073)的《日本刀歌》。

这是一首传说与现实交映的名诗,每四联自成一节。第一节从西方的"切玉"宝刀传说,过渡到"越贾得之沧海东",作者描述宝刀的材质、装饰、功效甚详,似乎亲见其物;第二节叙"卯童""百工""五种"随徐福而往,皆承袭《史记》以来说法,而"至今玩器皆精巧""士人往往工词藻",则反映出11世纪宋人对日本的认知。需要特别关注的是第三节如下四联:

> 徐福行时书未焚,逸书百篇今尚存。
> 令严不许传中国,举世无人识古文。
> 先王大典藏蛮貊,沧波浩荡无通津。
> 令人感激坐流涕,锈涩短刀何足云。

大意是徐福东渡在"焚书"之前,随身携带的"逸书百篇"(即《尚书》)得以留存日本;然而日本严禁此书回传中国,因此世人无缘得睹古本;想到"先王大典"失落海外,这把宝刀反而引发无限伤感。

自五代吴越国以来,中国佚书络绎从高丽、日本回传[①],在此背景下催生的"徐福赍书说",对后世影响颇大。1339年日本南朝重臣北畠亲房著《神皇正统记》,即将上述传说目为信史。他在书中写道:

> 第七代孝灵天皇……三十六年,岁在丙午,周灭秦兴。四十五年乙卯,

---

① 王勇:《吴越国海外求书缘起考》,王勇等著:《中日"书籍之路"研究》,北京图书馆出版社2003年版,第146—171页。

秦始皇即位。始皇好仙,求长生不老之药于日本;日本则求五帝三王遗书于彼国,始皇悉数予之。其后三十五年,彼国焚书坑儒,孔子全经唯存日本矣。

江户时代儒医橘南溪(1754—1806)著有《西游记续编》一书,认为徐福一行在日本熊野登陆,当地的新宫、本宫至今仍称蓬莱山,宫内神宝中藏有先秦文书,新宫附近筑有徐福墓等①。

徐福赍书说,是徐福传说衍变中的一个历史环节。近藤杢在《关于江户初期以前儒典的传来与刊行》(《斯文》17—4)一文中,对其形成轨迹归纳如下:

《史记》徐福"入海说",一转而为"渡日说",事见后周义楚的《释氏六帖》;再转而为"赍书说",直至为宋欧阳修的《日本刀歌》所咏。

《日本刀歌》在中国的反响,比之日本更为强烈。宋人汤东涧为诗作跋,提到一桩逸事:日本僧俊芿(1166—1227)来华,见六经之本不同,归而模写其国传本,遣弟子渡海以赠吴越知旧,惜海途覆舟失人,因谓"此书不当入中国"②。如此说来,宋代相信徐福所携古本幸存海外者,并非欧阳修一人。

宋元之际的马端临(1254—1324)以治学严谨著称,论及此诗,一句"可叹也,亦可疑也",尚未盲信③。至元代,谢应芳(1296—1392)《送僧题日本》云:"往来尔国远秦火,六籍不随埃烬零。愿言传写遗全璧,一洗鱼鲁开群盲。"④深信先秦经书随徐福东渡,期待日本僧人完璧归赵。明丰坊之父丰熙,出家藏《古书世本》,自称是"箕子朝鲜本""徐市倭国本",成为明清时代扑朔迷离的一个公案。

综上所述,在漫长的时间川流中逐渐沉积而成的徐福传说,从某种意义上讲,是中日两国人民历时千余年共同创作的一部巨型史诗。它从一个侧面折射出中日文化交流的悠久历史。这一传说所涵盖的内容,不可能全部是客观史实,

---

① 橘南溪:《西游记续编》卷三"徐福"条。
② 盛如梓:《庶斋老学丛谈》卷上。
③ 马端临:《文献通考》卷一七七。
④ 《四部丛刊》所收《龟巢稿》(卷十)。元人杨维桢(1296—1370)《送僧归日本》亦云:"我欲东夷访文献,归来中土校全经。"诗出《铁崖集》,此转引自《邻交征书》二篇卷之二。又明人杨慎则感叹:"由此观之,则《尚书》全文日本国尚有之也。"见杨慎《丹铅余录·总录》卷十二《外国书》。

但至少是历史的真实。举例说,徐福所止之地,已成千古不解之谜,但公元前3世纪以降,曾有移民集团渡海东迁日本列岛,却是无可置疑的历史事实。同样,徐福赍书一节,疑点甚多,显为后世伪托,但是如果我们撇开具体的人物,便可以大胆推断:秦人移民集团在传播水稻技术和金属文化的同时,必定把中国文化的载体——汉文书籍亦携往日本。

## 二、神功掠书说

《怀风藻》是日本现存最古的一部汉诗集,成书于天平胜宝三年(751),编者不详,或为淡海三船。全书共收汉诗118首,诗风明显受六朝、初唐诗影响。此诗集《序》以四六骈俪文写成,追叙古代文明开化的一幕,言简意赅,兹录如下:

> 遐听前修,遐观载籍。袭山降跸之世,橿原建邦之时,天造草创,人文未作。至于神后征坎,品帝乘乾,百济入朝,启龙编于马厩;高丽上表,图乌册于鸟文。王仁始导蒙于轻岛,辰尔终敷教于译田,遂使俗渐洙泗之风,人趋齐鲁之学。

作者通过"遐听前修,遐观载籍",相信天孙降临(袭山降跸)、神武东征(橿原建邦)之时,日本列岛尚处于"天造草创,人文未作"状态。然而,经"神后征坎,品帝乘乾"之世,则出现"俗渐洙泗之风,人趋齐鲁之学"盛况。

我们不仅要问:这种繁荣的文明局面,究竟由谁一手缔造?开拓于哪个时代?具体地说,"神后征坎""品帝乘乾"发生于何时?"百济入朝""高丽上表"是什么事件?"王仁""辰尔"又是何等人物?

两汉之际佛教从印度传入中国,公元384年胡僧摩罗难陀自东晋入百济,枕流王延之入宫奉若贵宾,《三国史记》说"佛法始于此"。尔后又经150多年,佛教从百济传入日本,终于完成漫长的东传历程[①]。

《日本书纪》(卷十九)钦明天皇十三年(壬申年,552)十月条,描述了佛教传

---

[①] 关于佛教传入日本的经路,《隋书》(倭国传)明载:"敬佛法,于百济求得佛经,始有文字。"

入日本的最初一幕：百济圣明王遣使献"释迦佛金铜像一躯、幡盖若干、经论若干卷"，并付表称颂佛法"于诸法中最为殊胜……周公、孔子尚不能知"，天皇闻之大喜，说"朕从昔来，未曾得闻如是微妙之法"。

从百济王的赞颂表文推之，佛教东传日本之际，"周公、孔子"已为日本皇室所知，因而儒学应该在此前传入倭国。那么儒教及相关书籍，究竟于何时首传倭国的呢？《怀风藻》提到"神后征坎"，"坎"与"韩"不仅音通（日语均读若"KAN"），且系《易》八卦之一，当三韩所处之正北方，所以指神功皇后征三韩。然此事与书籍东传、倭国开化有何关联呢？

据《日本书纪》神功皇后摄政前纪（仲哀天皇九年）十月条载，神功皇后率船队扬帆出征朝鲜半岛，新罗王"素旆而自服，素组以面缚，封图籍降于王船之前"，高句丽、百济闻皇后入新罗"封重宝府库，收图籍文书"，相继表示"从今以后，永称西蕃，不绝朝贡"。

神功皇后出征三韩的最初动机，显然为了掠夺财富和扩张领土。《古事记》借神言谕示皇后："西方有国，金银为本，目之炎耀，种种珍宝，多在其国。吾今归赐其国。"《日本书纪》亦见"振兵甲而渡险流，整舻船以求财土"之言。文明程度的高低与军事力量的强弱，在世界古代史中屡呈反比。野蛮民族往往通过掠夺性战争，一方面对文明地区造成严重破坏，另一方面又在文明冲击下逐渐开化。倭国入侵朝鲜亦未脱其例：他们既肆意抢掠"重宝府库"，又苦心搜罗"图籍文书"，从而使其文明进程又迈出一大步。

由于图籍文书是思想文化的重要载体，故江户时代以来，一部分学者把神功皇后征韩，视作中国书籍东传之始。如松下见林（1637—1703）在《本朝学源》中推断："住吉大神美彼国，令神功皇后平定，以授应神天皇，当斯之时，三韩文献都归本朝。"伊地知季安（1782—1867）在《汉学纪原》中说得更为肯定："海西书籍之入国朝，盖应首乎皇后亲征新罗所收还本也。"谷川士清在《日本书纪通证》（1747）中，把"文书"解释为"经史百家之言"，认为"盖此时既来于我邦也明矣"。

《怀风藻》将"神后征坎"视为本国文明开化之最早契机，很显然关注到了"收图籍文书"的举措，也就是说"图籍文书"的传播是开启文明新纪元的标志。倭国从贪婪物质财富到索取精神文化，具有一定的事实根据，也符合文明进化的一般规律。然而事情发生在仲哀天皇九年（200），就与史实有些龃龉了。关于《日本书纪》的纪年,从江户时代开始即有学者疑之,尤以那珂通世(1851—1908)的考证最为精详。经与朝鲜古史比照,神功、应神二代比实际纪年提前约两个甲子(120年)以上。

神功皇后征韩的时间,目前无法精确考定。大致推断,此事应该发生于4世纪中叶前后,大略相当于中国的东晋时期(317—420)。到了4世纪末,倭在朝鲜南部称霸一时,先后将新罗、百济纳入势力范围,从而与图谋南下的高句丽形成正面冲突。现存吉林省集安县内的《好太王碑》,记录了这一时期倭兵渡海破百济、新罗,其后高句丽好太王(374—413)率大军数败倭寇的事迹。这块碑文与《日本书纪》的皇后征韩记事,恰可互为佐证。

奈良时代成书的《怀风藻》,追忆文明开化历史时,首先提到"神后征坎",折射此事历4个世纪后,已然成为文化人的某种共识。如《万叶集》(卷五)收录山上忆良"镇怀石之歌",说的是神功皇后身怀皇子(应神天皇),渡海亲征新罗,为推迟分娩,腰悬两石镇胎云云。此歌作于天平元年(729),当时镇怀石立于伊都县道侧。

虽然我们无法确定,神功皇后是否历史上实有其人;也无法具体考证,哪些书籍被倭人掠夺回国。但是,4世纪中叶前后,朝鲜半岛局势混乱,高句丽、新罗、百济逐鹿争雄,倭国在此期间出兵海外,迅速扩张势力,应该是毫无疑问的事实。

回到主题,具有象征意义的"神后征坎",本意当在垂涎财富与领土,可事实上不可避免地演变成一场文化掠夺。据《日本书纪》记载,神功皇后凯旋归国时,仅从新罗一地就获战利品80船,其中肯定夹有"图籍文书"之类的书籍,这是否意味着书籍之路的开启呢?笔者的回答是有所保留的。

本文所要讨论的书籍之路,是把书籍传播视为文化的流动形式,即是一种文化对另一种文化的影响过程。从文化交流的角度视之,神功皇后"掠书说"纵然实有其事,但倭国在4世纪时汉字尚未普及到一定程度,更遑论很少有人能读懂书籍。在此情况下,书籍也仅仅是个摆设或象征,未能对倭国文化形成实质性影响。所以,这仅仅是书籍东传之滥觞,而书籍之路的开启,必须等待此后的"品帝乘乾"。

## 三、王仁献书说

神功皇后在位69年而卒,第四子应神登基继位,是为日本历史上第十六代天皇。这就是《怀风藻》所说的"品帝乘乾"①,按照《日本书纪》的纪年为公元270年。如前所述,实际时间应该不早于4世纪末期,时值东晋晚期,朝鲜半岛局势极度不稳。

据《三国史记》(百济本纪)记载,阿莘王于392年继位,次年(393)开始频频挑战高句丽,395年惨败于浿水,397年"王与倭国结好,以太子腆支为质"。对百济来说,为了与强敌高句丽周旋,同时提防宿敌新罗趁机偷袭,与倭国结盟甚至入质,实是无奈之举。对倭国而言,在半岛几番进退,切身感受到彼此之间巨大的文明落差,迫使倭王宁可牺牲物质利益,以换取文化输入。

具体地说,"神功征坎"一役,倭国将新罗王室的"图籍文书"席卷而归,但却没有能力去读懂、消化这些书籍,于是从百济招请专家成为当务之急。诚如牧野谦次郎在《日本汉学史》所言:"遂征新罗而入其国都,封重宝府库、收图籍文书凯旋而归,盖此一役为经籍传入我国之滥觞,使我国文化一跃迈入文明开化。其年更遣荒田别等使百济,恐为当时无人能读经籍,而特聘其国识者。"②

据《日本书纪》记载,百济派遣为倭皇室启蒙的文化使节,滥觞于应神天皇十五年八月六日抵达倭国的阿直岐。此人虽以贡献良马之名目来到日本,但因他"亦能读经典",所以被日本皇室聘请为太子的教师,其子孙繁衍为执掌文书记录的"史部"集团③。

《怀风藻》所说的"百济入朝,启龙编于马厩",便是指这段史事。"马厩"即阿直岐饲养贡马之处,借指阿直岐生活与工作之所,在此开启"龙编"④,是为太子菟道稚郎子启蒙。阿直岐用以启蒙太子菟道稚郎子的"龙编",与《日本书纪》中的"经典"应该同义,主要包括四书五经之类的儒学典籍。朝鲜史书《海东绎史》(韩致奫,1923年),列出一个具体书目:

---

① 应神天皇名"誉田(honda)",日语"品""誉"同音,故"品帝"指"誉田",即应神天皇。"乾"为《易》中的"天",所谓"乘乾"喻指登基继位。
② 牧野谦次郎述、三浦叶笔记:《日本汉学史》,世界堂书店1938年版。
③ 《日本书纪》应神天皇十五年八月六日条:"百济王遣阿直岐贡良马二匹,即养于轻坂上厩。因以阿直岐令掌饲。故号其养马之处曰厩坂也。阿直岐亦能读经典,即太子菟道稚郎子师焉。……阿直岐者,阿直岐史之始祖也。"
④ 龙编:一般指龙宫的经藏,多用于佛教经书。如唐人王勃《梓州通泉县惠普寺碑》:"彩帙瑶箱,龙编月久。"蒋清翊注云:"经有出于龙宫者,故曰龙编,犹今言龙藏矣。"也有指其他书籍的,如唐人司空图《复安南碑》:"中权令峻,按虎节以风生;上将策奇,指龙编而天落。"此处当作兵书解。

> 应神十五年秋十月丁卯,百济王遣使阿直岐者,贡《易经》《孝经》《论语》《山海经》及良马二匹。阿直岐能通经典。

这是后人的揣测,不足为信史。然而,阿直岐既为太子之师,又被崇为"史"(专事文书工作)之祖,随身携带并习得一些儒教经典,也在情理之中。

关于阿直岐其人其事的虚实真伪,学术界一直存在争议。如笠井倭人认为,《古事记》《日本书纪》所载应神天皇治世来自百济的阿直岐、王仁等,皆系编者为附会神功征三韩传说而杜撰,不能视为确定他们赴倭时间的可信史料[1]。反之,也有人认为阿直岐不仅在历史上实有其人,而且就是入倭为质的百济太子腆支王。

阿直岐抵达倭国的次年,即《日本书纪》应神十六年是岁条,有如下记载:"百济阿花王薨。天皇召直支王,谓之曰:'汝返于国以嗣位。'仍且赐东韩之地而遣之。"上述记事系于"乙巳",按《日本书纪》纪年为285年。查朝鲜史书《三国史记》,百济阿莘王十四年(405)载"秋九月,王薨",其年亦当"乙巳",两者干支相同。《日本书纪》的"阿花王"即《三国史记》的阿莘王[2],其薨于乙巳年(405),则阿直岐、王仁赴日年次皆可考定。

《日本书纪》应神十五年八月六日条,即阿直岐朝贡记事的后半段,即紧接着"阿直岐亦能读经典,即太子菟道稚郎子师焉"之后,天皇和阿直岐有如下一段对话。天皇问:"有无学识超过你的博士?"阿直岐回答:"有。王仁非常优秀。"于是天皇遣使百济,招聘王仁赴日任教[3]。

天皇既然求"胜汝博士",可以理解为太子已尽得阿直岐所传,所以需要更高明的学者;阿直岐举荐王仁,或许跟回国在即、找人接替有关,这使人联想到次年百济太子直支王回国继位事。不管怎样,天皇派专使前往百济"征王仁",其结果在《日本书纪》应神十六年(推定406年)二月条中有交待:

> 王仁来之,则太子菟道稚郎子师之,习诸典籍于王仁,莫不通达。所谓

---

[1] 井上秀行编:《セミナー日朝関係史Ⅰ》,樱枫社1969年版,第74页。
[2] 《三国史记》(百济本纪)阿莘王元年条说"阿莘王(或云阿芳)",《三国史记》(年表)又云"莘"为"华"之讹。"芳"与"华"义近,推测应为"阿华王",《三国史记》的"莘"为讹字,《日本书纪》的"花"为异体字。
[3] 《日本书纪》应神天皇十五年八月六日条:"于是天皇问阿直岐曰:'如胜汝博士亦有耶?'对曰:'有王仁者,是秀也。'时遣上毛野君祖荒田别、巫别于百济,仍征王仁也。"

> 王仁者,是书首等之始祖也。

太子菟道稚郎子拜王仁为师,即《怀风藻》所云"王仁始导蒙于轻岛"。应神天皇居住的皇宫称"轻岛丰明宫",王仁在此教授太子,所以说"导蒙于轻岛",这比阿直岐在马厩授徒,教育制度及设施更趋完备了。太子随王仁"习诸典籍",而且"莫不通达"。一个"诸"字挑明典籍不是一种或少数,但未说明是什么书籍。然而,《古事记》则记载稍详,即"《论语》十卷、《千字文》一卷,并十一卷"①。

《古事记》不仅明示书名,而且标出卷数,这条记载遂成为后世学者确定汉字及汉籍东传的重要依据。本居宣长在《古事记传》中写道:

> 西土文字东传之嚆矢,《古事记》作应神天皇御代百济遣和迩吉师贡《论语》和《千字文》,当为是时。且《怀风藻·序》等亦见其旨,奈良时代必如此传闻。在此之前,尽管也有外国人……迁来,然书籍并未传来。

"王仁献书说",大致反映了5世纪初儒学书籍东传的某些史实,但《古事记》的这条记载,我们也不能不加以分析地全部目为事实。举例说,《千字文》作者周兴嗣卒于梁普通二年(521),如果信从《日本书纪》与《古事记》的记载,这部书在著者去世前百余年就已传到东邻,这显然不符合实际情况。

## 四、《千字文》之谜

《千字文》经由百济传入日本一事,关乎中日书籍之路开启的关键时间节点,因此有必要梳理其传播之脉络、辨明其事实之真伪。

首先,关于《千字文》的成书背景,唐代李绰《尚书故实》、韦绚《刘宾客嘉话录》等皆有载录,兹引《尚书故实》如下:

> 梁武教诸王书,令殷铁石于大王书中拓一千字不重者,每字片纸,杂碎

---

① 《古事记》:"又科赐百济国,若有贤人者贡上。故受命以贡上人,名和迩吉师。即《论语》十卷、《千字文》一卷,并十一卷,付是人即贡进。"

无序。武帝召兴嗣谓曰:"卿有才思,为我韵之。"兴嗣一夕编缀进上,鬓发皆白,而赏赐甚厚。

这则记事包含诸多信息:(1)事情发生在梁武帝治世,梁武帝于公元502年即位,周兴嗣死于537年,则《千字文》成书于502—537年;(2)编撰的目的是梁武帝为了"教诸王书",即出发点是为皇室子弟启蒙;(3)最初殷铁石奉敕从王羲之书法中集字一千,仅供习字,并不连贯;(4)周兴嗣再奉命"韵之",使之文意连贯、音韵生动。

唐人武平一《徐氏法书记》也有一段相关记载:"梁大同中,武帝敕周兴嗣撰《千字文》,使殷铁石模次羲之之迹,以赐八王。"值得注意的是,武平一认为事情发生在梁大同年间(535—546),则《千字文》成书时间可以框定在535—537年。

百济国王遣使向日本传送《千字文》一事,成书于712年的日本史书《古事记》(中卷)是这样记载的:

亦百济国主照古王以牡马一匹、牝马一匹付阿知吉师以贡上(此阿知吉师者,阿直史等之祖)。亦贡上横刀及大镜。又科赐百济国,若有贤人者贡上。故受命以贡上人,名和迩吉师。即《论语》十卷、《千字文》一卷,并十一卷,付是人即贡进(此和迩吉者,文首等祖)。

上文中出现的几个人名,"阿知吉师"与"和迩吉师"分别对应《日本书纪》应神天皇治世来自百济的"阿直岐"与"王仁",他们分别被奉为"史"与"文"的始祖,其首传文化之功毋庸置疑;百济国主"照古王",比对朝鲜史书《三国史记》,即"近肖古王"(346—375)。无论是应神天皇治世,还是近肖古王在位期间,时间均远早于周兴嗣奉命次韵《千字文》。

由于《千字文》成书晚于东传日本约半个世纪,于是就出现了各种猜测。一种观点认为《古事记》《日本书纪》把后世之事误记入前史,其纪年不可信;另一种观点主张王仁传入日本的是钟繇的《千字文》,而非周兴嗣的《千字文》;近来韩国学者提出"百济版《千字文》说"①,推测百济时期根据中国传入的《千字文》加以

---

① 李孝善:《韩国〈千字文〉书志》,《历史文化社会论讲座纪要》2013年第10期。

再创作,并由王仁带入日本。众说纷纭,莫衷一是。

我们换一个角度,从《千字文》的注本寻找突破口。《日本国见在书目录》(小学家)著录隋唐时代传入日本的《千字文》注本 5 种,即"李暹注""梁国子祭酒萧子云注""东驼固撰""宋智达撰""丁觇注"。这些注本大多散佚,现存的注本敦煌出土文献有两种:《斯坦因劫经录》S. 5471 著录为《千字文注》;《伯希和劫经录》P. 3973v 著录为《千字文注残卷》。两本皆首尾残缺,未详作者、书者、抄写年代。值得注意的是,伯希和 P. 2721《杂抄》列举诸多童蒙书及其作者,《千字文》下有"钟繇撰,李暹注"双行小字,其下又单行大字标注"周兴嗣次韵"。

此外,日本现存两种李暹注本:一是上野本《注千字文》(以下略作"上野本"),弘安十年(1287)抄本;二是《纂图附音增广古注千字文》(下文简称"纂图本"),元和三年(1617)刻本。两书均完整,并附有《序》。以上两本之《序》提供了极其珍贵的信息,但两本互有异文,兹据上野本并参照引录如下(据纂图本补字以[ ]示之):

> 《千字文》者,魏太尉钟繇之所作也。梁陵王萧论评书曰:钟繇之书,如云鹄游天,群鸿戏海,人间难遇。王羲之书,字势雄强,如龙跳渊门,虎卧凤阁,历代宝之,[传]以为训,藏于秘府。逮永嘉失据,迁移丹阳,然川途重阻,江山迢险,兼为石氏逼逐,驱驰不安,复经暑雨,所载典籍,因兹糜烂,《千字文》几将湮没。晋中宗元皇帝恐其绝灭,遂敕右军琅琊人王羲之缮写其文,用为教本。但文势不次,音韵不属,及其将导,颇以为难。至梁武帝受命员外散骑侍郎周兴嗣,令推其理致,为之次韵也。

从上文推之,可以获得以下信息:(1)《千字文》原创者是钟繇,而秘府藏有钟繇写本与王羲之写本;(2) 西晋后期发生"永嘉之乱"(311),衣冠南渡过程中"《千字文》几将湮没",于是晋中宗(司马睿,318—323 年在位)令王羲之"缮写其文",但因"文势不次,音韵不属"难以推广;(3) 梁武帝命周兴嗣"推其理致",重新次韵,以期流通。经过以上梳理,历史上《千字文》存在过以下几种主要传本:

(1) 钟繇(151—230),原创本《千字文》

(2) 王羲之(303—361),缮写本《千字文》

(3) 周兴嗣(469—537),次韵本《千字文》

(4) 李暹(6世纪),加注本《千字文》

如果信从《古事记》《日本书纪》的记载,《千字文》从百济传入日本的时间是4世纪末或5世纪初,那么极有可能是钟繇原创本或王羲之缮写本。

## 五、博士轮换制

王仁被奉为"书首等之始祖"。作为一个拥有高度文化知识的族群领袖,他也同样吸纳了同时代精英的众多事迹,被塑造成近乎超人的形象。《续日本纪》(卷四十)延历九年(790)七月十七日条,载百济王仁贞等所上表文,叙述王辰尔家谱传说:

> 降及近肖古王,遥慕圣化,始聘贵国,是则神功皇后摄政之年也。其后轻嶋丰明朝御宇应神天皇,命上毛野氏远祖荒田别,使于百济搜聘有识者。国主贵须王恭奉使旨,择采宗族,遣其孙辰孙王(一名智宗王)随使入朝。天皇嘉焉,特加宠命,以为皇太子之师矣。于是始传书籍,大阐儒风;文教之兴,诚在于此。

这里的辰孙王(智宗王)为百济贵须王孙,应神天皇遣荒田别赴百济"征王仁",事见前引应神十五年八月六日条;王仁为皇太子师,见应神十六年二月条。然而,在这篇表文中,辰孙王与王仁几乎合为一体,共享"始传书籍,大阐儒风"之功劳[①]。

应神天皇治世,以移民为主体的知识精英族群有三个:其一为西文首,以王仁为始祖;其二为东文直,尊阿知使主为始祖;其三为船史(连),奉王辰尔为始祖。王辰尔为辰孙王四世孙,敏达天皇元年(572)五月十五日因破译高句丽表疏而名声大震。兹从《日本书纪》引录如下:

---

① 关于王仁的祖籍,一般认为出自乐浪王氏,奉汉高帝为祖。《续日本纪》(卷四十)延历十年(791)四月八日条,载文忌寸最弟等上表:"汉高帝之后曰鸾,鸾之后王狗转至百济。百济久素王时,圣朝遣使征召文人,久素王即以狗孙王仁贡焉。是文、武生等之祖也。"

> 天皇执高丽表疏授于大臣,召聚诸史令读解之。是时诸史于三日内皆不能读。爰有船史祖王辰尔,能奉读释。由是天皇与大臣俱为赞美曰:"勤乎辰尔,懿哉辰尔。汝若不爱于学,谁能读解? 宜从今始,近侍殿中。"既而诏东西诸史曰:"汝等所习之业,何故不就? 汝等虽众,不及辰尔。"①

从 7 世纪中叶的《船氏王后墓志》推断,王辰尔亦称"王智仁",历史上实有其人,他能够超越东西文众人,原因是窥破了高句丽表疏的诀窍:"高丽上表疏,书于乌羽。字随羽黑,既无识者。辰尔乃蒸羽于饭气,以帛印羽,悉写其字。朝廷悉之异。"这就是《怀风藻》所说的"高丽上表,图乌册于鸟文"。王辰尔活跃于敏达天皇治世,"译田"乃敏达天皇都城,所以有"终敷教于译田"之说。

从时代背景稽考,5 世纪以降,《千字文》之类的童蒙读本、《论语》之类的儒学经典东传日本,比较接近当时文化交流的状况。然而,"王仁献书说"却依然带有浓郁的传说色彩,不可全部视为史实。

6 世纪以后,《日本书纪》纪年渐与中朝文献契合,肇始于王仁的百济与日本的书籍流通,出现一系列更为可信的记载,而书籍的承载者如同王仁一样,是一批被称为"博士"的专业人才。

继体天皇七年(513)六月,百济遣使"贡五经博士段杨尔",开一系列记事之先河。值得注意的是,百济使者别奏判还"己汶之地",显然这是以人才(文化)换领地(财富)的交易。3 年之后,即继体天皇十年(516)九月,百济遣使"谢赐己汶之地",同时"别贡五经博士汉高安茂,请代博士段杨尔"。至此,百济与日本之间,博士轮换制度基本形成。

从上述两条史料判断,博士是 3 年一轮换。钦明天皇十四年(553)六月,遣使百济,要求"医博士、易博士、历博士等,宜依番上下。今上件色人正当相代年月,宜付还使相代"。这里提到"依番上下",虽然 516—553 年缺失相关记载,但日本朝廷提醒百济"正当相代年月",说明轮换制度一直在运作,而且"相代年月"

---

① 《续日本纪》(卷四十)延历九年(790)七月十七日条:"逮于他田朝御宇敏达天皇御世,高丽国遣使上乌羽之表。群臣诸史莫之能读,而辰尔进取其表,能读巧写,详奏表文。天皇嘉其笃学,深加赏叹。诏曰:'勤乎懿哉! 汝若不爱于学,谁能解读? 宜从今始,近侍殿中。'既而又诏东西诸史曰:'汝等虽众,不及辰尔。'"

有具体规定。百济方面,似乎也遵循这一制度。翌年(554)二月,按照日本要求,进行大规模的博士轮换:

> 仍贡德率东城子莫古,代前番奈率东城子言;五经博士王柳贵,代固德马丁安;僧昙惠等九人,代僧道深等七人。别奉敕贡易博士施德王道良,历博士固德王保孙,医博士奈率王有㥄陀,采药师施德潘量丰、固德丁有陀,乐人施德三斤、季德己麻次、季德进奴、对德进陀,皆依请代之。

百济的博士及其他技术人才,自然不会空手赴日,必定会携带相关书籍及道具等。如钦明天皇提醒百济轮换博士时,还提出"卜书、历本、种种药物"的要求。百济既然说"皆依请代之",说明也满足了日本对书籍、历本、药物的需求。

从《日本书纪》一系列相关记事看,百济最早贡献的是"五经博士",先后有段杨尔(513)、汉高安茂(516)、马丁安(551)、王柳贵(554)充当其任;从钦明天皇十五年(554)开始,博士的专业范围逐渐扩大,增加了更为实用(或急需)的易博士、历博士、医博士。

上述博士轮换制度,看似是百济与日本之间特殊的历史现象;但如果放眼整个东亚,可以发现更深层的缘由,从而勾勒出更恢弘的文化交流模式。

翻检中国史籍,汉武帝时最早在太学设置五经博士;南朝梁因袭其制,天监四年(505)建国学之际,置教授五经之博士各一名,自兹渐为定例[①]。

百济与南朝交往密迩,6世纪中叶开始,频频遣使萧梁,接受文化甚多。如中大通六年(534)、大同七年(541),百济连续两次遣使朝贡梁朝,其目的就是为了"请《涅盘》等经义、《毛诗》博士并工匠、画师等",梁朝"敕并给之"[②]。大约此后不久,百济奉表礼聘"讲礼博士",陆诩衔命前往讲授[③]。

百济以轮换方式向日本派遣五经博士,几乎与遣使从南朝聘请博士同步,不由得让人联想两者的互动关系。从百济派往日本的博士之姓名,如段杨尔、汉高

---

[①] 《南史》〈儒林传〉云:"及汉武帝时,开设学校,立五经博士……至梁武创业,梁愍其弊,天监四年乃诏开五馆,建立国学,总以五经教授,置五经博士各一人。"

[②] 《梁书》〈百济传〉。

[③] 《陈书》〈陆诩传〉:"少习崔灵恩《三礼义宗》,梁世百济国表求讲礼博士,诏令诩行。还除给事中、定阳令。天嘉初,侍始兴王伯茂读,迁尚书祠部郎中。"

安茂、马丁安、王柳贵以及王道良、王保孙、王有悛陀等判断,也有论者推测他们或许是南朝人;但笔者更倾向于认定他们是南朝博士培养出来的、移居百济的汉人后裔。

文化在传播过程中会发生种种变异,往返东亚的博士的知识结构也当如此。在中国历史上,凡博士均学有专攻,即精通五经(《易经》《书经》《诗经》《礼记》《春秋》)之一种,如:中大通六年、大同七年赴百济的"《毛诗》博士",当是《诗经》专家;赴百济"讲礼"的陆诩,应该是《礼记》权威。然而,百济派往日本的学者,多冠以"五经博士"头衔,以一人而兼通五经,说明百济的经学结构不同于中国,或者说日本对儒学的专业性要求不高。

从5世纪初的王仁,到6世纪中叶的王柳贵、王道良、王保孙、王有悛陀,以"博士"为载体的儒学知识及中国典籍的东传,逐渐揭开传说的面纱,显露出历史的真容。

## 六、佛经与历本

《隋书》(倭国传)记载:"于百济求得佛经,始有文字。"佛教自百济传入日本当无疑义。据《日本书纪》钦明天皇十三(壬申)年(552)十月条,百济遣使献佛像、经论的同时,特意说明"于诸法中最为殊胜……周公、孔子尚不能知"。百济王当然清楚半个世纪以来,轮换派遣博士,向日本传授儒学的来龙去脉,所以才说"佛教胜过儒学",以抬高纳贡品的身价。

佛教正式传入日本的时间,后世文献多取"壬申年说",然而比《日本书纪》成书更早的《元兴寺伽蓝缘起并流记资财帐》及《上宫圣德法王帝说》均作"戊午年(538)",两者相距14年。虽然"壬申年说"出自正史,但"戊午年说"似乎更近事实。根据之一是,钦明十四年(553)日本要求百济按例轮换博士,翌年百济"皆依请代之",除了儒学博士之外,还以"僧昙慧等九人,代僧道深等七人",说明5世纪中叶百济与倭之间亦存在定期派遣僧侣的协议。

从前述五经博士段杨尔的例子看,轮代周期至少为3年,这意味着道深等于钦明十一年(550)以前来到日本,而人数达到"七人",显然不是最早一批。与道深等同时轮代回国的东城子言,据《日本书纪》是钦明八年(547)赴日的,可作为推定道深等7人赴日时间的一个参照。

据此,至少可以肯定两点:首先,佛教通过官方渠道,从百济传入日本,时间早于552年;其次,僧侣以定期轮换形式赴日,应该是博士轮换制度的延伸。颇有意思的是,崇峻天皇元年(588),百济国遣使献佛舍利、僧侣及各类技术人才,其中包括炉盘博士、瓦博士多人①。这也可理解为"博士"概念在逐渐发生变化,如同"轮换"对象逐渐扩展一样。

本文无意拘泥于佛教东传的时间细节。如果从书籍交流的视野考察这段历史,《日本书纪》的"壬申年说"依然值得关注,因为这一年(552)百济使节带去"经论若干卷"。这是有关佛经东传最早的确切记录。

纵观悠久漫长的东亚文化交流历史,僧侣作为文化传播者、书籍搬运者的贡献,远远大于以"博士"为先锋的儒学者;僧侣不仅是佛教文化的传播者,而且是多元文化的载体,也把佛教以外的精神文明、技术知识带到日本。

试举一例。日本推古天皇十年(602)十月,百济僧观勒携带"历本及天文地理书,并遁甲方术之书"东渡,日本朝廷选拔"书生三四人"师之,其中玉陈习历法、高聪学天文遁甲、日立攻方术,最后"皆学以成业"②。

观勒本业为佛教,自然也会携带佛经之类的书籍,遗憾的是《日本书纪》没有记载具体书名。不过观勒用以传授玉陈的"历本",推测是南朝刘宋时期何承天制作的《元嘉历》,而当时百济正施行此历③。

观勒的贡献远不止于成功教授几个徒弟,由他传到日本的书籍曾引发一场文明变革。时隔1年稍多,日本朝廷突然于推古十二年(604)正月宣布"始用日历"④。江户时代学者藤田一正在研究《日本书纪》纪年时发现,推古十二年至持统五年(691)干支与《元嘉历》合,持统六年(692)十一月之后则与《仪凤历》合⑤。翻检《三代实录》,持统四年(690)十二月"有敕始用《元嘉历》,次用《仪凤历》",证

---

① 《日本书纪》崇峻天皇元年(588)是岁条:"百济国遣使并僧惠总、令斤、惠寔等,献佛舍利。百济国遣恩率首信、德率益文、那率福富味身等进调,并献佛舍利,僧聆照律师、令威、惠众、惠宿、道严、令开等,寺工太良未太、文贾古子,炉盘博士将德白昧淳,瓦博士麻奈文奴、阳贵文陵贵文、昔麻帝弥,画工白加。"
② 《日本书纪》推古天皇十年(602)十月条。
③ 《周书》(百济传)说:"行宋《元嘉历》,以建寅月为岁首。"
④ 《政事要略》,《改订史籍集览》第29册,史籍集览研究会1969年版,第107页。
⑤ 藤田一正:《元嘉历草》(序)。

明改用《仪凤历》之前,日本通行《元嘉历》。

"始用日历",意味着遵奉正朔;而施行南朝系统的《元嘉历》,表明一种文明取向。长期以来,日本从百济输入人才与书籍,间接地摄取中国南方文化。这种延续约百年的模式,以推古十年(602)观勒赴日为标志,宣告完成历史使命。取而代之的,将是隋唐时代开通的中日直通的书籍之路。

# 符号、变异体与东亚民俗比较研究

刘晓峰

在中国比较文学和比较文化领域,严绍璗老师的学问是我所钦佩的。接到讨论比较民俗学方法论论文的约稿,就想到严老师讲到的变异体。在这篇论文写作过程中,我专门找来了严老师的著作又学习了一遍。万万没有想到的是,就在此文将要完成之际,传来了严绍璗老师辞世的消息,心里觉得非常遗憾。1980年代中国比较文学研究刚刚兴起的时代,正是以严绍璗老师为代表的一代中国学者奋然而起,支撑了中日比较文学这一大块天地。其学术史上的功绩自不待言,其以创造"中国学派"的大勇气与大气概,对比较文学研究方法进行了一系列创新。这些学术探索因为确实是从中日古代文学特殊性出发的,并且极为富有想象力和创造力,在今天看来无疑是我们今后拓展中日文学与文化比较的重要基础。本文应《日语学习与研究》王升远先生约写并刊发于该刊2022年第6期。谨以此文纪念这位中国比较文学伟大的先行者。

## 一、东亚比较民俗研究与文化"变异体"

东亚地区民俗文化的比较研究,到今天依旧是一个方兴未艾的学术领域。

我们这里论及的东亚这一概念,地理上涵盖了中国、朝鲜半岛、日本、琉球、越南和东南亚部分地区,但以东亚称之并不是因为地理上的简单划分,而是由共同的文化观念、文化秩序以及共同的知识体系结构而组成的知识空间,以及生活于这一区域内的人之间长期的交流、信息长期的互通。东亚地域这一切文化最后的结晶,就是东亚古典学——在历史上支撑了整个东亚地区发展的思想与文化体系。历史上,东亚是一个多民族、多国家长期多重互动的过程中逐渐形成的文化上具有相似性、经济上有密切的联系、人员上有多种形式往来的综合共同体。这个共同体文化的根部存在着在数量上、在变化的复杂性上无比丰富的民俗文化土壤，非常适合进行比较文化研究。而使用什么样的方法以及如何展开东亚民俗比较研究，则是今后学术研究中一定会被反复讨论的学术问题。

事实上，在不同文化之间进行比较这一领域已经有很多可资借鉴的先行研究。其中最引人注目的是严绍璗先生的"文学变异体"的理论思路。严绍璗先生是最早从事中日比较文学研究的学者，是中国最早在东亚文学研究领域尝试建立"中国学派"的先行者。他很早就开始研究日本文学、日本文化的"构成本相"，意识到其内部组成的"多元复合"。严绍璗先生注意到"文本的内部组成虽然各有其'族群特征'，但竟然存在着共同的多形态的'多元复合'的内部结构系统"，他认为"我们可能正在以'跨文化的变异体视角'，通过'原典实证'的方法推进了一种揭示'文学文本'内部构成的'新的观念'，此即'关于表述东亚文学内部构成的更加真实'的某些解析逻辑"。[①] 这一类型的分析方法后来被他整理归纳为一套文学"变异体"研究的理论方法。

这一方法不是仅停留在多类型的文学文本的解析操作中找到"文学认知意识"中的"文学变异体"，辨认它的内在构成元素，而是追求对"文本生成"更深的把握，把握创作者在自己生存的"文化场"中对他所感知的生活，以他或以他们自身的"认知形态"加以虚构、象征、隐喻，并且以编纂成意象、情节、人物、故事等手段，或者用叙事形式，或者用歌咏形式，或者用两者兼而有之的形式来表现创作者对"人"的美的意识特征的感悟。这已经是超越文学文本的解析，探寻作者如何利用"多元文化元素"组合成文本中的意象、情节、人物、故事等，是在辨析、揭示并落实"多元文化元素"透入文本的"途经"即"文化传递"的"轨迹"。这里严绍璗先生进行的已经是文化领域的比较工作。他指出：

> 事实上存在着任何创作者几乎无法逃遁的特定"时空"中的两层"文化语境"，内含至少三种文化元素。第一层面为"社会文化语境"，包括生存状态(含自然状态)、生活习俗、心理形态、伦理价值等组合而成的"共性氛围"；

---

[①] 严绍璗：《比较文学与文化"变异体"研究》，复旦大学出版社2011年版，第14页。

其第二层面为"认知文化语境",指的是创作者在第一层面中的生存方式、生存取向、认知能力、认知途径与认知心理,以及由此而达到的认知程度,此谓"个性氛围"。它们共同组合成"文本"生成的"文化场"。在每一层"文化语境"中我们几乎都可能解析出三种有效的文化元素,此即"本民族历史承传中产生的文化元素""异民族文化透入中产生的文化元素"和"在特定时空中人类认知共性产生的文化元素",透过它们的共同组合,我们就可能在这样特定的多元文化语境中"还原"文学文本的愈益接近的"事实本相"。①

古代东亚地区是一个在民俗层面拥有太多相似项的区域,很多学者经常使用某一共通拥有的特征来命名这一区域。比如,"筷子文化圈""汉字文化圈""儒教文化圈""东亚佛教文化圈"等。而我更重视的是在这一区域中国古代时间文化体系产生的影响。这一文化圈曾长时间共同使用中国古代历法体系作为自己的时间文化框架。共同的时间文化体系框架从思维到行动产生影响的结果,就是举凡国家之祭祀、政务、生产甚至战争,村落共同体播种的祈祷、秋收的报神,个人的出生、婚嫁、葬礼等,无处不存在这一影响。这些影响的结果,就是在思考和行动方式上在这一地区拥有很多共同特征。我们知道中国古代的时间体系,是由一整套的文化观念结构而组成的,是以古代中国人构筑的宇宙模式所支撑的,拥有阴阳五行思想为核心的一整套符号体系。我们认为这些与古代时间文化体系相关的知识构成了东亚共同的"认知文化语境"。亦如严绍璗先生指出的那样,仪式、传说、器物等文化"变异体",是进入多种民俗文化研究比较理想的通道。这里首先让我们分析两个仪式——古代中国立春的打春牛仪式和古代日本宫廷正月七日观白马仪式。期望在这一个共同使用中国古代历法的文化地带,解析他们共同拥有的文化观念,寻释古代东亚共通的文化符号、概念和特征究竟如何展开?

## 二、打春牛与观白马

立春打春牛,是古代中国最重要的节日习俗之一。"打春牛"的祖型,应该是

---

① 严绍璗:《比较文学与文化"变异体"研究》,复旦大学出版社2011年版,第16页。

上古的"出土牛"。《吕氏春秋·季冬纪》所记"季冬之月……命有司大傩,旁磔,出土牛,以送寒气"季冬十二月①,"星回于天,数将几终,岁将更始"②,正是辞旧迎新之际,时送阴气迎阳气的时间节点。傩是古代的驱鬼仪式,岁尾行傩,是将阴气和不干净的一切都赶出去。磔为析骨断肢的刑罚,是在城门边将作为牺牲的狗和羊析骨断肢。因为此时冬气已闭,所以要"攘冬气",要恫吓阴气和不干净的东西别再回来。"出土牛",依东汉高绣注在汉代也有施行,"今之乡县,得立春节,出劝耕土牛于东门外是也"。《后汉书·礼仪志上》则详载云:"立春之日,夜漏未尽五刻,京师百官皆衣青衣,郡国县道官下至斗食令史皆服青帻,立青幡,施土牛耕人于门外,以示兆民,至立夏。唯武官不。立春之日,下宽大书曰:制诏三公:方春东作,敬始慎微,动作从之。罪非殊死,且勿案验,皆须麦秋。退贪残,进柔良,下当用者,如故事。"③

汉人"施土牛耕人"的习俗,似乎一直到唐代才发生变化。唐玄宗时删定《月令》,"出土牛"与送寒气的"大傩"和"旁磔"两种礼仪正式分离。此后唐人诗中开始出现打春牛,如元稹《生春》:"鞭牛县门外,争土盖春蚕。"这是反映鞭春争土的早期诗句。唐末李涪《刊误》云:"今天下州郡,立春日,制一土牛,饰以文采。即以彩杖鞭之。既而碎之,各持其土,以祈丰稔,不亦乖乎。"④由此可知,在唐中后期,古老的"出土牛"已经变成了后世的鞭碎土牛,并且经有了争抢鞭碎后土牛残土的习俗,这与后来的打春牛已经基本一样了。尽管这一变化在当时引起不少议论,李涪之外如五代丘光庭《兼明书》卷一《土牛义》也记载:"又按营缮令,立春前两日,京城及诸州县门外,各立土牛耕人……或问曰:今地主率官吏以杖打之,曰打春牛何也?答曰:按《月令》只言示农耕之早晚,不言以杖打之。此谓人之妄作耳。"⑤但打春牛习俗在唐代逐渐定型,历宋元明清千数百年,一直传承到了今天。回顾打春牛节俗形成的过程,我们会发现,从上古的出土牛到唐以后的打春牛,"牛"才是贯通古今最重要的线索。所以一个重要的问题是,为什么在一年时间新旧转换的时候要把牛放到如此突出的位置?

---

① 《吕氏春秋集释》,中华书局 2009 年新编诸子集成版,第 259 页。
② 《礼记集解》,中华书局 1989 年版,第 503 页。
③ 《后汉书》,中华书局 1965 年版,第 3102 页。
④ 《刊误》,收入《苏氏演义》(外三种),中华书局 2012 年版,第 238 页。
⑤ 《东京梦华录注》,中华书局 1982 年版,第 164 页。

在古代日本宫廷,正月七日也有一个重要的仪式,这就是观白马仪式。

记录日本宫廷仪式的主要著作如《内里式》《仪式》《西宫记》《江家次第》中,都收有白马节会的节会仪式过程。在这一仪式举行的前一天晚上,已经提前在丰乐殿前准备好舞台、乐人帐、宣命牌位及寻常座位等。一个值得注意的细节,即正月七日早晨左右卫还要树梅柳于舞台四角、左右面和后面。天皇出御后仪式开始,首先是进弓之仪,由兵部进弓及种种箭矢;之后是赐位记的仪式,天皇宣赐位记的诏命;兵部与吏部相与引退之后,左右马寮牵白马自逢春门(东门)经舞台向北过殿庭;天皇观马后,赐宴奏乐、赐禄奏舞,仪式结束。根据《养老令·杂令》(718)的记载"正月一日、七日、十六日、三月三日、五月五日、七月七日、十一月大尝日,皆为节日,其普赐,临时听敕"[1],可知正月七日在8世纪国家已经是法定节日。律令中规定的正月一日、七日、十六日这三个节日,分别被称为元日节会、白马节会、踏歌节会。这个正月三大节会的结构和中国唐代是一致的。

考察一下中国古代的正月习俗可以看到,唐朝时的正月习俗与后来有很大区别。我们今天的年,普遍过的是初一至初五再加上正月十五,这是一个头大尾细蜻蜓式的结构;但唐代的年最重视的是初一(元日)、初七(人日)、十五(元宵)三段式结构,这和古代日本的正月三大节会结构上是基本一致的。但正月七日的观白马仪,在中国我们却找不到对应的仪式。正月七日古代称为人日。《荆楚岁时记》载:"正月七日为人日,以七种菜为羹,剪彩为人,或镂金薄为人,以贴屏风,亦戴之头鬓,又造华胜以相遗,登高赋诗。"[2]其中,并无观白马的细节。所以这一仪式,与中国岁时传统没有什么关系,与打春牛就更谈不上有什么可联系的地方。

# 三、仪式与符号

用"文化变异体"的分析方法看,打春牛仪式和观白马仪式实际上处于同一民俗文化生成的文化场。尽管这两个仪式的"社会文化语境"差别非常大,但因为都以中国古代时间文化为基础,其"认知文化语境"是非常相似的。解读这两个仪式的核心知识,是《周易》乾坤两卦的符号变化。对于中国学者而言,打春牛

---

[1] 《律令》,日本岩波书店1976年版,第484页。
[2] 谭麟:《荆楚岁时记译注》,湖北人民出版社1999年版,第32页。

解析出的"本民族历史承传中产生的文化元素",而"观白马"解析出的对于日本学者而言却是"异民族文化透入中产生的文化元素"。立足东亚民俗文化立场,这就是在东亚这一特定时空中东亚地区的先民认知共性产生的文化元素。

《周易·说卦》讲道:"乾为马,坤为牛,震为龙,巽为鸡,坎为豕,离为雉,艮为狗,兑为羊。"又云:"乾为天,为圜,为君,为父……为良马,为老马,为瘠马,为驳马"①;"坤为地,为母……为子母牛。"读懂这段话,我们也就懂得牛与坤与大地、马与乾与天空,是同一套可以互通的符号。

一旦把阴阳观念带入古代民俗研究,看着毫无关联的民俗事项,会突然队列鲜明地排到一起。打春牛的背后是"牛→大地→坤"这样一套可以互相转化的符号。我曾在《当牛遇上"符号学"》中指出:"理解了这一点,被击打的春牛,就完全可以解读为大地。春牛的前身就是'土牛',打碎神牛象征大地之死,打碎大地为了大地新生,这与古希腊神话中狄俄尼索斯所经历的死亡与复活的过程是同一母题。在古代希腊,几乎所有人都祀奉以牛或者羊的形象出现的狄俄尼索斯。祭祀的人们在节日里撕裂他,妇女们保存了他的碎片或者他的生殖器,对种子进行唤醒。神话中,狄俄尼索斯因为各种各样的遭遇被残害肢解,然后宙斯委托阿波罗救治狄俄尼索斯,让他再次以充满活力的形象新生。"②我那时已经认识到在古代的东亚地区和打春牛古代祈求丰收击打大地不仅仅打春牛一例。《荆楚岁时记》正月一日条记载的如愿传说中人们正月初一会以钱贯系杖脚,抢起来敲打粪堆,称可如愿。被击打的粪堆和被击打的土地,具有同样的符号学意义。除了用杖击,用脚踏地也是击打大地的一种方式。《西京杂记》记载戚夫人每年十月十五日会带领后宫宫女们踏地为舞,歌"《赤凤凰来》"。这个祈神仪式,应该就是南北朝正月十五击打粪堆习俗的前身。从符号学意义上,它和打春牛与打粪堆是相通的。十月在十二消息卦中为"坤",同时十月在十二地支中为亥月,所以这一符号体系又可扩展为"牛→大地→坤→亥"。十月十五后来在中国演变为下元节,只不过这一天踏歌祭神女的习俗汉代以后因为历法变化已少见流传。但是日本关西地区至今十月依旧广泛流行名叫"亥之子"的节俗。在十月(亥月)的第一个亥日,一群孩子拿着蒿子秆捆成的蒿子棒到各家门口,一边唱祝福歌一边用蒿子棒

---

① 阮元校刻:《十三经注疏》,中华书局2009年版,第265页、第198页。
② 刘晓峰:《当牛遇上"符号学"》,《博览群书》2021年第5期,第98—102页。

一起敲打大地。这一习俗应当就是保存于日本的秦汉文化遗迹,是"亥"延展进"牛→大地→坤"这一符号体系的证明。大地常被比喻为母亲,比喻为女性。前述"牛→大地→坤"的符号体系,还可延展为"牛→大地→坤→女人"。日本富山市妇中町鹈坂神社从平安时代的8世纪末开始每年举办名为"楉祭"的祭祀活动,一直坚持到江户时代结束(1868年),这就是被称作日本五大奇俗之一的"打女人屁股祭"。这个祭祀活动在日本非常有名。明治维新以后,日本人觉得打女人屁股有碍文明开化,一度改成打马屁股。这个"打女人屁股祭"其实来自古代日本贵族正月的粥杖习俗。在古代日本,正月十五日有煮粥食粥之俗。日本人相信,用这根带着米汤和粥粒的木棍打击女人的屁股,被打的女人会多生育,而且会生男孩子。喝"望日粥"打女人屁股,在著名的女作家清少纳言写的《枕草子》中有非常生动的描写。

而观白马仪式的背后,则是"马→天空→乾"这一套符号的互相转化。理解了这一点,被观看的白马,就和蓝色的天空建立了完全对应的关系。古代中国人在人日有登高赋诗的习俗。登高的目的,在于接近阳气,以求安康。如果理解白马就是乾、就是天,古代日本宫廷的观白马,就可以解释为和登高近阳同样,为了增加阳气而就近接触马(天空)。基于这样的理解,我们再回头看仪式过程开始前正月七日早晨左右卫还要树梅柳于舞台四角、左右面和后面这些细节,就会明白其中的含义:梅柳在这里是和马同样,是整个仪式模拟自然的一个组成部分。

符号是人类借助表达意义的重要工具。任何意义的活动最后都必须通过符号才能得到表达。符号是一个社会或族群追求意义活动的核心集合,所以,一个社会或族群符号在仪式中展开的意义,通常就是该文化的深层内容所在。脱离开具体的表象,从符号学意义上透视打春牛和观白马这两个仪式,我们会发现成为两个仪式背后依托的,实际上是同一套符号系统。欧洲的人类学研究者们热心于研究仪式与神话何者为先。罗伯逊·史密斯在《闪米特人的宗教》一文中指出,几乎所有的神话都源于仪式,但是并非所有的仪式都源于神话。英国神话学家弗雷泽则在神话与仪式研究领域为我们揭示了神话与仪式关系的两个方面:一方面,神话描述了植物神的死亡和复生,仪式表演了神话的内容;另一方面,神话起源于具体的仪式,神话是仪式的派生物,是对仪式的解释[①]。但对于打春牛

---

① 王银、蔡熙:《20世纪西方的仪式理论探赜》,《湘潭大学学报》2022年第2期,第178页。

和观白马这两个仪式,问题的核心明显不在神话和仪式之间。打春牛仪式和观白马仪式的背后,并不是神话的故事,而是基于东亚时间文化传统的一整套对于世界阴阳符号化的分类和在此基础上对世界的解释,以及按照这一解释参与到世界的转化之中,在世界中找到自己最合适位置的行动和努力。这仪式后面存在的,不是神话,而是构成东亚时间文化核心的理性精神。这种理性精神不同于今天科学世界的理性精神。比较而言,古今的理性精神是有相同的理性部分,差别只在于前近代的东亚的世界解释中,那些理性精神不能解释的部分被用想象进行了充填。东西方古代世界的决定性差别的一个层面,就这样悄然掩盖在仪式的背后。

## 四、灶与厕:作为符号的"土"

饭岛吉晴《灶神与厕神——异界与现世的界限》一书中,介绍了一个流传在琉球石垣岛的娶龙宫女为妻的故事。这个故事讲从前有一个很穷的人,在海边钓到了一条非常美丽的小鱼,他把鱼带回家养在了瓮里。之后每天他从外边回家,家里都被收拾得干干净净,铺上了新席子,摆上了酒和菜。这个人觉得这太不可思议了,于是某一天假装出门后折回身偷着看,发现家里有一个美丽的女人在干活。走近去和女人一聊,才知道原来她是那条小鱼变的,她是海龙王的女儿。男人每天去海边钓鱼,荒芜了父王的韭菜地,父王很烦恼,为解决这个难题她想来为男人做妇。此后到了新女婿上门的日子,两个人赶去龙宫的路上龙女告诉他,如果父亲问他想要点什么礼物,你就说要山羊(hinjya)。带山羊从龙宫回家后,男人一下子就变成了大财主。后来有一天,这个男人和妻子即龙女吵起架来。龙女一怒之间,用包袱皮把灶台里所有的炉灰都装起来带走了。于是那个男人又回到了贫穷的生活中①。

这个故事和中国古代《录异记》记载的如愿的故事很相似。《荆楚岁时记》"以钱贯系杖脚,回以投粪扫上,云令如愿"一条引《录异记》云:

---

① [日]饭岛吉晴:《灶神与厕神——异界与现世的界限》,人文书院1986年版,第21页。

有商人区明者,过彭泽湖,有车马出,自称青洪君,要明过,厚礼之,问何
所须? 有人教明:"但乞如愿!"及问,以此言答。青洪君甚惜如愿,不得已,
许之。乃其婢也。既而送出。自尔,商人或有所求,如愿并为,即得。后至
正旦,如愿起晚,乃打如愿,如愿走,入粪中,商人以杖打粪扫,唤如愿,竟不
还也。此如愿故事。今北人正月十五日夜立于粪扫边,令人执杖打粪堆,云
云,以答假痛。意者亦为如愿故事耳。①

《录异记》中的"如愿",字面本就有如意之意,但石垣岛的故事中,山羊(ヒン
ジャhinjya)如何带来财富,饭岛吉晴没有找到合适的解释,我也同样找不到。我
在意的是龙女走时为什么用包袱皮把灶台里所有的炉灰都装起来带走? 这是一
个让男人又回到贫困生活的关键细节。而在《录异记》中,当如愿跑到了粪堆中,
形成的民俗就是期望发财的人们在正月元日(有的地方是正月十五)击打粪堆。
饭岛吉晴非常关心界限和转化。在他看来,灶神是家神,拥有守护家人和司一家
的家运的神格,同时其神性又与异界密切关联。饭岛吉晴也注意到了民间传说
中粪便和黄金之间的关系,"正如我们在这些故事传说中看到的,最有价值的黄
金和最没有价值的粪便常常是一体化的。两者之间存在互相转化的可能性,是
一个事物的表与里",他甚至注意到心理学家弗洛伊德有关肛门之爱的论述。弗
洛伊德讲道:"古代文化中神话、童话、迷信中,我们无意识地思考中,我们的梦
中,还有神经病人的病噫中,金钱和粪便有着极深的联系。"②对于灶神与厕神相
关的故事传说中,现世与异界之间的界限所在做了很多有趣的分析。日本民俗
学界对于"烧炭致富(炭烧长者)"一类的故事也有非常丰富的先行研究。但是很
可惜,很多学者没有注意到,在家这个空间中,灶与厕实际上有一个共同之处,即
两个地方与土的联系。而在东亚古代社会广为流行的中国古代五行思想中"土
生金"是一个基本原理。当灶台的灰土和厕所的粪土抽象成五行中的"土"这一
符号,灶神与厕神之间就出现了贯通于古代东亚的古老逻辑层面,惜乎饭岛吉晴
的学术框架偏重西方的人类学,所以所见所论,不及于此。

正如严绍璗先生指出的,器物作为"文化变异体",是分析多种民俗文化元素

---

① 谭麟:《荆楚岁时记译注》,湖北人民出版社1999年版,第29页。
② [日]饭岛吉晴:《灶神与厕神——异界与现世的界限》,人文书院1986年版,第181页。

比较理想的通道。建立于古老的五行逻辑基础上的器物符号，在古代有很多。都江堰现在还有古代所制造的铁牛，起作用是"以厌水精"。《大唐新语》也记载"铸铁为牛豕之状像，可以御二龙"。① 用石犀牛和铁牛镇水也是建立在"牛→大地→坤"这个符号体系上，是以五行相克的"土克水"为原理。铁豕则从十月为"亥月"，又为坤月转化成"豕→大地→坤"的符号体系。到今天地图上的铁牛村、铁牛镇其地大多临水临河，后面的逻辑都是一个，都是古代中国人构筑的宇宙模式的影响。

## 五、灶神故事的深层

以上笔者尝试从仪式和民间故事两个层面解析出其间蕴含的古代时间文化符号，下面笔者将在民间信仰层面进行同样的尝试，把学术焦点聚焦在灶神上。我们都知道重视家的存在是东亚地区普遍的文化倾向；而灶神是一家的守护神，所以东亚的灶神文化非常发达。流传在东亚各地的灶神故事中，实际上有两个不是很和谐的类型。一个是突出"家神"神格的灶神，这个灶神是社会秩序在一个个家庭中的具现。这个类型的灶神神格包括灶神认真记取一家人一年的善恶行事、腊月二十三上天言好事和过年回家保平安等。这个类型中最典型的故事之一是"灶王奶奶"，说玉皇大帝疼爱的女儿爱上了给人烧火的穷小伙，被打下凡间。后来王母娘娘说情，玉皇大帝勉强封了穷小伙做灶神（灶王爷），玉皇大帝的女儿也就成了灶王奶奶。另一个流传非常广的灶神故事类型是本文所关注的，即"灶王爷，本姓张"的故事，故事讲述一个张姓男子不良于行，喜新厌旧赶走了原配妻子，不几年家业挥霍殆尽，不得已沿街乞讨。而前妻后来嫁得良人，家业兴旺。某年腊月二十三讨饭到前妻家中，前妻舍饭相认，张羞愧难当，投灶台中烧死。② 这一类型的故事北到东北、南到台湾都有流传。坦率地说，我最初阅读"灶王爷，本姓张"这段灶神故事时感觉心气非常不顺畅。要知道灶神具有一家之主的神格，灶神司不仅掌一家的善恶，而且有通天之能，这样一个代表家庭中

---

① 《大唐新语》，中华书局1984年版，第195页。
② 参见杨福泉：《灶与灶神》，学苑出版社1994年版，第63页。按这个类型的灶王爷故事，在山东地区之外也广为流传。

社会秩序的家神的故事,为什么会是这样一个婚姻失败的故事?换一个角度看问题,将这样一个婚姻失败的故事编入灶神信仰的源动力究竟是什么呢?

作为比较民俗研究的材料,以下请允许我介绍一些和本文相关的日本、琉球和越南的材料。在古代日本,神道中的灶神一般被称为"竈三柱神",这是由奥津日子神(オキツヒコ)、奥津比売命(オキツヒメ)和轲遇突智(カグッチ、火産霊)三位神灵组合而成的①。轲遇突智是火神,他出生时烧坏了母亲的产门,直接导致了大神伊奘冉尊的死。这段故事在《古事记》《日本书纪》的神话中有很多文字记载。男神奥津日子神和女神奥津比売命据说都是岁神的孩子,也有一种说法即他们是夫妻。但"竈三柱神"是由两男一女组合而成是确定的。日本的灶神饭岛吉晴在《灶神与厕神——异界与现世的界限》中介绍了一个有关灶神起源的故事。这个故事流传于宫城县登米郡东和町樱台。故事讲述某一家的男人接纳了一个旅人让他住在家里。这个外来的男人什么都不干,吃了东西就拉屎,根本不管什么地方,连灶台边上都拉。家主人一点办法都没有。不久外边的来访者出门旅行,家主人看那灶台边拉的屎,都变成了金疙瘩。这家男人从此把这旅人当灶神祭祀,一家由此繁荣兴盛②。这同样是一个外来男人进家的故事,但很明显,故事更多强调的是灶神是财神的侧面。据窪德忠调查,在琉球基本不存在"灶王奶奶"这一类型的灶神为夫妻两人的说法。灶神在琉球民间直到今天也非常流行,但琉球的灶神神体一般都是三块石头。围绕着三块石头,说法很多。国头村流传的灶神故事讲述了为什么灶神喜欢女性祭祀之。据说这灶神本是玉帝的三儿子,因为喜欢看女人,所以被玉帝派下来管理灶前灶后都是妇女在忙的灶。又有一种说法是男女两神之间又进来了一个男神。还有一种说法是后边的是男神,前边两块石头是夫妻神。再有一种说法是后边那块石头就代表了一对夫妇,前边的右为女神、左为男神。在与那国町则流传着和中国一样分手后的夫妻再相遇男人感激而死的故事。在这里我们又遇到了两男一女的组合。③ 由过伟主编的《越南传说故事与民俗风情》中收录了流传在越南的"三脚灶神"的传

---

① 日本埼玉县秩父市今尚有竈三柱神社,所祀即此三神。其他新年发放如竈三柱札的神社有很多。神佛习合后三神习合为佛教三宝荒神,所以今天日本佛教以"佛法僧"为解释的三宝荒神之所以又是灶火之神其缘在此。
② 饭岛吉晴:《灶神与厕神——异界与现世的界限》,人文书院1986年版,第17页。
③ 窪德忠:《中国文化与南岛》,第一书房1981年版,第348—349页。

说。在这个故事中,灶神是一对恩爱夫妻和皇帝。故事讲皇帝抢走了男人美丽的妻子,后来丈夫借卖葱和桂花的机会进到皇宫,经历一段曲折后,这对夫妻和皇帝都死于火中,成了越南的灶神。这个灶神故事同样是一个由两男一女组合而成的。①

以上流传范围及于中国、日本、琉球群岛和越南的灶神传说、故事材料,只是我从众多的灶神传说、故事中选取出来的一小部分。这些与灶神相关的故事材料就是现存的文化"变异体"。问题是我们如何超越文学文本的解析,探寻作者如何利用"多元文化元素"组合成文本中的意象、情节、人物、故事等,并辨析、揭示和落实"多元文化元素"透入文本的"途经"即"文化传递"的"轨迹"。在上述流传中国、日本、琉球群岛和越南的灶神传说、故事中,我们可以找到一些类似的同类项:第一,这些材料中的灶神,大都和"三"有关。第二,这些材料中和灶神相关的人物经常是三个,并且都是两男一女。至此,我们已经不能把灶神相关婚姻失败的传说故事看成是偶然形成的故事。因为很明显,这一故事拥有非常大的知识背景,是必须能够放到中国、日本、琉球群岛和越南都共同拥有的"文化场"来思考的共同特征。众所周知,灶是家中用火的地方,所以火神的神格是灶神神格很重要的一个层面。中国古代典籍中记载最早的灶神传说是炎帝"死而为灶",还有一种说法是祝融。而炎帝和祝融都是火神。汉代灶神祭祀被列为"五祀"之一。《礼记·月令》记载孟冬之月天子"腊先祖五祀",郑玄注五祀为"门、户、中溜、灶、行"。灶已经被放到很高的地位。王充《论衡·祭意》云:"五祀报门、户、井、灶、室中溜之功。门、户,人所出入,井、灶,人所欲食,中溜,人所托处,五者功钧,故俱祀之。""五祀"之中,井和灶乃一水一火,在中国古代是具有结构性意义的。在中国古代时间文化体系中,水被称为坎,火被称为离,水被卦符☵表示,火被卦符☲表示。水火对立组成坎离相向对立的结构性位置非常稳定。以八卦为例,先天八卦和后天八卦的卦象错位后,八卦各卦位置错位很大,只有坎离两卦,只是由东西向转成南北向,其水火对立组成的坎离间结构性位置并未变化。在后天八卦中坎处于子位,于五行为水,于二十四节气为冬至,而离处于午位,于五行为火,于二十四节气为夏至。冬至和夏至都是阴阳转换点,冬至为

---

① 过伟主编:《越南传说故事与民俗风情》,广西人民出版社1998年版,第31—35页。

阴之至,一阳生,故坎卦中央为阳爻,是为两阴夹一阳之象;夏至为阳之极,一阴生,故离卦中央为阴爻,为两阳夹一阴之象。离卦(☲)和坎卦(☵),可以说是古代时间文化体系最核心的符号。八卦的阳爻(—)和阴爻(— —)有着强烈的性隐喻在内。郭沫若甚至推想阴爻和阳爻最早就是取象于男女生殖器。所以,普通百姓将阳爻想象成男人、阴爻想象成女人是非常自然的事情。如此带入则离卦的卦象就成了两男共一女,这在古代东亚是一个非常不容易用普通纲常来理解的事情。离卦(☲)的卦象,很可能就是东亚灶神故事中两男一女这种特殊组合的深层原因。如果我们使用严绍璗先生的"变异体"理论来审视,这就是东亚这一特定时空中人类认知共性产生的文化元素。这样一个由理解符号而生发出民间传说、故事并形成信仰的过程,都是依托东亚时空中对火的符号性认知这一文化元素而成长起来的。还原古代东亚古代知识的"文化场",我们还会看到不同国家和地区的灶神故事中,有"本民族历史承传中产生的文化元素",例如日本"竈三柱神"中的轲遇突智(カグツチ、火産霊)就是日本上古神话中的火神,是日本本土神话元素被编入了灶神信仰。我们再看琉球流传的灶神是玉帝的三儿子,与越南流传的夫妻和皇帝共同死于火的传说,都在两男一女的框架里加入了天帝或人间帝王的因素,可以推想这些因素的产生背景,是为了解释灶神何以是"神"的部分。这是中国文化进入后产生的变异体,其中加入的,是中国的"灶神奶奶"故事所拥有的功能。

## 结　　语

朱子有诗云:"旧学商量加邃密,新知培养转深沉。却愁说到无言处,不信人间有古今。"本文认为,中国学者在比较文学中创造的有关文学"变异体"理论构想,基本可以适用于民俗文化的比较研究。我们完全可以尝试将东亚民俗文化代入严绍璗先生有关文学"变异体"理论之中。因为东亚的民俗文化也存在"构成本相",也有其内部组成的"多元复合"。民俗文化内部组成各有其"族群特征",同时存在着共同的多形态的"多元复合"的内部结构系统。在古代东亚人"文化认知意识"中产生的"文化变异体"同样需要我们认识其内在构成元素,需要我们追求对"文本生成"更深的把握。需要我们从"社会文化语境""认知文语境"共同组合成的民俗文化生成的文化场去理解,并努力从每一个层面的"文化语境"解析出"本民族历史承传中产生的文化元素""异民族文化透入中产生的文化元素"和"在特定时空中人类认知共性产生的文化元素",从而在特定的多元文化语境中"还原"民俗文化产生发展的"事实本相"。本文还注意到了符号在东亚民俗文化中的重要地位,认为在古代东亚古代世界的深层,存在着一整套符号体系,存在一个用符号串联起来的神圣世界。要理解这些符号的意义,懂得了这些符号之间复杂的转换关系,我们就有可能进入很多看似不可理解、非常混乱的古代仪式、故事传说、民间信仰的深层,找出古人思维的逻辑线索,从更深入的角度分析古人真实的想法。

中国古代时间文化体系是一个由科学地观测和逻辑想象构成的古代世界,这个世界有古代人的思维逻辑,有用这些逻辑构建起来的古代时空。这一原生的中国古代时间体系有的基于对大自然变化的科学观察,有的则基于对这个世界存在方式的浪漫想象,与我们依靠科学认识的世界真实存在很大距离。但基于这一体系而发展出来的中国文化,在古代一直是东亚最发达的文化体系,是当时世界上最发达的文化体系之一。这一时间文化体系将四时万物变化的规律或总趋势高度概括为春生、夏长、秋收、冬藏四个阶段,对四时、八节、十二月、二十四气、七十二候和气候都有系统的描述,并且融会天地为一体、融会人与自然为一体,它以阴阳五行为基本思维准则、以象数变动为基本框架,为人与人的社会给出了一系列根本的文化规范,从而建构出东亚古代世界的基础。在我们认真回溯东亚古代世界的时候,这些逻辑和框架,是把我们的思想引向古代文化深层的有效途径。以上以严绍璗先生有关"文学变异体"理论为方法,以古代时间文化体系为背景,从分析仪式中的符号入手,笔者抽取了东亚古代的仪式、民间传说故事和民间信仰进行了几个局部问题的初步讨论,期待从方法论上对今后东亚地区的民俗文化比较有所贡献。文章涉及面广但限于篇幅,所论或有不当之处,还请硕学君子多加批评指正。

# 熔义理、考据、辞章于一炉
## ——严绍璗先生日本中国学研究的几点启示[1]

钱婉约[*]

## 一

中日两国历史文化的交往交流由来已久,源远流长。对于漫长岁月中日本接受和研究中国文化的历史过程、文化形态,以及在此基础上形成的日本文化的现象与实质,做出"属于中国学者自身认识的主体性判断",这是严先生治"日本中国学"的出发点,也是他从事学术研究以来一贯的"夙愿"。在他早期著作《日本中国学史》自序中有这样一段话:

> 多年来,我的心头积存着一个夙愿——中华民族的文化弘扬于世界,当以传入日本时间为最早,规模为最大,反响为最巨。对于这样辉煌的文化现象,中国学者理应根据自己民族的文化教养,作出属于中国学者自身认识的主体性判断。在我的老师季羡林、周一良教授、阴法鲁教授诸先生的督导之下,我开始撰写《日本中国学史》,作为建设这项浩大工程的尝试。[2]

1950年代末,严先生刚入学北京大学中文系古典文献专业不久,当时的专业主任同时是北京大学副校长的魏建功教授,建议他学习日语。魏先生说"一定

---

[*] 钱婉约,北京语言大学教授,文学院院长,北京市中日文化交流史研究会副会长。
[1] 本文初刊于《中国文化研究》2010年冬之卷。今略作修改,重发旧文,谨以纪念。
[2] 严绍璗:《日本中国学史》自序"我和日本中国学",江西人民出版社1991年版,第1页。

要去翻动那些日本人的著作,看看他们做了些什么研究,不要被他们笑话了我们"。① 这个话,让人联想起近代以来中日思想学术史上"孔子在中国,孔教在日本"或者"敦煌在中国,敦煌学在日本"的反讽。魏先生以及上面提到的季羡林、周一良、阴法鲁诸先生,代表了满怀爱国热诚和学术责任的新中国第一代学人,严先生学术生涯起步伊始,便从他们手中接过了那代人的理想和抱负,或者也包含了清末民国以来中国学术落后于邻邦的抱憾,扛起了一个时代、一个民族的文化学术使命。

可是接下来,却是学术停顿的"文化大革命",使兑现夙愿、实现使命延误了近 10 年。

> 记得 1970 年代初,我刚从"五七"干校回来,老系主任杨晦教授虽然自己曾一再被批斗,但他仍然多次嘱咐我说:"你那个日语不能丢啊!日本汉学还没有什么人搞,这是很要紧的,将来还是会有机会的。……"以他对学术的忠诚和对未来的希望,教诲于他的学生,我一直铭记于心。②

特殊时代不良的政治环境导致的学业、事业荒废,恐怕是比物质的贫乏、生活的艰苦更令人可怕和使人惋惜的,好在身处北大,有这样的前辈学者耳提面命,严先生虽不能说是"生逢其时",却也可谓"身当其选"。

1974 年秋冬,"文化大革命"尚未结束,中日刚刚恢复邦交不久,邓小平先生主政。严先生以 34 岁青年教师的身份,参加北京大学社会科学访问日本代表团,成为新时期中国学界最早直接接触日本学术界的研究者。在日期间,严先生与代表团一起,访问了京都大学、东京大学、一桥大学、早稻田大学、神户大学、大阪大学、大阪市立大学、名古屋大学、爱知大学、东北大学、福冈大学等日本各著名大学;会见了包括吉川幸次郎、贝冢茂树、岛田虔次等学术巨擘在内的 200 余位日本的中国文化研究家,以及各大学校长和大学所在地方政府的最高长官。这便是他在新时期,能够比较早地编撰、出版我国第一部"海外中国学"学术工具书——《日本的中国学家》(1980)的学术基础。此后的 30 多年间,老师先后 30

---

① 严绍璗:《日本中国学史》自序《我和日本中国学》,江西人民出版社 1991 年版,第 5 页。
② 严绍璗:《日本中国学史》自序《我和日本中国学》,江西人民出版社 1991 年版,第 9 页。

余次往返日本,或短期访问、参加国际会议,或滞在研究、讲学授课,逐渐成就了他的《中日古代文学关系史稿》(1987)、《日本中国学史》(1991)、《汉籍在日本的流布研究》(1992)、《中国文化在日本》(1994)、《記紀神話における二神創世の形態:東アジア文化とのかかわり》(日文版,1995)、《中国与东北亚文化交流志》(日本部分,1999)、《比较文学视野中的日本文化——严绍璗海外讲演录》(日文版,2004)、《日本藏汉籍珍本追踪纪实——严绍璗海外访书志》(2005)、《日藏汉籍善本书录》(2007)等一系列研究著作。

这些著作,大致关涉日本中国学研究和中日比较文学研究两个领域,是严先生中日跨文化学术体系的重要两翼,由此构筑起的综合性文化学术体系,是以中国人为研究主体,立足于中国这个特定的民族国家和历史文化传统,而将中日文学文化、典籍交流的历史状况,置于双边文化甚至多边文化的视野下,进行考察、研究的学术实践。读这些著作,在获得学术史的知识和学理、文献学的考辨和事实之外,往往多能察见作者的民族襟怀、批判意识和对现时代的人文关怀。具体地说,在作者的学术研究中,不仅是对2000年来中国文化传播于日本的物质的和思想的历史性考察,更有在此基础上所做出的对于中日两国复杂文化关系史的反省、批评和启迪。

以严先生最新出版的《日藏汉籍善本书录》三大册为例,正如乐黛云教授评论此书时所指出的:

> 这部书的价值应该更充分地挖掘,它绝对不光是一个文献整理,也不光是一个目录学著作,实际上最根本的,对我们当前最有用的是一个文化关系的研究史。……这部书是一个跨学科的研究,这个成果绝不光是文献或目录学的,它是关于社会学、文献学、考古学、历史学、人类学……我们要看到绍璗所以能做出这部书来,首先是他有一个开阔的胸襟,他能够看到日本政治、文化发展的总体情况。[①]

袁行霈先生也说:

---

[①] 聂友军、钟厚涛:《二十余年铸一剑,几代学人梦始圆——严绍璗〈日藏汉籍善本书录〉在京出版》,《中国比较文学通讯》2007年第2期。

(《日藏汉籍善本书录》)能以不尽同于目录学家的眼光,追寻中国文化东传的轨迹,审视日藏汉籍所负载的文化意义。……所揭示出来的中日两国复杂的关系史,已经超出文献学的范围,而具有更广泛的意义。[①]

读严先生书,自当有这样的文化立意和宽阔视野为储备;读严先生书,亦正可渐渐培养和积蓄这样的文化意识和宽阔视野。

## 二

《日本中国学史》出版于 1991 年,这部 620 多页、46 万字的大书,顾名思义,"近代日本中国学"的发展历史应是本书的主要内容。但实际上,作者在考察、论说日本中国学发展历史的同时,时时体现出一位人文学者对于历史文化更为宽广的思考和独立而敏锐的批判意识。如果把本书看作一棵树的话,"日本中国学"的内容是它的枝干绿叶,在此枝叶之下,有一个庞大的根系,即日本中国学发生、发展的学术背景与社会思想基础,包括中国文献典籍东传日本的历史过程、日本传统汉学的发生及其流派,以及日本近代文化运动及欧洲汉学传入日本等悠久而繁复的历史文化现象。正是在这广博的知识体系之上,作者才开始向我们述评 19 世纪末、20 世纪以来的日本中国学。

这一时期的日本社会文化、思想学术,是在新与旧、东与西的冲突和较量中,发展成长起来的。日本近代的中国研究,也正是在这一大环境下展开的。作者在考察、论说日本中国学发展历史时,常能以一种超越民族和当代的清醒理念、以文献考辨的实证方法,进行客观的研究、启蒙性的论说,体现出一位人文学者对于历史文化宽广的思考和敏锐的批判意识。

这里仅以作者对于中日儒家文化的比较研究、批判评说为例,简单说明如下。

众所周知,日本文化与中国儒学的关系甚深。从古代到室町时代,儒学文献是贵族、武士、僧侣等知识分子的修养读物和精神向往;到江户时代,儒学上则为幕府政权服务,下则普及为广大民众的一般生活伦理;到明治以后的近代乃至现

---

[①] 袁行霈:《日藏汉籍善本书录·序言》,《日藏汉籍善本书录》,中华书局 2007 年版,第 3—5 页。

代,儒学甚至上升到儒教的意义层面,在日本社会发生着更为重大和复杂的作用。日本作为崇尚儒教的国家形象,常常为思想文化界乃至经济界人士所提及。那么,儒教在日本近代文化运动中到底遭遇了怎样的命运?又承担了怎样的角色?起到了怎样的作用?作者在勾勒明治文化发展概貌,阐释各时期、各流派中国学家的思想特征时,揭示了这些问题的答案。体现了作者作为一个儒学本邦学者对于异域儒教文化形态的敏锐洞察力与深刻批判力。

一方面,明治以来,近代西方文化思想如潮水般在日本奔涌,自由民权运动日趋高涨,儒教受到西周、中江兆民、福泽谕吉等启蒙思想家的反省与批判;另一方面,为了反击上述西化思想运动,一批提倡皇权主义的国粹主义知识分子,则借助儒学思想资源,重唱江户时代国学家"敬神尊皇"的老调。在近代新文化面前,传统的神道教体系显得理论力度不足,儒学的忠孝仁义、敬祖修德等思想资源,正弥补了这种不足。于是,中国的儒学,在趋向于西化的近代日本被高高地抬举起来。正如作者指出的:

> 在近代文明潮流的冲击下,国粹主义一时忘却了他们的前辈是怎样的指责他们现今要"调和合一"的这"异邦之俗"(指儒学——笔者加注)……从前原本对峙的儒学与国学,在共同的危机面前,便很快地获得了共识。①

让我们来看一下作者揭示的近代日本一系列重要的文化事实:

1879年,以天皇名义发表《教学大旨》,这是"近代文化运动发生以来,第一次以国家最高元首身份重新提出以'仁义忠孝''为国民道德才艺的核心'"。(该书第169页)

1881年,日本开始恢复荒废了许久的"孔子祭"活动。而祭孔仪式及其本质在于"由禅僧按佛典举行祭孔,正是中世纪时代宋学与禅学互补为用的一种标识;明治中期开始的祭孔,改为神道仪式,这正是日本儒学与国家神道合流而构成为皇权主义意识基础的一种标识"。(该书第181页)

1890年,天皇再次颁布《教育敕语》。"这是以儒学为理论支柱与思想力量,

---

① 严绍璗:《日本中国学史》,江西人民出版社1991年版,第174—175页。

来实施皇权主义国家论的纲领。"(该书第175页)

1891年,井上哲次郎撰写出版《教育敕语衍义》,文部省指定为国民必读书。"这是一个把中国儒学、欧洲德国国家主义和日本传统皇道观念融合为一体的庞大思想体系……其全部价值,在于使国民加强天皇制国家体制的意识。"(该书第304页)

1911年,服部宇之吉提出"孔子教"的概念,声称:孔子在中国,而孔子精神的真髓则在日本。服部宇之吉成为"接受天皇政体叙勋授章最多的一位学者"。(该书第444—449页)

不必再过多援引,我们已可以看到儒学儒教在日本近代文化史上的意义和价值特征。如果说,儒学作为一份丰富的思想资源,曾滋养与催生了古代日本文明之花,那么,这份营养又如隐藏、孳生在近代文明身上的一个毒瘤,参与了造就近代日本皇权观念及圣战叫嚣的思想发展历程。

在中日比较文化关系研究中,许多学者往往热衷于"发掘"两种文化的相同之处,以说明中国文化如何影响并有功于日本文化,同时得到某种民族情绪上的满足。与此相反,一个批判型启蒙学者的任务,则侧重于从双边文化互动中寻找出能够警示后人的经验或教训,以警诫任何有碍于人类文化健康发展的因素。与这一思想脉络相连接,作者还写有一系列相关论文,揭示儒学或儒教在近代文化史上的负面作用,以至于最终形成对中国当代文化界进行一场"儒学革命"的号召。这就是严先生于1998年5月间,为北京大学成立100周年而作的《中国当代新文化建设的精神指向与"儒学革命"》[①]一文,这洋洋两万字的大文,不在本文的讨论范围之内,但我想,先生所以形成对儒学这种不妥协的批判态度,与他对中日文化交流史的研究,特别是对儒学在近代日本所发挥的负面作用的研究心得是不无关系的。

## 三

关于日藏汉籍古文献的追踪调查,是严绍璗先生"日本中国学"研究的一个重要组成部分。

---

[①] 严绍璗:《中国当代新文化建设的精神指向与"儒学革命"》,《北京大学学报(社科版)》1998年第2期。

熔义理、考据、辞章于一炉

(自1974年首访日本)有机会第一次看到留存于彼国的数量众多的汉籍,激愤和惆怅融成难以名状的心情,于是,便开始萌生了要查明日本藏汉籍诸种状况的念头。10年之后即1985年,我担任了日本京都大学人文科学研究所日本学部客座教授。学术理念的提升,使我对汉籍的域外传播所内具的文化学意义有了新的认识,于是便开始把我试图较为全面地查考日本藏汉籍的设想付诸实施。①

全面地查考日藏汉籍,谈何容易!这不仅需要专业的古文献学知识素养,更需要广泛接触、踏访日本社会各个大小藏书机构。其间手续的复杂繁难,过程的艰难波折,对于一个学者来说,其挑战的意味或许甚至超过做学问本身。20多年间,严先生"从日本的北海道到冲绳群岛,从太平洋之畔到日本海沿岸",调查踏访了日本近百个收藏汉文古籍的机构,其中包括皇家的藏书处、国立或公立的图书馆、各类家族财团或个人的文库书库、各级大学或古代学校的图书馆藏书楼,还有附属于寺庙内的汉籍文库,等等,这些藏书机构,远则有近千年、几百年,近则也有几十年、上百年的历史,有的并非是对外公开的图书馆,因此,前去寻访、调查或借阅文献、记录数据等,就非常繁难周折。

在《日本藏汉籍珍本追踪纪实——严绍璗海外访书志》中,先生对自己几十年的访书经历,有比较生动具体的记录。如该书"在杏雨书屋访国宝"一章中,先生记载了自己先在国内被周祖谟先生告知,《说文解字》唐人写本,目前世界上只剩下"木部"6页和"口部"1页,而"木部"6页就被日本人搞走了,希望能够寻访到原迹,一见真相。先生得此指点后,在日本经多方打探,得知此件在1920年代归内藤湖南所有,而内藤湖南身后的藏书分散三处收藏,经京都大学岛田虔次教授指点,得知内藤湖南藏书中最珍稀的部分,现收藏在位于大阪的武田氏家族财团所属的杏雨书屋,而这个藏书处是不对外公开借阅的。于是,作者又在贝冢茂树、小南一郎、狭间直树、羽田明等前辈先生和同行教授的疏通或引领下,终于得以在杏雨书屋寻访到这份被定为日本国宝的"唐写本《说文解字》木部"。② 千余

---

① 严绍璗:《日藏汉籍善本书录·自序》,中华书局2007年版,第11页。
② 严绍璗:《日本藏汉籍珍本追踪纪实——严绍璗海外访书志》,上海古籍出版社2005年版,第330—337页。

年前的唐人写本,近百年前的海外流失,到多年后的故国学人来访,书籍在中日间颠沛流离的过程,似乎也折射了中日两国历史文化力量此消彼长的消息动向,不能不令人感慨系之。

关于中国文化典籍流入日本的调查,晚清以来,曾有黄遵宪《日本国志》、杨守敬《日本访书志》、董康《书舶庸谭》、傅增湘《藏园群书经眼录》等专家学人做过相关工作。这些工作具有开创性意义,同时也存在局限:一是仅仅著录自己眼见的汉籍,往往限于东京、京都两地,数量有限,难免挂一漏万。二是仅仅作图书典籍的静态著录,未能把汉籍流布日本作为一种文化现象,进行动态的、跨文化的研究考察。

严先生的工作正是在对上述局限的反思前提下进行的,他的日藏汉籍古文献的追踪调查、善本著录工作,具有以下特点:

第一,尽可能广泛、全面的调查。在《日本藏汉籍珍本追踪纪实——严绍璗海外访书志》书中,重点介绍记录了在皇宫书陵部、国会图书馆、日本国家公文书馆、东京国立博物馆、东洋文库、足利学校遗迹图书馆、金泽文库、静嘉堂文库、杏雨书屋、尊经阁文库、御茶之水图书馆、真福寺、石山寺、东福寺、日光轮王寺等十多个汉籍收藏机构寻访、看书的经过,并对这些机构的建制、属性、管理、藏书特点、历史变迁等,一一做了钩沉梳理和现状简介,为我们描述了一幅全景式的日藏汉籍历史地图。

对于这些藏书机构,严先生投注以超越文献调查的文化关注和史论评说。如在皇宫书陵部访书的最后,作者附记道:

> 日本宫内厅书陵部是一个储量极为丰厚的汉籍宝库,近二十年来,无论是在其警卫森严的时代,或是打出"迎接国际化的时代"而向社会开放以来,每当我步入它的大门,或走出它的玄关,心中总充塞着难以名状的情感:是一种会见祖先故人的激动,还是一种难以割舍的亲情?是两个国家、两个民族文化连接的喜悦,还是一缕惜别的无奈?①

---

① 严绍璗:《日本藏汉籍珍本追踪纪实——严绍璗海外访书志》,上海古籍出版社 2005 年版,第 77 页。

熔义理、考据、辞章于一炉

又如,作者在国家公文书馆访书之后,写了下面一段感言,对我们理解东亚文明的构建,亦颇有启迪意味:

> 日本的有识之士把"汉籍文献"作为"日本公文"而贮藏于"书馆",在意义逻辑上似乎有些龃龉,但细想起来,实在是表明了中日文化关系史上一个最基本的事实——即在漫长的文明进程中,中国文化典籍所内具的文化特征和文化品格,已经熔铸在日本社会的各个层面之中,成为日本文化的材料。故而把"汉籍文献"作为"日本公文",上至于日本国会,下至于黎民百姓,从未见有过什么质疑和反对。①

第二,对被定为"日本国宝""重要文化财"的重要汉籍珍本,进行详细介绍,评估其文献价值和文物价值,与中国收藏或散佚情况作比较;介绍某些重要罕见珍本的复本、后刻本、翻刻本等收藏、聚类、复制的情况,勾勒出东传汉籍在日本文明进程中的文化意义。作者在《日藏汉籍善本书录》的自序中写道:

> 我在日本藏汉籍的调查与整理中,十分留意考察文本传递的"文化语境",尽量把握汉籍在日本列岛流布的学术图谱,注意日本相关文献中关于此本典籍的历史的、文化的等多形态的记载,收集由汉籍传入而相应在日本国内产生的"文化变异"以及由此出现的"和刊本"和"日人写本"等物化标记,尽量摘记文本上留存的各种手识文,甚至中国商船输入时的卖出价与日本书商收购时的买入价等。所有这些努力,都是为了描述一部汉籍进入日本列岛而形成的文化氛围,由此提示东传汉籍在日本列岛文明进程中的地位和作用。②

如对于杜预《春秋经传集解》三十卷千余年间在中日两国流传、保存和翻刻的情况,作了广泛而缜密的调查研究和分析排比:

---

① 严绍璗:《日本藏汉籍珍本追踪纪实——严绍璗海外访书志》,上海古籍出版社2005年版,第154页。
② 严绍璗:《日藏汉籍善本书录·自序》,中华书局2007年版,第12页。

今国内存《春秋经传集解》宋刊本九种,表面上还算皇皇大观,然究其实际,存三十卷全本者,仅有国家图书馆内两种,然又不能考其刊刻年代,也不知其可书之地与刻书之人,统称为"宋刻本",其余七种皆以残本珍藏。追踪日本收藏的《春秋经传集解》文本,由唐人写本残本一种,今存藤井齐成会有邻馆,被日本文化财保护委员会确认为"日本国宝"。有宋刊本九种,其中存全书三十卷本六种,其余有两种各残存十五卷,一种存十六卷。各种文本或刊刻年代可考,或刊刻地区可考,或刊刻者姓名可考,实为研究儒学史、文化史与《春秋》文献学史之大薮。①

接着,作者用近万言对各本的收藏状况,如齐全或残缺、版式状况、避讳特点、题记或标识、藏家印记、前人著录或考辨等,一一详细记录在案。这样一份资料,可看作中日《春秋经传集解》的文献收藏流变史。

又如,对于宋刊本《东坡集》残本、明人写本《永乐大典》零本、10世纪写本《文选集注》残本等,都有类似比较详尽的收藏、比较考辨的记录。

第三,在上述两点的基础上,充分收集和利用日本现有各种汉籍目录,对于日藏汉籍进行全面的整理记录。成果集中反映在近400万字的《日藏汉籍善本书录》。此书于2007年出版后,一些专家学者如任继愈、袁行霈作序,乐黛云、金开诚、白化文等人座谈,责编崔文印作书评,纷纷给予好评,称其为"二十余年铸一剑,几代学人梦始圆"的学术大作,是目前浮躁时代拯救学术的一针清醒剂和纯学术的榜样。本书也曾受到某海外学人的网文斥责和指谬。其实,一本几百万字的大书,存在一些技术性错误和不足,读者对之批评纠谬,以维护和促进学术的发展,这可以说是学术史上再正常不过的现象。不过那篇网文,不免意气用事,用语狂妄,显示了批评者自身学术素养的欠缺,已部分遭到读书界的回击和批评②。

日本学者对该书的评品,或许可以从另一方面说明严著的价值和意义。著

---

① 严绍璗:《日本藏汉籍珍本追踪纪实——严绍璗海外访书志》,上海古籍出版社2005年版,第7页。
② 参见顾农:《〈日藏汉籍善本书录〉之我见》,《中华读书报》2008年7月2日。《日藏汉籍善本书录》获得2009年北京市优秀社会科学成果一等奖,代表了政府主持的权威学术评定。

名中国古籍版本研究专家、庆应义塾大学名誉教授尾崎康说：

> 中国北京大学严绍璗教授,把传承于日本的汉籍善本,进行了准确而详尽的"书录",它直接且具体地证明了我在上面所讲述的日本对汉籍接受的历史。本《书录》以具有很高的学术性的资料,从一个方面阐明了日中文化交流的历史,它在一个基本的又是特殊的领域中,把日本文化史介绍给了中国,并且有助于释疑中国文化史上的未知的部分。①

日本明治大学教授神鹰德治称《日藏汉籍善本书录》为"平成时代的《日本国见在书目录》",肯定了它是中日两国间标志着一个时代的集大成著作。神鹰的文章说到,日本人所著的汉籍目录,往往除了纯粹"中国制作"的汉籍之外,还包括"朝鲜本汉籍"、五山版"日本古刊本汉籍"以及江户时代的"和刻本汉籍"等,因此,要查阅和了解日本藏中国汉籍的全貌,就面临要把日本现存汉籍中纯粹中国版的部分,抽取出来、整理统合的问题,此项工作几十年前在日本曾有过动议,但未能付诸实施。而现在"严绍璗主编《日藏汉籍善本书录》正是这样一部从事文献工作的人所期待的目录"。神鹰说：

> 在过去的一千年里,日本是如何接受和吸收中国文化的？《日藏汉籍善本书录》的出版为我们回顾这段历史提供了一个良好的机会。《国书总目录》和《日藏汉籍善本书录》这两部目录,恰如一辆车的左右两轮,将成为我们再次检讨日本文化时的基本工具。②

"旧学商量加邃密,新知培养转深沉。"③严绍璗先生30多年来所走过的日本中国学研究之路,给予本领域今后的研究,在立意、理念和方法论上,多有启示。清人论学,多以义理、考据、辞章三者言之,而相应地以识、学、才三者论

---

① 尾崎康：《日藏汉籍善本书录·序》,中华书局2007年版,第6页。
② 参见神鹰德治：《平安时代的〈日本国见在书目录〉》,陈捷译,原载《东方》第329号,日本东方书店刊2008年版。
③ "旧学商量加邃密,新知培养转深沉。"语出朱熹《鹅湖寺和陆子寿》诗。

人,章实斋所谓"义理存乎识,辞章存乎才,征实存乎学,刘子玄所以有三长难兼之论也"[1]。借用这个视角,是否可以总结说,在现代学术语境中,严绍璗先生的学问,以学术独立、理性批判为宗旨,以原典解读、实证考辨为方法,以专业工具书、史论著作为表述,他所追求和成就的,正是一种义理、考据、辞章三者并举的学术实践和学术体系。

---

[1] 义理、考据、辞章,不同学者的表述略有不同,也称义理、辞章(文章)、考据(考证、征实)。此处见章学诚:《文史通义·卷四说林》,叶瑛校注:《文史通义校注》上,中华书局1985年版,第351页。

# 严绍璗先生治学方法管见

陈多友

北京大学教授严绍璗先生于 2022 年 8 月 6 日在北京逝世,享年 82 岁。1940 年,严绍璗先生出生于上海,自幼家学渊源,深受诗书礼仪熏染;1959 年考入北京大学中文系,攻读古典文献专业;1964 年毕业后留校任教,担任北京大学中文系专任教师;1988 年底调入北大比较文学与比较文化研究所工作,后担任该所所长,长期从事以中国文化为基础的"东亚文化"研究,尤其在中日比较文学与比较文化领域用力甚勤,做出许多创见性的工作,著述丰赡,且培养出一批杰出的学者。2015 年,他荣获"中国比较文学终身成就奖",2016 年再获得"国际中国文化研究终身成就奖"。著有《日本中国学史》《比较文学与文化"变异体"研究》《日本中国学史稿》《中国与东亚关系志》《日藏汉籍善本书录》等。

## 一、原点实证为基础的发生学研究

自 1970 年代后期以来,经过几代学者的努力,中国比较文学学科已经发展成为具有完整体系的独立学科。1985 年,在深圳大学召开的"中国首届比较文学学术会议"堪称比较文学中国学派的诞生。"其标志是:在大学建立起了系统化的专业研究人才的培养机制;出版了与国际学界接轨的体系性的学术研究论著;形成了具有影响力和权威性的学术期刊;出现了国内外学界认可的学术领军人物。在中国比较文学的发展历程中,尤其是在东亚文学与文化关系的研究领域,严师无疑是国内外同行学界认可的一位杰出学者。"[①]在中国比较文学形成独立体系的上述四个标志性方面,无一例外地都有严师的积极参与和重大贡献。

---

[①] 周阅:《金玉人生——记我的导师严绍璗先生》,2022 年 8 月 7 日。

周阅教授曾经指出："总体来看，严绍璗先生的学术研究分作两大体系：一是以东亚文学与文化关系为标的的比较文学与比较文化研究；二是以日本中国学为中心的海外汉学研究。两者密切相关、互相促进。"①严绍璗先生本人也曾就自身的学术研究领域有夫子自道，他说："我的总体的学术系统大概有两个层面吧。一方面是希望经过'比较文学的研究'，在'发生学'的意义上重新审视日本文明史（包括文化史），最终能够在更加接近事实的意义上，以'文本细读'为基础重写日本文学史（或文化史）；另一层面是希望在'比较思维'的指引中描摹19世纪后期到21世纪初期的'日本中国学'的发生与发展的接近真实的历史，最终在'（个案）阐述学'的基础上完成《日本中国学史》全卷。"②

确实，严绍璗先生学术领域十分宽广，学术体系博大，其治学方法论亦非常独到。严先生家学渊源，成长过程中受到良好的传统学术训练，版本学、文献学、目录学功底深厚，在此基础之上他又广泛涉猎东西方文学文化史、文艺批评、文艺理论研究，与时俱进地将我国传统的文论与现代西方文论加以融合，创造性地提出了一整套先进的治学方法。

正如北京大学比较文学与比较文化研究所同仁所敬献的挽联里所写："揭櫫原典实证方法明其表里，大块文章多浩荡；阐明变异发生门径察乎古今，名山事业自庄严"，其治学方法最大特点就是提倡以原典实证为基础的文学与文化的发生学研究。

"发生学"研究包含三个部分：第一，在多层面的"文化语境"中还原文学文本；第二，深层把握文学与文化传递中的"不正确理解"的形态；第三，解析文学与文化传递过程中的"中间媒体"并揭示"文学的变异体"本质③。

严绍璗先生指出：上述三种基础性文化语境包括以下三个层面的内容："一是表现民族文化传承的系统，以及民族文化的现实传统共同形成的文化语境……；二是在文明社会中一个民族和另一个民族通过人口移动、宗教传播、商业活动等活动，从而发生本民族和异民族文化的碰撞……；三是文学文本和文化

---

① 周阅：《金玉人生——记我的导师严绍璗先生》，2022年8月7日。
② 严绍璗：《第三届"北大——复旦比较文学学术论坛"笔谈：关于比较文学博士养成的浅见》，《中国比较文学》2005年第2期，第4页。
③ 周阅：《金玉人生——记我的导师严绍璗先生》，2022年8月7日。

文本的形成往往在表现人类共同认知的意识层面形成。就是说人类对外部世界的认知是有共性的。"①他进一步指出，在第一个语境里，民族文化传统虽然渊源有自、源远流长，有其内在的规律性可寻，但是，它并不是一个恒定的概念，毋宁说民族文化传统是一个能动的过程，具有许多变量。在第二个文化语境层面，严先生分析道，文化在广阔的范围内，在各个层面流动中发生碰撞，发生碰撞的两种文化就发生抗争，文化的抗争激活各个民族内部的某些文化因子，从而在碰撞的过程中使异族文化解体。它的若干成分渗透到本民族文化中间，构成文化复合体的一种成分。例如，佛经翻译及其佛教的传入，催生了道家思想文化的体系化建构，也促进了道教的形成。同时，亦大大地刺激了儒教思想文化的发展，以至于形成了新儒学——程朱理学、阳明学等。佛教思想文化在初入中土之际，与我国本土思想文化也曾发生过激烈的碰撞，在被解构、变形中渗透进中国文化，在再解构、再重构过程中最终融入中国思想文化体系，形成了中国佛教。相反，中国本土思想文化在碰撞中汲取了佛教的某些因子，重新被激活，开始了与时俱进的自我重构。双方在碰撞、磨合中实现交汇，催生了儒、释、道三教合流的中国核心文化体系。在第三个文化语境层面，严先生的命意是人类虽各自地处天南地北，在漫长的自然孕育与文明演进过程中形塑了本民族的文化传统，在对自然、社会、宇宙及人类的精神内里的表现方面各有不同，但是人类具有共同的生物学、生理学、心理学、美学、伦理学基础，所以一旦获得各种相似的生存环境或生活境遇时，就会在认知层面上表现出共同的智慧。

有鉴于文学文本总是在如此多层语境中生成，我们在研究之际就必须在以上三个层面上把它"加以还原并加以解构"②。在严先生看来，所谓在多元文化语境中还原文学文本，实质上就是进行"文本细读"，这是"文本批评"的基础。为此，他指出，双边文化关系或多边文化关系研究的基本方法应该是"原典实证研究"。

1970年代，国际知识界曾有不少人别有用心地高呼"比较文学迎来了危机"。对此，严先生做出了十分笃定的反驳。这正是基于先生本人多年在中国与东亚比较文学研究方面，通过文本细读与理论阐述所进行的丰富的文本研究实践。

---

① 严绍璗：《多边文化研究的实证观念和方法论》，《华夏文化论坛》2008年第9期，第19页。
② 严绍璗：《多边文化研究的实证观念和方法论》，《华夏文化论坛》2008年第9期，第20页。

以严先生为代表的一批中国研究者以"文学发生学"等为核心对"跨文学研究"的认识与把握已经有了极大的提升。他们从文明史积累的丰厚的知识和自己的研究体验中认识到,任何一个作为现实存在的"文本"本身,一定是人类总体文明进程中由特定时空造就的"多元文化复合体";对任何一种群体文学或民族文学的传统来说,他们几乎全部都是文学变异体,各种变异体创生了绚丽多彩的文学史和文化史的长卷。研究者对"文学本相"的开掘与所提升的理性思考,使比较文学中"比较"的范畴在多元文化的层面中有了重要的拓展和深化。

确立这样的比较范畴意识,就是将比较文学学科的学术视野扩展到文明史总体、世界文化的范围中;比较文学实际上已经肩负起对迄今为止几乎所有已经被阐述过的文学文本进行重新审视的使命,并在世界丰厚的文学资源中依据比较文学学科范畴意识进行新的发掘与表达,从而成为人类认知自身文明史的一翼,并成为昭示未来发展的智慧。这是在比较文学学科的实践中提升关于比较范畴基础的也是核心的学理意识,理解这一基本学理,并沿着这一方向继续升华,可以有效防止比较文学学科失却核心的解释意识和研究对象。对比比较文学危机论,自然可以做出掷地有声的反驳。

严先生就此提出了一个可以操作的系统,具体包括以下五个层次:"第一,尊重学术研究史;第二,确证相互关系的材料的原典性;第三,原典材料的确实性;第四,实证的二重性与多重性;第五,研究者必须具备健全的文化体验。"[1]

第一,严先生指出,从事学术研究须尊重学术研究史。"所谓学术史,就是本门学术形成与发展的历史,就是本学科与本命题的形成与发展的历史。"[2]也就是说,提出命题之际,要建立起必需的同时也是不可回避的研究前提。他对我国人文学界有些研究风气浮夸、不严谨的"无前提"现象表示忧虑,并强调指出,文学与文化的研究一旦失去学术史前提之后,就会成为无知者无畏,成为心理狂躁者,"更为欺世盗名者提供最广阔的天堂"。[3] 他认为,双边文学与文化研究场合的实证观念,至少应该在两个层面上重视学术史成果:一是对所提出的"命题"要掌握其内里各项概念、范畴演进的过程与轨迹;二是须对设置命题的前人研究

---

[1] 严绍璗:《多边文化研究的实证观念和方法论》,《华夏文化论坛》2008年第9期,第20—21页。
[2] 严绍璗:《多边文化研究的实证观念和方法论》,《华夏文化论坛》2008年第9期,第21页。
[3] 严绍璗:《多边文化研究的实证观念和方法论》,《华夏文化论坛》2008年第9期,第21页。

成果进行学术清理。任何时代任何人的相关研究成果都是总体学术研究史上的一环,任何研究命题以及与命题相关的怀疑、联想和判断,都是建立在前人学术研究之上的,不存在无本之木的所谓"创新"。这就从根本上否定了只会拾人牙慧、不思进取、缺乏创新价值的平庸研究,以及投机取巧、欺世盗名的所谓学术。

第二,严先生指出,从事双边或多边文化研究,尤其是涉及影响研究之际,确证相互关系的材料的原典性是必不可少的。至少在两个层面上要把功夫做到位:一是指作为研究的材料,对研究的客体(对象)而言,须具备原典性。具言之,即研究"材料"与研究"对象"必须具有时间上(时代意义上)的一致性。换言之,为论证命题所提供的材料,必须与命题所体现的时间具有"同步性",或者至少应具备"趋同性";否则,就是臆想结论、杜撰材料、捏造事实,如此研究是荒诞不经的。二是指作为研究的材料,必须是"本国"或"本民族"的"原典材料",即作为论证中具有主体意义的材料必须是母语文本材料。这里会"涉及对他国与他民族文学的'译介'的问题,或者说是文学的'译介'与'比较文化(文学)'的关系问题"。[①] 严先生主张,"译介"是两种文学与文化接触的主要途径,这构成了比较文学与比较文化研究的一个领域,具有自身的学术意义。然而,比较文学与比较文化研究是不可以单纯依靠"译介"进行的,它必须在两种或两种以上的语言文本中展开,也即必须研究具有原典性的材料=文本。严先生提醒我们注意,翻译家的"译介"与研究者的"研究"属于两个不同层面上的活动。语言不同、思维则不同,所表达的意义与价值亦不同。因此,"译本"与"原本",客观上不可整合。若将二手材料等于"译本"当作"原本"来研究,就会深陷翻译家设置的"陷阱"。正如西方翻译理论家勒菲弗尔所主张,翻译是一个力学过程的产物,会受到来自翻译家本人的诗学意识的操控、委托人的操控以及意识形态的操控。如此现象并不少见。

第三,严先生指出,所谓"原典材料的确证性",是指:"在双边文化与文学的研究中,在已经具备了原典材料的条件下,必须甄别原典材料中的哪些材料是具有'确证性'的。"[②]而之所以名之为"确证性",是因为将它运用在论证命题的逻辑推导中,它具有无可辩驳、无法推倒的实证作用,它对"命题"的成立,具有根本

---

① 严绍璗:《多边文化研究的实证观念和方法论》,《华夏文化论坛》2008年第9期,第21页。
② 严绍璗:《多边文化研究的实证观念和方法论》,《华夏文化论坛》2008年第9期,第24页。

性的支撑价值。用司法界的行话来说,就是提供"死证"。做学问就是要本着科学的态度,以求道者的赤诚,格物致知,穷极真理,求真求质求实,探索真知,若不能够用事实说话,就无法追寻到真正的价值。

第四,实证的二重性与多重性,是指双边文学文化研究不能仅仅停留在文献资料上,还得尽量运用文物参与实证,这就是"实证的二重性"。例如,王国维利用大量的出土文物甲骨文材料印证文献,遂为不移之论。在双边文学文化研究过程中,要有学科交叉意识,尽量从多元视角、多维度、多手段地开展论证,这样才能够穷极妙理,寻得真理。眼下国家提倡新文科,就是这个道理。可见严先生的主张是有超前意识的。

第五,严先生指出,研究者必须具备健全的文化体验。他认为:"人文学术的研究,说到底,它实际上是以研究者的'主观性判断'来处理各种'客观性材料'。人文学术的成果,正是处于'主观性判断'与'客观性材料'的交接点上。"[①]因此,研究者应有读万卷书、行万里路的心理准备,要具备健全的文化经验,获取双边乃至多边文学与文化研究的良好的主体境遇。这就要求研究者不仅要使用具有原典性的材料,而且必须同时具备两种以上文化氛围的实际经验,主要体现在以下几个维度:

(1) 必须具备关于对象国文化的综合性体验。也就是说,不可以欠缺有关研究对象国综合性知识的前提下随意地提出命题,妄下结论。理性认识与感性认识应互为表里,相得益彰。

(2) 研究者必须特别体验本土文化与对象国文化在生活观念方面的差异并把握这种差异。这关系到研究的准确与深入。

(3) 必须体验双边文化中的"语意"的差异并把握这种差异。因为语言背后就是文化,理解不同民族之间"语义"的差别,是感知一个民族文化氛围的基本内容。

(4) 要特别体验文化氛围中的"美意识"经验。要从研究对象内里性美学意识角度体味、品味其审美经验,不可简单化处理。

总之,严先生认为在双边乃至多边文学文化研究中应自觉运用"原典性实

---

① 严绍璗:《多边文化研究的实证观念和方法论》,《华夏文化论坛》2008 年第 9 期,第 24 页。

证研究"方法论,实际上这是"文本批评"的方法。其目的就是通过对文本的实证,揭示与命题相关联的文化史实,从而获得确证的"文化语境",达到解决问题的目的。治学的态度应老实,不奢华、不夸张,不以功利为目的,实事求是,尊重科学。

## 二、对域外中国研究的应对

1970年代末以来,我国学术界日益关注其"Sinology",如今这一学术概念正在成为我们讨论域外中国研究问题的话题。经过词源考证发现,该英文单词来源于法语"Sinologie",指的是西方(包括日本)学术界对中国语言、文献、历史等领域的研究。西方早期汉学形成过程中,中国学者也参与其中。例如,早期来华耶稣会士的中文汉学著作,有相当多的部分是中国士大夫们帮其润色,乃至与其合作而成的。但在欧洲汉学作为一个学科诞生后,Sinology专指非中国人参与的由西方人独立开展的一种关于中国语言、文献、历史等领域的学问。

我国实施改革开放方针之后,知识界开始关注国外的中国研究成果。1981年,孙越生先生主编的《美国中国学手册》,堪称1980年代中国学术界对国外中国研究展开研究的代表性成果。1995年,任继愈先生主编的《国际汉学》和1996年阎纯德先生主编的《汉学研究》先后创刊,标志着域外中国学研究之研究已成为我国学术研究新领域。不过,国内学术界在如何看待国外的中国研究上存在着分歧。

以李学勤先生为代表的一种意见认为,用"汉学"称谓国外对中国历史文化的研究,他指出:"'汉学',英语是'Sinology',意思是对中国历史文化和语言文学等方面的研究。在国内学术界,'汉学'一词主要是指外国人对中国历史文化的研究,有些学者主张把'Sinology'改译为'中国学',不过'汉学'一词沿用已久,在国外普遍流行,谈外国人这方面的研究,用'汉学'为方便。'汉学'的'汉'是历史上的名称来指中国,就像Sinology的语根Sino-来源于'秦',不是指一带一族,这是希望读者注意的。"[①]

---

① 李学勤主编:《国际汉学漫步·序言》,河北教育出版社1997年版。

第二种意见主张,将国外对中国的研究统称为"中国学"。最早的倡导者是这个学科的奠基者孙越生先生,他创刊的《国外研究中国丛书》就是这个观念的产物。朱政惠也认为"传统汉学研究和现代中国学研究统称为中国学"。何培忠先生就如此认识也有十分清晰的表述,他说:"由于如今国外'中国学'不仅有关于现代中国政治、社会、经济、外交、环境等社会科学诸学科的研究,也有传统汉学高度重视的有关中国语言、文学、历史、哲学等人文科学诸学科的研究,因而,在这一意义上,可以说'中国学'是传统'汉学'在现代的延伸和发展。而使用'中国学'这一称谓,不仅可以包容所有有关中国问题的研究,也可以使人对历史的中国有更深刻的认识,对现代的中国有更好的理解。出于这些理由,我们认为我国学术界也应跟上时代的变化,将国外对中国的研究统称为'中国学'。"①

以严绍璗先生为代表的学者持第三种意见,他指出:"我以为关于对'Sinology'所表达的意思,应该有一个历史事件的区分概念,例如,把欧美日各国在工业文明建立之前所存在的对中国文化的研究,称为'汉学',在各国的近代文化确立之后展开的对中国文化的研究,称为'中国学',或许会更接近于他们研究特征的实际。至于说 Chinese Studies,那是另一类的研究,即'现代中国的研究',它们或许更接近于社会科学的范畴(如当代政治、当代经济等),而不是我们所十分注目的经典的人文学科(如文学、历史、哲学、宗教、艺术、考古等)。"②

严先生的认识在一定意义上和较早做美国中国学研究的侯且岸先生接近。侯先生在谈到这个问题时说,汉学和中国学相互连接,又有区别,以传统人文学科研究的为汉学,以地域研究为主要特征的社会科学各学科相互渗透而形成研究的为中国学。严先生所代表的这种观点和第二种观点的主要不同在于:他所讲的"中国学"只是"Sinology",而朱政惠等人的观点认为,中国学包含了 Sinology 和 Chinese Studies 两部分。

严绍璗先生认为:"我国学术界在关于'Sinology'研究中,尚有三个层面的问题,需要做进一步研讨,这就是关于'Sinology'这一学术的基本学术定位和它

---

① 《当代国外中国学研究》,商务印书馆 2006 年版,第 12 页。
② 严绍璗:《我对国际中国学(汉学)的认识》,《世界汉学》2006 年第 4 期(辑刊),第 8 页。

的价值意义、关于这一学术所构成的学术基础与它所应该容纳的学术内涵,以及关于从事'Sinology'研究的研究者的学术素养。"[1]具体而言:

第一层面的问题是关于"Sinology"这一学术的基本学术定位和它的价值意义。严先生指出:"我国学术界在早期接触国际'Sinology'的时候,主要把它作为一种'学术消息'、一种'学术情报'来注目的。"[2]如此"情报型学术"的观念和阐释,对学界的影响是相当深刻的。严先生认为,虽然学术研究的主体是域外汉学家,但是就其学术研究的客体对象而言,则是中国的人文学术,实际上这一学术研究本身就是中国人文学科在域外的延伸。所以"Sinology"的学术,其研究及其成果自然都可以而且也应该归入中国的人文学术的相应学科之中。然而,世界各国从事中国文化研究的汉学家是在迥异于中国文化语境的环境里,各自为战地研究中国文化的。换言之,构成其观察中国文化、感知中国文化及研究中国文化的人文意识、价值观念、美学原理、道德伦理和意识形态等,都与我们中国文化产生的本土语境大为不同。他们是在以其自身的文化语境为背景开展有关中国文化的形形色色的阐释,并通过这些阐释表现出丰富多彩的智慧,从根本上讲这些都是其母体文化观念。鉴于此,各个国家的"Sinology",其实就是其母体文化研究的一种。从文化研究所体现的本质意义上看,"Sinology"这一学术,是属于从事该研究的对象国文化系统中的学术,而不是中国学术。因此,严先生做出了如下判断:"'Sinology'是一门在国际文化中涉及双边或多边文化关系的近代边缘性的学术,它以'中国文化'作为研究的'客体',以研究者各自的'本土文化语境'作为观察'客体'的基点,在'跨文化'的层面上各自表述其研究的结果,它具有'泛比较文化研究'的性质。"[3]

这个判断,实际上是给"Sinology"作了一个严谨的学科定义,为树立其本体论体系和学科建构打下了基础。在此基础之上,严先生指出,我们必须有两个问题:(1)既然"Sinology"这一学术实际上是中国人文学科在域外的延伸,那么,从学术史的意义上来说,几乎所有的"Sinology"的研究及其成果,都应该分别归属于中国人文学术的各个学科之中。反而言之,中国人文学科无疑应将相应的

---

[1] 严绍璗:《我对 Sinology 的理解和思考》,《世界汉学》2006 年第 4 期(辑刊),第 7 页。
[2] 严绍璗:《我对 Sinology 的理解和思考》,《世界汉学》2006 年第 4 期(辑刊),第 7 页。
[3] 严绍璗:《我对 Sinology 的理解和思考》,《世界汉学》2006 年第 4 期(辑刊),第 7 页。

"Sinology"的研究及其成果纳入它的本门学科之内。严先生强调指出："作为我国人文学科史的表述，以及作为我国人文学者的修养，如果缺失了对'Sinology'的把握，事实上就是不完整的，就会造成'学科缺损'。"①严先生此话并非危言耸听，而是基于历史与现实所作出的客观认知。尽管包括日本在内的西方汉学家们在"Sinology"方面已经创造出海量的研究成果，但是我国知识界对之却知之甚少，造成了资源的严重浪费。我国人文学者在很多层面上，基本上还是在一种"文化自闭"的逻辑系统中循环阐述本学科的学科史。这个问题确实发人深省。(2) 严先生接着指出，我们应该关注的第二个问题也同样棘手。既然从文化研究本质意义上看，"Sinology"学术又是属于从事这一研究的对象国的文化系统中的学术，而不是中国的学术。那么，我们中国学者在研讨探究它的时候，就应该具备"跨文化"的学术立场和学术视野。他分析说，所谓"跨文化"的学术立场和学术视野，"是来源于我们对'文化在全球中互动'这一最基本的特征的把握而形成的对文化——当然包括人文学术在内的超越'自我'立场的基本态度"。②也就是说，双边或多边的文学文化研究需要用发展的、联系的、运动的、文明互鉴的眼光与态度推进，不能闭门造车。

这样一来，我们就不可避免地碰到"Sinology"研究中价值判断的最核心的问题——有没有标准？标准是什么？严先生主张，不同文化语境的研究者面对相同的问题，其阐释不尽相同。就此，"我们最主要的着眼点不在于匆忙地做出价值判断。……应该在于研究并阐明隐藏在他们精神深处，促使他们得出这样的结论的复杂的文化语境，阐明这么复杂的文化语境在形成他们的结论的过程中，在隐形层面和显性层面中的各种表现形态"。③ 只有这样，才能够使得我们中国研究者在广泛开展"Sinology"研究过程中获得丰富的学术资源，享用深厚的学术智慧。

严先生还强调指出，审视"Sinology"研究及其成果之际，还要避免简单地以"对中国""对中国人民"是不是"友好"为前提条件，而是要本着实事求是、求真求质的态度通过"文本解读"，在文化技术层面与文化史知识层面，以原典实证的方

---

① 严绍璗：《我对 Sinology 的理解和思考》，《世界汉学》2006 年第 4 期（辑刊），第 7 页。
② 严绍璗：《我对 Sinology 的理解和思考》，《世界汉学》2006 年第 4 期（辑刊），第 7 页。
③ 严绍璗：《我对 Sinology 的理解和思考》，《世界汉学》2006 年第 4 期（辑刊），第 7 页。

法,去鉴定是真是假,不从浅薄的意识形态或宏观的政治立场上判断作为学术的"Sinology",而是把学术放在学术的层面上研讨。

第二个层面的问题是"Sinology"的学术基础与所容纳的学术内涵。严先生认为:"'Sinology'之所以能够构成为一个深厚的学术系统,它的学术的基础则是存在于中国文化在世界范围内的流动。"[①]中华文化持久而广泛地在全球传播,构建了世界学术界对中国文化研究的基础。他指出,从最本质的意义上说,"Sinology"就是不同国度学术界研究者在不同的学术领域中,对自身所接受到的中国文化"刺激"所做出的形形色色的"反应"和"响应",这构成了一个独特的学术系统。为此,他阐述道,"Sinology"作为学术至少应包含以下四个方面:

(1)研究者需要掌握中国文化向域外传播的基本轨迹和方式。一般而论,文献典籍的传播,成了文化传播的最主要载体。作为"Sinology"的基础性研究,必须以原典性的实证方法论,解明汉籍文典向世界的传播,探讨这种传递的轨迹和方式,并从事相关的收集、整理和研究工作。作为身体力行的实践,严绍璗先生主要收集、整理和研究了日本中国学,完成了卷帙浩繁的研究成果《日藏汉籍善本书录》,这是世界上第一部全面著录现今保存在日本的中国历代古籍的大型工具书,对中日文化研究各个领域都具有极高的价值。

(2)需要掌握中国文化在传入对象国之后,于对象国文化语境中的存在状态,即对象国文化对中国文化的容纳、排斥和变异的状态。任何一个外国学者对中国文化的观念和他的方法论,都受制于他的母体文化;而他的母体文化与中国文化交会接触的层面,便是造就他们的中国文化价值观的最重要的区域。这样形成的"中国文化价值观"便支撑着他们对中国文化的研究。

(3)需要探讨世界各国在历史进程中于不同的政治、经济和文化条件中形成的"中国观念"。中国的存在和活动,就促使世界各民族和各国家,都会在不同层面上形成各自独特的"中国的观念",并且会以"合力"的形式组合成他们在一个时代中的具有主流地位的"中国观念"。

(4)需要研究和掌握各国"Sinology"在它自身发展中形成的各种学术流派,

---

[①] 严绍璗:《我对Sinology的理解和思考》,《世界汉学》2006年第4期(辑刊),第7页。

并由此研究并掌握各个国家的"Sinology"的学术谱系。

综上可见,"Sinology"学术体系内涵丰富,须关注探讨的层面、命题非常丰富。正因为如此,严先生指出:"并不是所有的人文学术领域中的任何人都可以操作'Sinology'这一学术……要求研究者具有超越国别文化研究的知识结构。"

第三个层面的问题是从事"Sinology"的研究者的学识素养。严先生结合亲身培养专门人才的经验概括出,"Sinology"研究者必须具备以下四个方面的知识素养。

"第一,研究者必须具有本国文化的素养,包括相关的历史哲学素养,它是这一学术研究的基本点;如果从最根本的'根'上说,其实并没有完全独立的所谓'Sinology'学者。"①也就是说,从事"Sinology"研究的知识人是在中国文化的特点领域中滋养而成的,没有深厚的中国文化素养,就不能从事相关研究。

"第二,研究者必须具有特定对象国的文化素养,同样也包括历史哲学素养,缺少了这样的素养,在'Sinology'研究中就是'盲人摸象'。"②我国在此方面研究水平乏善可陈,问题多多,其重要原因之一就是研究者对对象国文化认知、理解与阐释能力不足。

"第三,研究者必须具有关于文化史学的基本学理的素养,特别是关于'文化本体'理论的修养,例如,文化的发生学理论、文化的传播与接受理论等。"③学者应具备清醒的理论辨别能力,切勿将"文化政策"与"文化理论"混为一谈。

"第四,研究者应该具有两种以上语文的素养,本学术的研究者必须具备很好的汉语文素养,同时也必须具备对象国语文的素养。这就是说,研究的对象材料必须是母语的原典文本。"④研究者在进行系统繁复的"Sinology"命题研究之际,为了实现文本的多重确证性,用实证说话,不能够依赖二手材料,因此他必须至少具备开展跨文化比较研究所需的两种语言的语文能力;否则,就是隔靴搔痒。

---

① 严绍璗:《我对 Sinology 的理解和思考》,《世界汉学》2006 年第 4 期(辑刊),第 7 页。
② 严绍璗:《我对 Sinology 的理解和思考》,《世界汉学》2006 年第 4 期(辑刊),第 7 页。
③ 严绍璗:《我对 Sinology 的理解和思考》,《世界汉学》2006 年第 4 期(辑刊),第 7 页。
④ 严绍璗:《我对 Sinology 的理解和思考》,《世界汉学》2006 年第 4 期(辑刊),第 7 页。

## 三、关于日本中国学

作为以上观点的实践,严绍璗先生曾收集、整理和研究了日本中国学,在完成了《日藏汉籍善本书录》这一鸿篇巨制之后,他就整个研究过程进行了反省总结。他指出:

第一,"日本中国学是日本近代文化中的一个层面,重视'跨文化'学科的'文化语境'。"①严先生指出,当我们把日本中国学视为"中国学术研究"在域外的延伸,那多少忽略了对"中国学"作为一门"跨文化"学科的"文化语境"的把握,也就对这一学术背后支撑这些学术观念的"文化语境"未能有足够的认知,从而也就未能进行相应、恰当的研讨和评价。

严先生认为,一般而言,支持或促使"日本中国学"各种观念得以生成的"文化语境",有两个方面非常值得关注。其一,"文化语境"是"日本中国学",它首先是"日本近代文化"构成中的一个层面,是日本在近代国民国家形成和发展中构筑起的"国民文化"的一种表述形态,它首先是"日本文化"的一个类型。严先生阐释说,日本研究者是为适应日本近代国家的"国民精神"建设的需要而提供了一种学术性产品。他们对于中国文化的阐述,与中国文化本体的"本源性"意义常常并不处在同一层面中,他们只是依据他们的需要来理解和阐发中国文化。或许可以说,中国文化只是他们阐发在自己生存的"文化语境"中形成的某种潜在性意识的学术性材料。这些潜在性的意识,才是"日本中国学"内蕴的基本价值观念。其二,在我们审视和接纳"日本中国学"的学术成果的过程中,研究者还应该具有更加宽阔的世界性文化视野,力求把"日本的"中国文化研究,放置在相关的世界性文化视野中考察,借此或许能够更加确切地把握运用"日本中国学"资源的价值。"'日本中国学'作为日本近代研究'世界文化'的一部分,从这个学科形成的时候开始,它的主要的、重要的学者相应地都逐步养成了把自己对'中国文化'的认知和研究与'世界'融通的观念。"②"日本中国学"体系中某些主要观念与方法论的形成,不仅取决于日本本土文化语境,而且也是他们接受欧美文

---

① 严绍璗:《跬步斋文稿——严绍璗自选集》,首都师范大学出版社 2016 年版,第 104 页。
② 严绍璗:《跬步斋文稿——严绍璗自选集》,首都师范大学出版社 2016 年版,第 104 页。

化,特别是欧洲文化而变异的结果。

第二,"重视'日本中国学'的'学术图谱'。我们在研究阐述中常常缺失了相关的'学术图谱'。"①严先生反思道,面对着"中国学"的"学术历史",在纵向与横向几个方面,既没有很用心地留意,所知也不多,造成一些研究报告论之无据,言之失实,甚至虚拟假象。他这里说的"谱",自不待言,指的就是"日本中国学"的"学术图谱"。

第三,"重视研究的'文本'的原典性问题。第三个层面,则在于研究者应该非常重视作为'研究'的'文本'的原典性问题。"②严先生主张,我们所有的对"中国学"的研究,都是依据"文本"进行的。而所有的"文本"的原典都是某一种外国语文的。对不少的研究者来说,目前仍主要是依据汉文翻译本来进行工作的,于是就产生了阐释中的问题。我主张研究的文本应该具备"原典性",即应该尽量使用原出版母语文本,至少也应该把译文与原文本做一些可能的对照。由此,在文本方面的第二个问题,在于我们的翻译者应该思考如何把译文做好。

严先生对域外中国学的理解和思考与原典实证研究方法论以及文化发生学理论融为一体,形成了独到的方法论与实践论体系,为后学开展理论探索和双边或多变文学文化研究实践提供了指引与示范。众所周知,随着中国的快速崛起,国外研究中国的著述与日俱增,西方学术界在中国研究上也开始发生变化,欧洲传统汉学研究开始出现式微的征兆,针对中国当代的研究开始日益成为海外中国研究的主力军。同时,中国学术界在如何理解国外对中国的研究上继续沿着"汉学"和"中国学"两条学术路线在发展。如何理解日益增长的国外中国研究,这已经成为一个需要慎重思考和解决的问题。

以上笔者从两个大的维度尝试性地梳理了严绍璗先生的研究领域与学术体系,考察了严先生朴实却不失思想灵光的治学方法。先生所倡导的以原典实证为基础的文学与文化的发生学研究,以及筚路蓝缕、深耕细作的日本中国学研究,其理念、思考已形塑为具有普遍价值和意义的认识论、方法论和实践论,为我们后学开展双边或多边文学文化比较研究树立了典范。如前所述,先生发愿欲完成两大事业:一是通过比较文学的研究,在发生学的意义上重新审视日本文

---

① 严绍璗:《跬步斋文稿——严绍璗自选集》,首都师范大学出版社2016年版,第104页。
② 严绍璗:《跬步斋文稿——严绍璗自选集》,首都师范大学出版社2016年版,第104页。

明史(包括文化史),最终能够在更加接近事实的意义上,以文本细读为基础重写日本文学史(或文化史);二是在比较思维的指引中描摹19世纪后期到21世纪初期的日本中国学的发生与发展的接近真实的历史,最终在(个案)阐述学的基础上完成《日本中国学史》全卷。这两项工作在先生和一大批前贤硕学的共同努力之下,已经部分地变为现实,结出丰硕成果。希望我们今后能够继承并发扬先辈们的意志,奋发向上,刻苦钻研,薪火相传,把我国的比较文学与比较文化研究推向新的高度。

# 作为"文化他者"的中国
## ——近代日本的中国形象的考察

吴光辉[*]

对于日本来说,中国曾经是一个巨大的他者存在。现在依然如此。就日本文化特别是成文书记文化来讲,中国及其汉字文化正可谓是一个作为前提条件的巨大存在。这是日本文化成立的不可缺少的前提,也是不可回避的条件。即使有些日本人要对此予以否定,若没有中国文化这个前提,日本文化是不可能存在的这一事实亦无法推翻。不过,为了日本及其文化作为自立的东西得以存在确立起来,或者为了有可能去主张这种自立的存在,日本也需要将自己与中国及其文化加以差异化。只有把与自己的异质性强加给中国及其文化,也就是强有力地将中国他者化,才可能来主张日本及其文化的独立自主性。中国及其文化是日本及其文化成立的重大前提。然而,或者说正因为如此,不通过对中国的彻底他者化,日本就无法主张其自立性。中国对日本来说是一个巨大的他者。[①]

——子安宣邦

这是日本现代学者子安宣邦针对跨文化形象学立场下的日本的中国形象所进行的一段描述。审视这一段话,我们可以提炼出中国形象的两个内涵,即作为存在前提与文化背景的中国形象;作为异质文化与绝对他者的中国形象。这样双重性的中国形象彼此关联、相互依存,处在一个紧张的关系之下,同时也构成

---

[*] 吴光辉,厦门大学外文学院教授。
[①] [日]子安宣邦:《东亚论:日本现代思想批判》,赵京华编译,吉林人民出版社2004年版,第78页。

现代日本的中国形象的话语结构与社会病理。

立足于这一立场,本文将重点关注"巨大的他者"这一概念,就近代日本知识分子的中国形象进行阐述,通过勾勒出"作为恶友的他者""被奴役的他者""被拯救的他者"的框架设定,站在东亚文化交涉学的立场,来探讨在这样的中国形象建构之背后,近代日本究竟构建起什么样的文明模式,且具有什么样的方法论意义。

## 一、前近代的"文化他者"

作为文化他者的中国形象,并不是到了近代之后才得以萌发出来,应该说在前近代的日本,具体而言,也就是18世纪中期的德川时代就开始出现了。不过,与过去的以中国的文章典籍作为依据来论证自身存在的合理性与合法性的自我诠释活动①不同,这一时期的日本文化的本质特征,正如子安宣邦在此指出的,日本出现了一种"强调日本文化的固有性,试图将自己与中国文化区别开来,并确立日本的文化同一性"②的话语。这样的话语,也就是以国学者本居宣长(1730—1801)为代表的国学话语的登场。那么,本居宣长究竟是基于什么样的立场与方法,针对中国文化进行了区别式、解构性的诠释活动,且具有什么样的问题意识?

对此,首先,作为江户时代的国学者,本居宣长尤为注重日本的立场,故而极为鄙视盲目崇拜中国、鄙视日本的学者。本居宣长认为,日本最早的历史著作即712年编撰的《古事记》完全是以汉字撰写而成,但是日本人却可以通过汉字训读出"大和"的语言,这一解读方式的前提是将汉字作为纯粹的符号,即假借的文字。也就是说,假名文字及其文化构建起日本的内部性,汉字不过是外来的假借之物,只要将它消解与剔除,就可以找到日本内在的本来面目,寻找到日本自身

---

① 古代日本自我身份的诠释活动可以通过"东夷"这一概念来加以解释。所谓"东(東)"也就是太阳升起的地方,日本就自称为"日出之国";所谓"夷",也就是"一弓人",即日本是一个"武士之国"。换句话说,日本依托中国的古典,构建起了自身的民族身份。参考吴光辉:《日本的中国形象》,人民出版社2010年版,第36、72页。

② [日]子安宣邦:《东亚论:日本现代思想批判》,赵京华编译,吉林人民出版社2004年版,第80页。

的"道"之所在。本居宣长之所以推崇《古事记》，而对《日本书纪》加以否定，乃在于其认识到《日本书纪》深受中国文化影响，而《古事记》则是日本自身的"先王之道"的真实记载，更是日本"天照大御神"的精神体现。

本居宣长认为，日本的主体性主张的确立事实上早已存在于历史文献之中。根据其《驭戎概言》的记载："在后一次的诏书中，改日出处天子为东天皇，日没处天子为西皇帝，盖因闻首次诏书为彼王所不悦，故略加改动，并表敬意。然犹不只称彼王为皇帝，对东而称西。我方既不称倭，亦不称王，独称天皇，盖憎恶彼王国书中称倭王之无礼，不从之也。"①所谓"诏书"，依照《隋书·东夷·倭国传》记载，日本使臣小野妹子向隋炀帝进献了国书，其起始部分记载："日出处天子，致书日没处天子。"之后来访的国书之中亦出现了"东天皇敬白西皇帝"的文字。对此，本居宣长认为，这样的表述，即"天皇"这一称谓彰显出日本人试图缔结对等外交，具有"天下"观念的意识，应该说是日本人尝试脱离中国文化的束缚，确立自身文化同一性的开端。

其次，本居宣长的思想应该说承接了古学派思想家荻生徂徕（1666—1728）的学问与思想，并走出了一条脱离儒学的道路。荻生徂徕曾经批评以朱子为代表的儒学者将"天理"直接转化为政治性的"礼乐刑政"，提出必须将形而上的天理与形而下的人道加以区分，认为要从"物理"（而非天理）之理——实学的态度出发来认识世界。因此，他认为要阐述古代的"先王＝圣人之道"，必须排斥作为"正统"的朱子学。借助这一思想，本居宣长进一步对中国的圣人之说加以否定，认为"汉意"一直束缚着日本人的精神，因此强调日本自身的"神道"，力图彻底颠覆中国的文明价值。他认为，"大和魂"乃是日本自古以来既有的存在，江户时代的日本如果要恢复这一自古就有的"清明之心"或者"大和魂"，就必须排斥"汉意"或者"佛心"这样的外来之物。所谓"汉意"，就是来自中国的影响；所谓"佛心"，就是源自印度佛教的影响。在荻生徂徕的眼中，不管是中国（儒学）还是印度（佛教）皆成为阻碍日本回归自我、认识自身的障碍，更是日本必须加以摒弃的"异国"。就这样，通过彻底的价值转换，中国被本居宣长解释为"否定性的他者"形象。

本居宣长之所以排斥中国，其关键在于他所认识的中国并非是一个真实的

---

① ［日］木宫泰彦：《日中文化交流史》，胡锡年译，商务印书馆1980年版，第55页。

中国，而只是停留在文本意义或者日本汉学者想象之中的中国。这一时期的日本儒学者也关注到"北狄"（清）入主中原的事实。阳明学者熊泽蕃三（1619—1691）就主张日本需要革新中国"文过武怠"的弊端，突出"文武两道"，并认为日本由此可以成为"仁国"①。但是，日本人并没有如同朝鲜人一样对满族入主中原建立的清王朝采取文化排斥的态度，倒不如说一批儒学者的态度甚至到了无比崇拜的地步，中国被描绘为一个圣人并起、贤良如云的理想之国。因此，日本汉学者阐述的所谓"汉意"，实质上并不是真正的中国文化，而现实中的中国文化到了日本却出现了"断裂"②。或许对于本居宣长而言，中国是什么并不重要，中国究竟如何亦不重要，重要的是通过中国而还原到日本自身，确立日本的"先王之道"，打消日本人的中国情结，排斥以"追从他国为荣耀"③的怪癖，建立起可以与中国儒学、印度佛教相对立且抗衡的日本自身的国学。

再次，本居宣长的根本目的在于树立"清明之心""大和魂"的日本。那么这样的日本究竟是一个什么样的日本？是否具有了历史的实证性？对此，根据本居宣长的文本，实质上我们找不到真正的答案。本居宣长自身也只是强调"物哀"（もののあはれ）的立场，突出了以"山樱"为回归镜像的"心镜论"——"何谓琼岛大和心，若为人言之，旭日绽放山樱花"④，从而否定中国诗歌所具有的"教化"功能⑤。不过，这样的"心境论"带有想象性、审美性的色彩，但缺乏了知识性的历史阐述、原理性的理性判断。不仅如此，为了突出这样的概念的绝对性，本居宣长还引入了日本固有的神道思想，强调以一种直观的方式来看待樱花，看待真正的"神之道"，因而也带有回归日本神道的意识。

不言而喻，这一时期的日本的文化意识，依旧是将自己归纳在中华文明圈的世界之内。中国作为文化之根的地位，"直到（日本）对中国发生侵略战争的日本近代史过程中，也没有完全从日本人心中消逝"⑥。但是，本居宣长的思想并没

---

① ［日］熊泽蕃三：《集义和书》卷十一，义论之四，第二〇〇则。
② 蒋春红：《日本近世国学思想——本居宣长研究为中心》，学苑出版社2008年版，第258页。
③ ［日］本居宣长：《日本物哀》，王向远译，吉林出版集团有限责任公司2010年版，第344页。
④ ［日］高坂史朗：《近代之挫折：东亚社会与西方文明的碰撞》，吴光辉译，河北人民出版社2006年版，第160页。
⑤ ［日］本居宣长：《日本物哀》，王向远译，吉林出版集团有限责任公司2010年版，第233页。
⑥ ［日］子安宣邦：《东亚论：日本现代思想批判》，赵京华编译，吉林人民出版社2004年版，第80页。

有淹没在历史长河之中,而是成了中国的专制国家形象的原型而得以延续下来。在这一形象之中,作为文化中心的中国开始被改写为一个"文化的他者"而遭到来自文化根底的排斥,同时也被颠覆为一个异质性的、否定性的他者。

## 二、作为"恶友"的他者

如果中国形象只是限定在中国与日本之间的话,那么这样的中国形象也就会游离在两者之间的权力关系、支配关系、霸权关系之下,从而形成一种彼此的立场转换。历史事实显示,德川时代的日本就出现了否定"北狄"(清),而将自身称之为"神州"的中华思想①。但是,步入19世纪中叶尤其是明治维新之后,中国与日本之间的"问题"绝非是一个单纯的问题。一个"巨大的中华帝国",一个"巨大的西方",处在两者之间,是否可以树立起"大日本帝国"? 就在这样的多元性的角力与对抗之中,近代日本开始急剧地走向思想性的转型。在这一时期,批判中国成为日本启蒙主义者的固有"情结",更成为日本确认自身身份的现代性途径。伴随而来的,也就是日本的中国形象出现了根本的变化。

这一时期日本的中国形象,是将中国赋予为一个"他者"的形象,最为直接地体现为一个被贬低的他者,即"亚细亚的恶友"。这一"他者化"形象的代表性话语,也就是日本近代最大的思想家福泽谕吉(1834—1901)提出的著名的"脱亚"论。1885年3月16日,以中日之间的朝鲜争端为背景,福泽谕吉于《时事新报》发表了著名文章《脱亚论》。该文指出:"我日本之国土虽在亚洲之东边,其国民之精神既已脱离亚洲之固陋,转为西洋之文明。然不幸之处有近邻之国,一曰支那,一曰朝鲜。……(二国)论及教育之事则言儒教主义,学校教旨则称仁义礼智……毫无真理原则之知见……尚傲然无自省之念。……我辈视之……不出数年其必将亡国,其国土必将为世界文明诸国所分割。"②也就是说,中国与朝鲜依然迷恋于古风旧习,不求改革之途,其命运必然将导致亡国。不仅如此,福泽谕吉还指出:"今日之中国、朝鲜对于我国不仅没有丝毫的帮助,而且西方文明人也会因为三国地理相接,或许会等同视之,以中国、朝鲜之评价来衡量我日

---

① 吴光辉:《日本的中国形象》,人民出版社2010年版,第78—82页。
② [日]福泽谕吉:《福泽谕吉集》,近代日本思想大系2,筑摩书房1975年版,第511页。

本。……间接成为我国外交上的一大障碍,可谓我日本之一大不幸。"也就是说,中国、朝鲜与日本一道构成了西方人眼中的东亚共同体,同样也让他们对于整个东亚社会抱有了一致性的认识。这样一来,日本实行文明开化、殖产兴业,中国则是固步自封、因循守旧,两者之间的"差异性"或者说东方社会的多样性也就容易被西方人忽视,进而混为一谈。

日本知识分子在现代化的过程中也急剧地发生着转变,尤其是带有了一种双重性的特征。这样的特征即在于敏锐的"开化性"、狭隘的"民族性"[①]。这一点也最为直接地体现在《脱亚论》的结论之处。福泽谕吉指出:"今日之为谋,我国不可犹豫于以等待邻国之开化而共振亚细亚,宁可脱其伍与西方之文明国家共进退。与中国、朝鲜之交往不可以其为邻国之故而予以特别之关怀,惟有依照西方人对他们之态度来对待他们,亲恶友者不可避免与之共恶友之名,吾要诚然谢绝亚洲东方之恶友也。"[②]福泽谕吉将中国、朝鲜视之为日本走向近代化的"恶友",指出日本开拓西方化的文明,必须摆脱传统的束缚,实行脱离亚洲的道路,这不过是一个近代文明的选择问题。但是,批判中国是"文明境外的无知之愚民"[③],其根本立场却是要按照"西方人对他们之态度来对待他们",也就象征着日本要全面地向西方学习,走上分割中国与朝鲜的殖民主义道路。

福泽谕吉这样的思想并不是到了《脱亚论》才彰显出来,在这之前出版的《时事小言》之中,福泽就提道:"近邻之中国朝鲜,迟钝不堪,不可不其后尘……以武保护之,以文诱导之,急须使其仿效吾国步入近代文明。无奈之时,不惜以武力胁迫其进步。"到了1882年,福泽更是以《时事新报》为舞台,展开"朝鲜政略"的宣传,鼓吹"倘与中国之战不可免,则切勿左右彷徨,应当机立断,直接突进,封其喉管,方为正道"。[④] 完全走上了要求增强军备、鼓吹日清战争的道路。在这一立场下的甲午战争,也就被掩盖了侵略的事实,成了文明与野蛮之间,即文明征服野蛮、光明战胜黑暗的所谓"文野明暗之战"。

福泽谕吉的《脱亚论》影响深远、极具张力。究其实质,一方面在于脱离东洋

---

[①] 陈秀武:《近代日本国家意识的形成》,商务印书馆2008年版,第192页。
[②] [日]福泽谕吉:《福泽谕吉集》,近代日本思想大系2,筑摩书房1975年版,第512页。
[③] [日]子安宣邦:《东亚论日本现代思想批判》,赵京华编译,吉林人民出版社2004年版,第36页。
[④] [日]子安宣邦:《福泽谕吉〈文明论概略〉精读》,陈玮芬译,清华大学出版社2010年版,第184页。

的专制与停滞，使日本走上西化的道路；另一方面，则是要颠覆中国文明的优越地位，使进步的日本成为东方文明的中心。这一视角的前提，也就是西方文明带有绝对的"天理人道"。这一前提背后的中国形象，应该说也就被描述为一个唯政治是从的一元社会国家，带有半开化文明的停滞衰败、专制残酷、愚昧野蛮的一系列特征，成为黑格尔笔下的"反世界史"的东方形象①。

而且，我们也必须指出的一点，即福泽谕吉事实上并不是直接地观察与审视"中国"本身，而是站在一个透过西方这一"镜像"、反思日本传统的立场来看待中国的。这样一来，即便是中国反对西方殖民主义的行动，在他看来也不过是一种"自不量力"的任性行为。因此，面对西方启蒙主义潜存的、内在的暴力性，福泽谕吉可以说完全失去了公平公正的批判态度。即便是到了作为其研究者的丸山真男，也几乎完全忽视了这样一个视角②。

## 三、被奴役的他者

1894—1895 年中日之间的甲午战争，应该说是导致日本知识分子发生巨变、出现分裂的一个重大事件。以曾经大力鼓吹"平民主义"的思想家德富苏峰为代表，一批日本知识分子开始在思想上急剧转向"国家主义、权力主义、帝国主义"。针对甲午战争，德富认为："我国之所以采取这样的方法（战争），目的在于日本国的对外开放。对他国发动战争，目的就在于给予世界上的愚昧以沉重打击，把文明的荣光注入野蛮的社会之中去。"③日本的野心也就在这一时期开始急剧地膨胀起来。

不言而喻，福泽谕吉的观念在此得到进一步的宣扬，中日之间的战争赋予这一思想以深刻的实践性。站在东亚文化的内部来否定中国，进而侵略与侮辱东方民族，且站在现代文明的制高点，通过这样的文明坐标的设定，日本为自己发

---

① ［日］子安宣邦：《福泽谕吉〈文明论概略〉精读》，陈玮芬译，清华大学出版社 2010 年版，第 31 页。
② ［日］子安宣邦：《福泽谕吉〈文明论概略〉精读》，陈玮芬译，清华大学出版社 2010 年版，第 182 页。
③ ［日］德富苏峰：《战争与国民》，转引自和田守、竹山护夫、荣泽幸二著：《近代日本的思想》（2），有斐阁 1979 年版，第 32 页。

动的战争找到了以现代文明——实质上是西方文明体系下的合法性。在这样的唯政治性的现代地缘政治之中,中国成为被日本奴役的他者。也正如德富苏峰在1894年发表的《大日本膨胀论》所言:"本书……的目的在于论述大日本的膨胀,也就是将征清作为了论述大日本的膨胀这一问题的前提。有征清未必有膨胀,有膨胀才有征清。"①征服与奴役"中国"这一他者,由此也就成为日本确立自我身份的前提与手段。而且,日本的地域条件也决定了它必须以中国为前提或者手段。事实上,日本并不是一个被动的、隐蔽的、暧昧的主体——该语出自大江健三郎,而是始终抱着独特的绝对自由意志的主体。

与这样的政治论的他者形象相辉映的,则是基于艺术论或者文化论的视角来突出振兴亚洲之理念,提倡亚洲主义的立场。这一立场最为突出的一个观念,即近代日本艺术学者冈仓天心(1862—1913)所提倡的"亚洲是一体"(Asia is one)的观念。1903年,冈仓天心在英国伦敦出版了英文版《东洋的理想》一书,揭示了亚洲文明一体性的核心思想。站在东方美术史的立场,冈仓天心论述了日本美术史的发展历程,阐述了自身的思想主题——亚洲的理想。他明确指出:首先,亚洲是一个整体,是一个具有共性的文化统一体。这一统一体无论是中国文化、印度文化,抑或是日本文化,皆具有各自的文化历史与基本特征,亚洲大地众多民族的历史与精神生活相互关联,汇集成一个强大的、丰富的整体,"拥有孔子共同体社会理想的中国文明""拥有佛陀个人主义的印度文明",以及融合了阿拉伯的勇敢和波斯的浪漫的伊斯兰教文明。而在悠古、博大、深邃的整个亚洲文明中,最具代表性、最精髓的就是日本文明。"要把亚洲这些复杂的具有特性的要素真正统一起来,日本是最有特权的。日本民族传承印度、鞑靼之血统,吸取了两大源泉(指中国文明与印度文明——引者注)之精华,它最能代表整个亚洲意识"。② 日本文化吸收了两大基本来源,是较之"博物馆"更为高级的亚洲文明的集合体。

欧洲文明固有的扩张性、侵略性存在着无与伦比的巨大危险,将会威胁亚洲文化的整体性。但是,东方的亚洲文化正在走向觉醒,而且还会拥有一个巨大的

---

① [日]德富苏峰:《战争与国民》,转引自和田守、竹山护夫、荣泽幸二:《近代日本的思想》(2),有斐阁1979年版,第33页。
② [日]冈仓天心:《东洋的理想》,转引自[日]色川大吉:《冈仓天心》,日本的名著系列39,中央公论社1970年版,第25页。

发展空间。对此,冈仓天心认为,亚洲的未来不在于外部,而是来自亚洲内部的觉醒,尤其是日本自身的使命性的觉悟。他指出,日本文明代表着整个亚洲文明的精华,更具有了一种独特性与优越性。历史上,不论是中国文明还是印度文明,在经历了一度辉煌之后,皆陷入了停滞与衰落,只有日本文明继承其精华,成为整个亚洲文明的宝库,并焕发出博大灿烂的生机,创造出亚洲最优雅精湛的艺术。日本艺术是亚洲各种文明理想的集大成者。亚洲确实是一个整体,但是这一整体是需要通过日本才能得以实现,整个亚洲文明不过是日本辉煌的自我塑像的一个空间广阔、时间悠古的基座。

作为"被奴役的他者"的中国形象,无论是基于"事件"的政治论还是根植于"历史"的艺术论,中国被描述为野蛮、停滞、落后的形象;与之相反,日本则被描述为精华、灿烂、具有勃勃生机的形象。"事件"左右了知识分子的判断,同时也遮蔽了历史的情感;"历史"就此出现了断裂,也被描述为在"国家主义"立场下的、为一系列"事件"所串联起来的历史。即便是过去的汉学、儒学、佛教等作为文化符号的纽带,在此也被拖入所谓的"进步史观"的体系之下,作为东洋的过去而失去了璀璨的光环,"国家意识"成为首要的关键。

无论是基于"事件"的政治论,还是根植于"历史"的艺术论,应该说在那一时期皆体现出了极为强烈扩张、侵略的意识形态。冈仓天心之所以采取以日本美术史"包容"东洋美术史或亚洲美术史的方式来重塑日本美术史,其根本目的并不是为了美术,而是带有强烈的现代国家政治或意识形态的色彩,且试图为构建日本现代国家形象或自我认同提供精神性的资源。冈仓天心作为艺术理想提出的"东洋"概念,逐渐显示出其潜在的政治实践意义,为日本的大东亚圣战奠定了意识形态基础。审视1930—1940年代日本知识分子的思想,所谓东洋的理想通过日本的扩张成为"历史的实践",其转折点或起点就是日本侵华战争的开始,东洋的理想亦从艺术理想彻底地沉沦为日本的战争意识形态。

## 四、被拯救的他者

整个近代日本的中国形象,应该说都没有摆脱西方现代性世界秩序设置的东西方二元对立的意义语境。这样的东方与西方的二元对立的世界秩序,亦使日本的文化身份认同陷至一种尴尬的两难境地。不言而喻,现代日本的文明轨迹经历了一大循环:最初是背离东方,走向西化;而后是重回东方,走向中心。但是,这样的两条路径的共同之处,就在于颠覆中国作为东亚文明中心的地位并以日本取而代之。

以福泽谕吉为代表的脱亚论者认为,日本应该自觉地归属于"西洋",这是日本走向现代化的目标;反之,以冈仓天心为代表的兴亚论者则认为,日本天然属于"东洋",并担负着领导"东洋"的历史使命。通过树立"西方文明"这一前提,福泽谕吉强调了日本以独立为目的、以文明为手段的发展目标。它一方面超越了地理意义上的欧洲概念,向日本人展现出统一性的"世界史"的发展轨迹;一方面则是分化了原本作为西方想象下的整体性的"东方"或者"亚洲"。与之相反,冈仓天心则是通过"艺术性"地归化亚洲内在的同一性,揭示出一个"想象"的亚洲。但是,艺术的想象始终还是艺术的想象,日本知识分子并没有满足于这样的立场下的"亚洲"的重构,而是走向了文化主义的立场。这也就是内藤湖南所谓的"代替中国人,为中国着想"的"中国论"。

1914年,第一次世界大战爆发。同年,内藤湖南出版了著名的《支那论》①。在这部书的"自叙"中,内藤湖南明确地表明了自己的研究使命。最为重要的一点,就是要从日本自身的国家立场出发,"代替中国人为中国着想"。内藤湖南的坦率最为直接地阐明了这一时期日本所谓"中国学"的知识社会学真相。

首先,"中国学"是一种意识形态,且毫无掩饰地表露出了自身的知识-权力结构。作为"中国学"的提出者,他们存在着强烈地打破中国研究的迷幻,"把中国作为中国来加以理解"的实证主义学术风格。内藤湖南指出:"现在日本的汉学与中国人之间流行的汉学相比,时间上迟了短则七八十年、长则一百年以上",因此,"我希望做中国学问的人,至少要了解中国现在学问的状况……把对于西洋学问的兴趣,同样地用在对于中国思想上,这对于学问的进步一定是有益的。"②作为同事的

---

① 内藤湖南的《支那论》是日本那个时代意识形态化中国研究的代表作,表现了日本精英阶层的中国形象。该书出版后曾多次再版,1924年作者推出《新支那论》。1938年,正值日本侵华战争开始,内藤湖南将《支那论》《新支那论》,加上专论"近代支那的文化生活",合成一本《支那论》。该书经创元社出版,10天之内重印10版。日本人在《支那论》之中发现了侵华战争的"正义理由"。

② [日]内藤湖南:《支那学问的近状》,《内藤湖南全集》第6卷,筑摩书房1972年版。转引自钱婉约:《从汉学到中国学》,中华书局2007年版,第44页。

历史学者狩野直喜也提道:"研究中国学问当务之急首先是从日本式的兴趣……之中脱离出来,而且还必须禁忌的是粗略地阅读日本人写的汉文汉诗,而应该以中国人自己的解释方式去攻读中国古典。"[①]也就是说,日本一方面要脱离以中国学问,即过去的儒学来建立日本自己的学问体系的传统框架;另一方面要关注中国的现实,要将中国的学问还原到中国的现实之中,把中国作为中国来加以理解。

其次,"中国学"的学术前提具有极为显著的东方主义色彩。中国作为他者民族,无法实现自我思考、无法树立理智与道德,也无法表述自身,故而必须由所谓"日本"这一文明优越的民族来替代思索、替代表述。近代日本否定或者污名化中国经历了三个阶段:第一阶段,贬低中国的器物;第二阶段,贬低中国的制度;第三阶段,贬低中国的文化。日本对中国文化的颠覆最隐晦却最有权威性,这也就是以"中国学"的面目而呈现出来的中国研究。从某种意义上而言,"中国学"是日本特有的东方学,其前提、观念与方法都是东方主义的。承前所述,内藤湖南的基本态度是站在一个"中国人"的立场,来诊断中国的现实问题。但是,正如日本学者子安宣邦所批判的,其立场可谓是与日本帝国主义的立场同步。内藤湖南傲慢地认为"只要放弃国民独立的体面,对中国的人民来说,实在是最为幸福的境界"。仿佛外国列强的侵略是无可厚非的,而主张自身独立的中国人则是放弃了自身的幸福。内藤更是露骨地主张:日本要"观察其(中国)国情的惰性力和国土人民自然的推动力量如何倾斜,是否在走向西藏那样的衰退之路,然后拿出统治方针来"。中国最为根深蒂固的堡垒是乡绅团体的自治,它也是造成中国社会停滞的根源之所在。因此,"中国最终无论是共同管理还是用其他什么统治方式,若不推倒乡绅团体自治,则不会打破中国整个的安全"。[②] 也就是说,内藤湖南延续了欧洲黑格尔以来的批评,将中国社会诠释为一个"停滞"性的社会,同时也以一个"旁观者"的傲慢蔑视的眼光注视着处在列强分割边缘的中国。

内藤湖南具有深厚的中国文化修养,但是他的研究前提却是西方的现代性

---

① [日]吉川幸次郎:《桑原博士与我》,转引自钱婉约:《从汉学到中国学》,中华书局2007年版,第44页。
② [日]子安宣邦:《东亚论:日本现代思想批判》,赵京华编译,吉林人民出版社2004年版,第171—172页。

理论,或者说是基于黑格尔历史哲学。黑格尔的历史哲学创造了"东洋式专制"(Oriental Despotism)一语,批判东洋压制个人自由,是"反世界史"的停滞性的社会①。在《支那论》中,内藤湖南反复讨论"中国国民性"之中的"惰性力量",这种"惰性力量"根植于中国人的性格中,也根植于中国宗族乡党构成的中国的社会结构中。这种文化惰性使中国人与中国社会在经历了漫长的历史之后,依旧停滞在野蛮或半野蛮状态,缺乏自由的生机、进步的动力,没有独立意识、爱国心,没有理性生活与现代社会管理的能力。在这种状况下,日本入侵中国,实际上是拯救中国于沉沦与野蛮中,在中国开导出启蒙与文明。这是一个典型的西方启蒙哲学构建的殖民主义-帝国主义话语,令人想起黑格尔的预见与马克思当年对英国入侵印度的解释。

尽管这样的意识形态化的学术话语值得我们关注,但是笔者认为最为重要的,则是隐藏在深奥高妙学术思辨中的权力机制。这样的权力机制经过了黑格尔哲学的发展历史观的影响之后,也就会走向一种意识形态化的对抗。20世纪二三十年代的日本"中国学"之所以备受注意,就是因为这一学问表面上看似纯学术的"古典学"或"古典文献学",实际上却潜伏着极其危险的战争意识形态。这一时期的日本思想界,首先从社会制度与国民性层面上批判或贬低中国人与中国社会,然后从文化精神甚至文化精神的根源上颠覆中国文化的合法性,对中华文明完成了"釜底抽薪"式的批判,彻底颠覆了日本长期以来感到压抑的华夏文明中心主义与华夷秩序的基本规则。

"中国学"对中华文化的彻底批判从经典解构入手,一开始是内藤湖南的《尚书编次考》对《尚书》的经典性提出怀疑,然后是武内义雄的《老子原语》与《论语原始》。他在《老子》《论语》文本中发现了历史的"虚构"过程,其中部分篇什出自后人之手。武内义雄提出了自己疑古的方法论原则:他将那些"经典"文本分为"非确定性文本"与"确定性文本"。古典文献批判首先应该分辨出"非确定性文本",也就是后人赘续上去的文本,然后才能分析老子与孔子本人所撰述的"确定性文本"。如果说武内分辨《论语》的"非确定性文本"与"确定性文本"是为了最终研究"确定性文本",那么到了津田左右吉,则根本不关心甚至不承认其"确定

---

① 黑格尔:《历史哲学》,王造时译,上海书店1999年版,第118页。

性文本"。津田左右吉认为,《论语》不过是战国末期人编撰或者杜撰而成的,是不可信的虚构;中国文化本身就带有欺骗性,从个人言行到文化经典,莫不如此。

从内藤湖南的文献怀疑主义到津田左右吉的文献虚无主义,"中国学"逐步颠覆中华文化的正统性,如果说冈仓天心论证东洋可能是一个整体,津田左右吉意识到这样的整体将日本包容起来的问题之所在。津田左右吉之所以反对所谓东洋的整体性,就是基于日本文化与中国文化的本质性的差异,故而不可能将日本包容在"东洋"概念之下。为了划清日本与中国的界限,津田左右吉还走向极端,即有必要否定"东洋"这一概念本身:"日本文化是根据日本民族生活的独特的历史而展开,具有独特形式的文化,从来与中国文明完全不同……从来没有将日本与中国两者包而为一的所谓东洋的世界。从无所谓'东洋文化''东洋文明'这种东西。"①不言而喻,这样的否定也带有两重性,它从根本上打消了日本帝国主义谋求大东亚共荣圈的根本原理。

不过,就中国而言,"中国学"试图解构的文本皆是中华文化的奠基性文本,与中国文明的文化与国家制度直接相关,这样的文化批判深入到历史的深层,无疑将彻底动摇中华文化的权威性与正统性。如果纯粹从知识学角度理解"中国学"的批判,或许能够发现一些理性的智识的启示,但如果联系起"中国学"的知识社会学前提,即内藤湖南所说从日本自身的国家立场出发,"代替中国人为中国着想"的话,就不难发现"中国学"的古典文献批判的意识形态阴谋与深刻的危险性。不言而喻,日本颠覆中华文化的正统性的真正目的,也就是为了重构东亚秩序,奠定日本文化在现代性世界观念体系中霸主地位,使日本文化成为所谓"东亚协同体"中的主导文化。

## 结　　论

对日本来说,中国始终是一个"巨大的他者",是一个担忧被中国同化、被四方同等视之的"文化他者"。中国形象究竟如何? 也直接关系到日本的国民自觉与主体认同。依照子安宣邦的逻辑,这一点可谓是从古到今,皆是如此。进入现

---

① 李圭之:《近代日本的东洋概念——以中国与欧美为经纬》,"中国学的知识社群研究系列"之十,台湾大学政治学系两岸关系教学与研究中心发行,2008年,第103页。

代性的世界秩序之后,面对强大的西方,现代日本的自我认同也始终没有脱离这一"巨大的他者"。"他者"这一概念由此也成为日本的中国形象研究的一大前提。之所以如此,是因为日本的中国形象研究的真正学理问题,不是为了阐述日本的中国形象究竟是什么,而是为了阐释出它为什么是这样的问题。借助"他者形象是自我意识的延续"这一表述,问题的关键也就在于日本的自我身份的表述与确证。

现代性世界观念体系之中,个体国家如何理解自身与他国,尤其是与自身构成文化他者关系的国家,是自我确认或自我认同的核心问题。日本的自我确认或自我认同,在此我们可以借助现代日本学者梅棹忠夫的一段话来加以理解。"在世界文明历史之中,日本的文明史应该是占有一席之地的。纵观迄今为止的关于日本文化的讨论,多数都是要么站在以欧美为中心的世界文明立场上看待日本文明,要么站在固执于自我批判的立场上反复强调日本文明存在种种问题,再有就是试图对日本文明做一个极为特殊的解释等。……我想说,这些片面的解释都可归咎于缺乏对日本文明所具有的自立性和普遍性的认识。"[1]日本文明的自立性,也就是说日本文明独立于西方文明之外,并不是欧洲文明的翻版。日本文明的普遍性,则是指日本即使没有来自外部的刺激——西方化,而是沿着独立的轨迹行进的话,也依旧可以实现日本的现代化。

在这样的叙述过程之中,日本作为文明的存在被归化到一个矛盾的关系下。如果要突出自立性,那么则必然是作为一个特殊的存在而从普遍性之中脱离出来;如果是作为普遍者,则会在一开始面对同样属于西方的他者的中国或者其他亚洲国家来主张自我的普遍性。也就是说,针对西方文明的普遍性,日本具有独立的特殊性;针对东方文明,日本具有普遍性,将会是东亚文明发展的楷模。由此,日本的文化路线也就呈现出双轨的道路,一方面要最为深刻地历史性地阐述自身的"自立性"历史;一方面则是要突出自身与西方尤其是美国之间的"零距离",并以此作为自身的合理性的依据。

但是,一个没有改变的且依旧延续的事实却是,日本如半月,如弓弦一般孤悬于大洋之中,东西两片大陆,西边是中华帝国,东边是美利坚合众国。日本始

---

[1] 梅棹忠夫:《何谓日本》,杨芳玲译,百花文艺出版社2001年版,第16页。

终处于西洋与东洋之间、美国与中国之间,并在这样的"间"的框架下来想象或反思自己的身份。日本试图通过把握西方的话语方式来表述自身的独立性,且按照西方的思维方式走出一条帝国主义的道路;但是,他是否抱有了绝对的权力——这样的权力或者是政治性的权力,或者是经济性的权力,——可以替代东亚的诸国而行使话语权,却依旧是当下东亚世界的关键之所在。

追记:本文的撰写得到了厦门大学人文学院前院长、本人博士后阶段合作导师周宁教授的指导,部分内容出自合作撰写的《跨文化研究:以中国形象为方法》(商务印书馆2011年版)一书,特此致谢!

# 从《竹取物语》看古代亚洲文化圈[①]

丁 莉[*]

## 一、前 言

《竹取物语》这部作品跃动着古代亚洲文化圈的脉息。通过作品叙述,不仅可以看到"天竺""唐土""蓬莱"等古代日本人视角下的异国异乡之名,还可以探寻古代亚洲文化史、交流史的轨迹。

《竹取物语》的作者一般被认为是一位精通汉籍和佛典、有着深厚文学修养的文人。关于汉籍和佛典对《竹取物语》产生的影响,自古以来就有诸多研究。特别是辉夜姬所出难题中的异国方物,早在江户时代就有契冲、田中大秀等国学家指出作者有可能参考的出典,其后三谷荣一、三谷邦明等学者也做了进一步补充和探讨。

从与古代亚洲文化圈的联系出发,探寻作者如何将古代社会的人员交流、物品贸易等背景编织进异国方物的描写中,思考每个难题得以构思的契机也十分重要。日本学者河添房江、山口博都有基于这一视角的精辟论述。[②] 河添论文中关于古代日本人对"南海"的记忆、入唐僧、入竺僧的历史与作品的关系等论述,山口论文中关于海上丝路与蓬莱想象的论述等都给予本文重要的启示。

在前人研究的基础上,笔者尝试进一步关注物语外部的历史叙述,深入挖掘

---

[*] 丁莉,北京大学外国语学院日语系教授。
[①] 本文译自丁莉:《『竹取物語』に読む古代アジアの文化圏》(小峰和明监修、金英顺编《東アジアの文学圏》,笠间书院 2017 年版)。深蒙先生学恩,值此纪念文集出版之际,特将此文翻译成中文并进行了修订。在此对翻译者崔宇同学表示衷心感谢。
[②] 河添房江:《『竹取物語』と東アジア世界—難題求婚譚を中心に》,永井和子编:《源氏物語へ源氏物語から》,笠间书院 2007 年版;山口博:《平安貴族のシルクロード》,角川书店 2006 年版。

相关叙述与物语内部叙述的关联和结合点。严绍璗先生从文学发生学的角度强调要在"多元文化语境"中"还原"文学文本,文化语境指的是"文学作品生成的本源","是在特定的时空中由特定的文化积累与文化现状构成的文化场"。① 对于《竹取物语》来说,古代亚洲文化圈便是其得以生成的多元文化语境和文化场。本文尝试对这一文化语境、文化场进行深入分析,尝试在古代亚洲文化圈的人员交流、物品贸易的背景下"还原"《竹取物语》,对其进行重新考察,以求从一个新的角度探寻这部作品的魅力。

## 二、两个航海故事

《竹取物语》中描写了两个航海故事。作者之所以会构思日本人航海的故事,自然是以遣唐使、入唐僧以及以贸易为目的的航海等历史上真实的航海故事为背景。

《竹取物语》的成书时间大致在 9 世纪后半叶到 10 世纪初期。日本朝廷于宽平六年(894)在菅原道真的建议下正式废止了遣唐使,而那之前的最后一次派遣则是在承和五年(838)。从《竹取物语》的成书时间来看,与最后一次遣唐使的派遣时间还比较接近,可以说对这一时期的日本人来说,遣唐使及其相关故事应该还是记忆犹新的。

早期物语中描写的航海故事,往往会凸显航海的艰难与漂流的恐怖。成书于 10 世纪后期的《宇津保物语》描写主人公清原俊荫作为遣唐使出海渡唐,3 艘船中有两艘遇难,唯有俊荫所乘之船幸免于难,漂流到了波斯国。或许是因为早期物语的成书时间与派遣遣唐使的时代相隔不远,遣唐使的航海经历和漂流故事等依然记忆深刻,所以也在文学作品中留下了痕迹。相比之下,平安后期、镰仓初期的渡唐物语,例如《滨松中纳言物语》《松浦宫物语》中往往不再出现海上遇难或漂流等情节,均描写航海一帆风顺,主人公平安到达唐土。

《竹取物语》的第一个航海故事是车持皇子编造出来的。车持皇子是一个"素有计谋"②的人,他根本没有打算亲自去寻找蓬莱玉枝,一开始就策划了一场虚假的航海。他对朝廷诈称患病,"须到筑紫国温泉地疗养",请得病假后,立刻

---

① 严绍璗:《比较文学与文化"变异体"研究》,复旦大学出版社 2011 年版,第 57 页。
② 《竹取物语》的中文译文引自《竹取物语 御伽草子》,王新禧译,陕西人民出版社 2013 年版。下同。

前往辉夜姬的住处,表明自己即刻动身去取玉枝。他安排部下齐聚难波港为自己送行,营造出从难波出海的假象。

车持皇子假装从京城出发前往难波,再从难波乘船前往筑紫国。这一描写的背景是因为遣唐使的行程便是从平城京和平安京出发前往难波港,然后再到九州岛筑紫国。难波有航海之神居住的住吉大社,在这里举办"遣唐之舶开居祭"即船舶的下水仪式。在难波举办完祭祀、大规模的宴会等各项仪式后,遣唐使船向西横穿濑户内海,前往博多大港。① 例如,《日本书纪》所引遣唐使随行人员伊吉连博德的日记《伊吉连博德书》中记载了第四次遣唐使于齐明五年(659)七月三日出发后的航海日志,有关行程的描写如下:

> 己未年七月三日、发自难波三津之浦。八月十一日、发自筑紫大津之浦。九月十三日、行到百济南畔之岛。②

难波三津浦(也写作御津浦)即现在的大阪市南区三津寺町,是遣唐使从日本出发时登船的港口。遣唐使船从三津浦沿濑户内海西下,到达筑紫后在大津浦靠岸。大津浦即现在的博多,是大宰府的门户,所有开到外国的船舶都要在这里停泊,遣唐使船也不例外。齐明五年的遣唐使七月三日从难波三津浦出发,再于八月十一日从筑紫大津浦出发,九月十三日才到达百济南端岛屿,转而驶向中国大陆。

物语中,车持皇子召集工匠到一个人迹罕至的地方,让他们制造玉枝。玉枝造成后,他再次回到难波港,装出一副历经长途跋涉、疲惫不堪的样子去见辉夜姬。他在辉夜姬面前讲述自己的假航海之行,虽为子虚乌有,但内容逼真形象,其中的描写让人很容易联想到遣唐使船与商船在实际航海中经历的种种苦难。

> 海上有时恶浪滔天,几乎要掀翻航船;有时狂风大作,将船刮到不知名的异国,鬼怪出没,差点将我们杀害;有时在茫茫大海迷失了方向,茫然无措;有时粮食吃尽,只能以草根充饥;有时又有可怖妖魔纷至,要生吞我们;有时被迫以海贝为食,苟延性命;有时旅途中得病,完全无助,唯有听天由命。③

---

① 古濑奈津子:《遣唐使の見た中国》,吉川弘文馆2003年版,第19—21页。
② 坂本太郎等校注:《日本書紀》下,"日本古典文学大系",岩波书店1965年版,第339页。
③ 王新禧译:《竹取物语 御伽草子》,陕西人民出版社2013年版,第11页。

承和年间最后一次遣唐使的随行人员、天台请益僧圆仁著有《入唐求法巡礼行记》(以下简称《行记》),其中详细记录了航海时的情形,与车持皇子口述的航海经历非常相似。

  (六月)廿八日(前略)未时,海水亦白,人咸惊怪。令人上桅,令见陆岛,犹称不见。风吹不变,海浅波高,冲鸣如雷。以绳结铁之,仅至五丈。经少时下铁,试海浅深,唯五寻。(中略)爰东风切扇,涛波高猛,船舶卒然趋升海渚。乍惊落帆,桅角摧折两度。东西之波,互冲倾舶,桅叶着海底。舶舻将破,仍截桅弃舵,舶即随涛漂荡。东波来,船西倾;西波来,东侧。洗流船上,不可胜计。船上一众,凭归佛神,莫不誓祈,人人失谋。

  ……

  (七月)二日 (……)闻大使以六月廿九日未时离舶,以后漂流之间,风强涛猛。怕船将沉,舍碇掷物,口称观音、妙见,意求活路,猛风时止。①

据《行记》记载,承和五年(838)六月十三日出发的遣唐使船由于没有顺风,在九州志贺岛停泊数日后,于六月二十三日才从有救岛(宇久岛)出发驶入大海,一路上险情不断。

车持皇子编造的航海故事中,"船上有时恶浪滔天,几乎要掀翻航船""有时在茫茫大海迷失了方向,茫然无措"等描写与《行记》中"漂流之间,风强涛猛。怕船将沉,舍碇掷物""东西之波,互冲倾舶。东波来,船西倾;西波来,东侧""令人上桅,令见陆岛,犹称不见"等情景极为相似。车持皇子说"有时粮食吃尽,只能以草根充饥""有时被迫以海贝为食,苟延性命",《行记》中也有类似的描写,"大竹、芦根、乌贼、贝等随澜而流,下钩取看,或生或枯"(承和五年六月二十四日)。车持皇子说"有时旅途中得病,完全无助,唯有听天由命",《行记》中也描写了入海后船上水手从病卧到"终死去,裹之以席,推落海里,随波流却"(承和六年四月十三日)的悲惨情形。

车持皇子的航海故事述说"有时狂风大作,将船刮到不知名的异国,鬼怪出

---

① 白化文、李鼎霞、许德楠修订校注:《入唐求法巡礼行记校注》,花山文艺出版社1992年版,第5、8页。

没,差点将我们杀害""有时又有可怖妖魔纷至,要生吞我们"。通过史料的记载,可以了解到遣唐使船在漂流到异国时往往会遭到迫害的情形。

据《伊吉连博德书》载,齐明五年(659)有两艘遣唐使船出行,其中一艘遭遇逆风漂流至南海的尔加委岛,却"为岛人所灭"。《续日本纪》则记载了天平五年(733)在唐遣唐使回国时遭遇飓风,平群广成率领的船队漂流至昆仑国时,"贼兵"来围,船员们或被抓捕、或被杀、或逃亡的情形。

> 十一月辛卯。平郡朝臣广成等拜朝。初广成。天平五年、随大使多治比真人广成入唐。六年十月、事毕却归。四船同发,从苏州入海。恶风忽起、彼此相失。广成之船一百一十五人、漂着昆仑国。有贼兵来围、遂被拘执。船人、或被杀、或逆散。自余九十余人、着瘴死亡。广成等四人。仅免死、得见昆仑王。①

《日本文德天皇实录》卷五《菅原梶成卒传》记录了菅原梶成漂流至南海的经历。

> 六年夏归本朝。路遭狂飙。漂落南海。风浪紧急。皷舶舻。俄而雷电霹雳。桅子摧破。天昼黑暗。失路东西。须臾寄着。不知何一岛。岛有贼类。伤害数人。梶成殊祈愿佛神。傥得全济。与判官良岑长松等合力。即采集破舶材木。造一船共载。尔时便风引舶。得着此岸。②

菅原梶成于承和元年(834)随遣唐使渡唐,承和六年(839)回日本时遭遇狂风漂流至南海。岛上"贼类"伤人无数,菅原梶成祈祷神佛才得以保命。

史料中记录的"岛人""贼兵""贼类"均为对当地土著的称呼。可以想象,由于往往遭到抓捕、伤害甚至被杀,所以航海漂流地的土著、岛人便被想象成了"鬼怪"和"可怖妖魔"。

第二个航海故事也是以遣唐使船和商船等在实际航海中遇到的种种艰难险

---

① 黑板胜美・国史大系编集会编:《续日本纪》,吉川弘文馆1966年版,第156页。
② 黑板胜美・国史大系编集会编:《日本文德天皇実録》,吉川弘文馆1966年版,第53页。

阻为背景。大伴御行大纳言先是派家仆去找龙首辉玉,但仆从们却将财物分掉后各自散去,再无音讯。他只得亲自来到难波港,"雇船入海,巡游海上,随浪越行越远,来到筑紫海边"。这里的描写也是以平安京→难波→筑紫这条航线为背景的。

关于大纳言的航海,物语中描写了一段恐怖的经历。

> 就在这时,忽然间天昏地暗,风暴大作,将船刮得帆倾桅歪,失去方向,不知航向何处。后来船被飓风刮到大海中央,滔天恶浪猛撞船身,航船几乎就快沉没。天上电闪白光,雷鸣轰隆。①

这段描写与上文所引《日本文德天皇实录》卷五的菅原梶成漂落南海的记录非常相似,两者对比可见记录中"路遭狂飙""风浪紧急""鼓舶舻""失路东西""雷电霹雳""天昼黑暗"等汉文描写的场景与大纳言的航海情景几乎完全一致。

大纳言的航海故事中反复描述了对漂流的恐怖。船夫涕泪交流,悲声道:"就算此船侥幸不沉,头顶落雷也会劈死我们。即使神佛保佑,船在人存,可也终究会被刮到南海去啊。"后来,船虽着陆于明石地方海岸,但大纳言"却以为被风吹到了南海之滨",周身疲惫,倒卧在了船中,直到被人搀扶下船,他才"方知此地并非南海之滨"。正如河添房江所指出的那样,从这些描写中可以看出,遣唐使船遇难、漂流至"南海"的恐怖经历等作为一种集体记忆为船夫和大纳言所共有。②

在疾风雷鸣中,船夫指责大纳言妄想屠龙的行为,说疾风和雷电都是因为他惹恼龙神所致。大纳言也深感恐慌,高声祈祷道:"楫取御神在上,请听小人禀告。"经过千百遍祷告,轰隆雷声才渐渐平息。

这里提到的"楫取御神"指的是船神,在渔民和水手中广受信奉。圆仁的《行记》中描写遣唐使船上有"火珠一个祭施于住吉大神,水精念珠一串施于海龙王,剃刀一柄施于主舶之神,以祈平归本国"(开成四年四月十八日条)。也就是说,他们在船上分别向住吉大神、海龙王及主舶之神供奉不同的物品,祈求船只平安

---

① 王新禧译:《竹取物语 御伽草子》,陕西人民出版社2013年版,第19页。
② [日]河添房江:《『竹取物語』と東アジア世界——難題求婚譚を中心に》,[日]永井和子编:《源氏物語へ源氏物語から》,笠间书院2007年版,第32页。

从《竹取物语》看古代亚洲文化圈

归国。

《万叶集》卷十九的长歌《天平五年赠入唐使之歌》是一位遣唐使之妻所作。妻子祈愿住吉大神能够降临船头,让遣唐使一行能够顺利航行、平安归来。另据《行记》记载,为得顺风,船员们还在船上"设五谷供,祠五方龙王,诵经及陀罗尼"(承和六年四月十四日条)。海龙王是佛教中的海神。遣唐使在出发前,日本朝廷甚至颁布诏令要求全国上下诵读《海龙王经》,可见当时的人们深信海神能够守护大海航行的安稳。[①] 除了住吉大神与海龙王之外,圆仁一行在船上供奉的"主舶之神"就是船神,相当于《竹取物语》中的"楫取御神"。这些记录反映了当时航海者的祭祀与信仰。

《竹取物语》中的两个航海故事,无论是车持皇子编造的"假"航海,还是大伴御行大纳言实际出行的"真"航海,其中的描写均依托古代遣唐使船和商船实际航海中的艰难险阻与种种经历,反映了古代日本人对遇难、漂流等航海经历的记忆与想象。

## 三、两个"出洋"故事

除了航海故事以外,《竹取物语》中还描写了两个前往异国的"出洋"故事。两个"出洋"故事和航海故事一样,也是一真一假。

假"出洋"故事指的是石作皇子的假天竺之行。石作皇子告诉辉夜姬要动身前往天竺取石钵,内心却并未真正打算前行。3年后他假装从天竺归来,实际只是从大和国十市郡的某个山寺中,将宾头卢尊前"被油烟熏黑的石钵"取来送到辉夜姬处。然而,石钵并不发光,甚至连萤火微光也无,辉夜姬立刻识破这是赝品。

根据以上描述,可以推测辉夜姬要找的"佛之石钵"应该具备以下特征:位于天竺、呈黑色、发光。

契冲在随笔《河社》中最早指出《大唐西域记》《南山住持感应传》中有关于"佛之石钵"的叙述。[②] 但山口敦史指出《南山住持感应传》这一名称实际是契冲

---

[①] [日]佐伯有清:《最後の遣唐使》,讲谈社学术文库2007年版,第81—82页。
[②] [日]契冲:《河社》,《日本随笔大成》第2期第13卷,吉川弘文馆1974年版,第34页。

及之后研究者的误传,正确名称是《法苑珠林》卷三十八所引的《宣师住持感应》(道宣著)。① 其中关于佛钵的相关记述如下:

> 世尊初成道时。四天王奉佛石钵。唯世尊得用。余人不能持用。如来灭度后安鹫山。与白豪光共为利益。于末法中当随佛钵。于他方国施比丘食。②

根据这段记述,佛钵本是释迦初成道时由四大天王所供奉的,释迦灭度后被安放在灵鹫山。灵鹫山又名耆阇崛山,位于中印度摩羯陀国首都王舍城之东北侧,是著名的佛陀说法之地。这段记述中指出佛钵被安置于天竺,与《竹取物语》的描写一致,但并未提及佛钵的形状和外观。

关于另一个出典玄奘的《大唐西域记》,卷十一波剌斯国载"释迦佛钵,在此王宫",可知佛钵所在地是"波剌斯国"。卷二健驮逻国中又有如下记载:

> 王城内东北有一故基,昔佛钵之宝台也。如来涅槃之后,钵流此国,经数百年,式遵供养,流转诸国,在波剌斯。③

这里说的是佛钵在佛涅槃之后流至健驮逻国,后来又流转各国,到了波剌斯(波斯)。此外,卷八中也有如下相关记载。

> 时四天王从四方来,各持金钵,而以奉上。世尊默然而不纳受,以为出家不宜此器。四天王舍金钵,奉银钵,乃至颇胝、琉璃、马脑、车渠、真珠等钵,世尊如是皆不为受。四天王各还宫,奉持石钵,绀青映彻,重以进献。世尊断彼此故,而总受之,次第重垒,按为一钵,故其外侧有四际焉。④

---

① [日]山口敦史:《竹取物語の出典としての『南山住持感応伝』について》,《九州大谷国文》第24号,1995年。
② 《法苑珠林》,《大正新修大藏经》第53册,第589页。
③ 季羡林等校注:《大唐西域记校注》,中华书局2000年版,第236页。
④ 季羡林等校注:《大唐西域记校注》,中华书局2000年版,第688页。

这段记载说释迦成道时，四天王先是献上金、银及各种珍宝所制佛钵，但世尊均不接受。后来四天王各献一石钵，世尊这才接受。四钵合为一钵，故佛钵外侧有四际。这里对佛钵的描写是"绀青映彻"，即石钵颜色呈"绀青色"，而非黑色。

除契冲以外，田中大秀在《竹取翁物语解》中也指出《水经注》中有"西域有佛钵。今犹存。其色青绀色而光"等描写。① 但仔细阅读《水经注》，可以发现《水经注》卷二中关于佛钵的记述实际上引用的是《法显传》。

> 法显传曰：国有佛钵，月氏王大兴兵众，来伐此国，欲持钵去，置钵象上，象不能进；更作四轮车载钵，八象共牵，复不进。王知钵缘未至，于是起塔留钵供养。钵容二斗，杂色而黑多，四际分明，厚可二分，甚光泽。贫人以少花投中便满；富人以多花供养，正复百千万斛，终亦不满。②

除此以外，《水经注》还记录佛图调说"佛钵，青玉也"，竺法维说"钵是青石"，但未见田中大秀所指出的内容。法显是东晋著名的西行求法僧，也是中国历史上有记载的第一位到达印度本土的中国人。他归国后不久写成《法显传》，又称《佛国记》，记述他西行至天竺求取佛经并且返归中土的艰难历程。《法显传》中有如下关于佛钵的传闻。

> 从犍陀卫国南行四日到弗楼沙国。（中略）佛钵即在此国。（中略）杂色而黑多，四际分明。厚可二分甚光泽。贫人以少华投中便满。有大富者欲以多华供养。正复百千万斛终不能满。③

关于佛钵的形状和外观，《法显传》中"杂色而黑多""甚光泽"等描写与《竹取物语》中的描写基本一致。

关于佛钵的所在地，5世纪初成书的《法显传》指出是在从犍陀卫（健驮逻）国南行4日的"弗楼沙国"，但到了玄奘西行天竺的7世纪，佛钵来到了"波剌斯

---

① ［日］田中大秀：《竹取翁物語解》，"国文学注释"丛书五，名著刊行会1929年版，第129页。
② 陈桥驿校证：《水经注校证》，中华书局2013年版，第33页。
③ 章巽校注：《法显传校注》，上海古籍出版社1985年版，第39—40页。

国"。《法显传》中另外还记述了天竺道人诵经时所讲的佛钵故事,其中指出"佛钵本在毗舍离,今在犍陀卫",即原本在毗舍离(中天竺)的佛钵如今到了犍陀卫国,后来又流转于西月氏国、于阗国、屈茨、汉地、狮子国等地,最后回到中天竺,升至兜率天。释迦灭度后佛钵的流转成为佛法传播的象征,这个故事说的既是佛钵的流转,也是佛法的传播。

根据《法显传》中天竺道人的诵经,佛钵原本在中天竺,后流经各国,最终又回到了中天竺。换言之,《竹取物语》中提到的位于天竺、呈黑色、发光这三个关于佛钵的元素均能在《法显传》中得到确认。

关于石作皇子的假"出洋"故事,河添房江指出:"从与东亚世界的交汇来看,石作皇子的失败经历应该是将入唐僧和入竺僧的圣地巡礼之旅作为构思框架之一,但却是作为其负像而描述的。"[①]河添没有特别关注法显其人及《法显传》,而本文通过以上考察,认为《法显传》应当是佛钵描写的重要信息和知识来源。不仅如此,以法显为代表的西行求法僧的事迹也成为石作皇子天竺行构想的背景和基础。

法显于隆安三年(399)踏上西行取经之路,从长安出发经过中亚进入北印度,总共游历了将近30个国家,首尾历时15年。他从陆路去天竺,后经南海从海路回国,在狮子国(今斯里兰卡)搭乘商船,途经耶婆提国(今印度尼西亚爪哇岛),于义熙八年(412)在青州牢山(今山东青岛崂山)登陆。另一位著名的西行求法僧玄奘于唐贞观元年(627)离开长安,踏上西行长途。他过敦煌城、出玉门关,经过中亚地区,到达古印度。在印度学习了16年后于贞观十七年(643)启程回国,最终于贞观十九年(645)正月回到长安。

中国僧人西行求法的例子还有很多。唐代义净所撰的《大唐西域求法高僧传》里记载了57位僧人(包括义净本人)西行到南海、天竺游历求法的事迹,其中还包括新罗僧人和越南僧人。义净本人因仰慕法显、玄奘的事迹,于唐高宗咸亨二年(671)从今天的广州乘波斯商船前往印度,直到长寿三年(694)乘船回到广州,义净在印度和南海巡游求学25年,途经30余国。《大唐西域求法高僧传》中有很多求法路线的记载。义净以前,僧人们西行求法主要走陆路,即通过今新

---

① [日]河添房江:《『竹取物語』と東アジア世界——難題求婚譚を中心に》,永井和子编:《源氏物語へ源氏物語から》,笠間書院2007年版,第27页。

疆、中亚往来的"丝绸之路";后来,海路就逐渐成为主要通道。

《法显传》《大唐西域记》和《大唐西域求法高僧传》作为唐代佛教史上的重要资料,在奈良时代就已传到日本。可以想象,关于西行求法僧的事迹、路线等,《竹取物语》的作者是有丰富的信息来源的。作品通过石作皇子的心理活动写道:"天竺距此极为遥远,石钵又系天竺无二之物,即便跋涉百千万里路程,也未必能取到手啊。"虽然只有寥寥几句简单的描述,但却承载着对历史上西行求法僧跋山涉水、历经艰辛到达遥远天竺事迹的记忆,而这也是作者构思"佛之石钵"故事的重要背景和基础。

不过,作品中石作皇子将宣告前往天竺到取回石钵的时间设定为3年,虽然"3"在故事中是常见的数字,但往返天竺3年时间是远远不够的。辉夜姬自然感到"心中疑虑",立刻就识破了他的谎言。

另一则"出洋"故事是实际成行的"出洋",讲述了右大臣阿部御主人的家臣小野房守往返于日本与唐土的故事。阿部御主人为了购买"火鼠之裘",写信给唐土的商人王卿,小野房守则带着书信和货款"出洋"前往唐土找到王卿。数月之后,小野房守带回王卿的信和买到的"火鼠之裘",乘坐唐土的贸易船又回到日本。在平安朝物语文学中,小野房守算是第一个抵达唐土的日本人。

现实世界也有像小野房守一样利用商船渡唐、进行贸易的日本人。通过圆仁的《行记》,我们可以了解到日本的神御井船和苏州赴日商船等中日两国商船频繁往返的情形,也可以看到除遣唐使之外,利用商船与唐进行贸易活动的日本人形象。《行记》大中元年(847)闰三月十日条载"商量往明州,趁本国神御井等船归国",说的是圆仁回国之际因遭奸人谗言,从山东文登回国的计划破灭,进而决定去明州乘坐日本神御井船回国。根据同年六月九日条记载,日本人春大郎和神一郎等"乘明州张支信船归国也",春大郎本打算雇新罗人的船回国,但因神一郎已经向张支信付了钱,于是两人上明州张支信船而去。根据佐伯有清的研究,"春大郎"便是后来成为渤海通事兼大隅守的春日朝臣宅成,"神一郎""神御井"则是后来成为伊予权掾的大神宿祢己井。[①]

关于大神宿祢己井,《日本三代实录》贞观十六年(874)六月十七日条载:"遣

---

① [日]佐伯有清:《日本古代氏族の研究》,吉川弘文馆1985年版,第279—285页。

伊豫权掾正六位上大神宿祢已井、丰后介正六位下多治真人安江等于唐家，市香药。"①由此可知，日本朝廷曾派大神宿祢已井和多治真人安江等人入唐购买香料和药物。此外，根据《朝野群载》卷一延喜十二年（912）四月八日条"总持寺钟鸣"的略记，可知越前守藤原朝臣之子为实现父亲的夙愿，将黄金交给入唐使大神御井，托他在唐土购买白檀香木，后来用买回来的香木制作了千手观音像安放于摄津国岛下郡。

《竹取物语》描写右大臣的家臣小野房守为帮主人购买"火鼠之裘"乘坐商船往返于博多和唐之间，历史上也有像大神宿祢已井这样的人被朝廷派往唐土时，同时接受其他贵族的私下委托在唐进行采买。从《行记》《日本三代实录》《朝野群载》等史料中可以了解到《竹取物语》中小野房守"出洋"故事的背景，即中日两国之间商船的频繁往来以及日本朝廷和贵族、官方和民间均通过和唐土的贸易获取稀有"唐物"的情形。

## 四、"火鼠之裘"和陆上丝绸之路

上文尝试对有可能成为《竹取物语》中航海故事和出洋故事构思来源的、古代亚洲文化圈中的"人的移动"进行了考察。同时，通过小野房守从唐土带回的"火鼠之裘"的故事，还可以探讨"物的流动"与作品的关系。

火鼠裘到底是何物？日本10世纪的百科辞典《和名类聚抄》中有"火鼠"一项，其中引用了《神异记》的记述：

> 《神異記》云：火鼠和名比禰須三。取其毛，織為布。若污以火燒之，更令清洁。②

《神异记》原书已散佚，有观点认为可能就是伪托汉代东方朔所作的《神异经》。《神异经·南荒经》中载：

---

① 黑板胜美·国史大系编集会编：《日本三代実録》，吉川弘文馆1966年版，第343页。
② 《和名類聚抄》，八木书店1971年版。

不尽木火中有鼠,重千斤,毛长二尺余,细如丝。但居火中,洞赤,时时出外,而毛白,以水逐而沃之,即死。取其毛绩纺,织以为布,用之若有垢浣,以火烧之则净。①

此外,契冲的《河社》、田中大秀的《竹取翁物语解》等古注释中还提到《吴录》《搜神记》《本草纲目》等汉籍中关于"火鼠"的记录。《太平御览》卷八二〇中引晋·张勃撰《吴录》如下:

日南比景县有火鼠,取毛为布,烧之而精,名火浣布。②

《本草纲目》兽部中也有关于火鼠的记载:

李时珍云:出西域及南海火洲。其山有野火,春夏生,秋冬死。鼠产于中,甚大。其毛及草木之皮,皆可织布,污则烧之即洁,名火浣布。③

根据以上记载,南方(日南、南海火洲等)有火鼠,其毛可织布,称"火浣布",特点是布上如有污垢,用火烧便可使之洁净。

辉夜姬要求的是"火鼠裘"(原文是"火鼠の皮衣"),与中国典籍记载的"火浣布"并不相同。如果说《竹取物语》的作者是参考了中国古籍中"火浣布"的相关记载,为什么要把它改成"火鼠裘"呢?

关于这一点,三谷邦明认为,平安朝贵族因奢侈成风,朝廷发布了穿火色(深红色)衣服和貂裘的禁令,"火鼠裘"正是火色衣和貂裘的隐喻,包含了作者对奢侈之风的讽刺。④ 这一观点解释了中国古籍中"火浣布"与《竹取物语》中"火鼠裘"的微妙差异,将之解读成讽喻。不过,对此也有学者指出,如果"火浣布"在当时已经被冠上其传说中的制作材料"火鼠"之名,被广泛称为"火鼠毛""火鼠布"

---

① 王根林等校点:《博物志外七种》,上海古籍出版社2012年版,第94页。
② 《太平御览》,中华书局1960年版,第3650页。
③ 《本草纲目》,商务印书馆1930年版,第63页。
④ [日]三谷邦明:《竹取物语の方法と成立时期—〈火鼠の裘〉とアレゴリ——》,《平安朝物语I》,有精堂出版1975年版,第104页。

的话，三谷的观点也就失去了成立的前提。①

那么，中国古籍中是否有把"火浣布"称之为"火鼠毛"或"火鼠布"的记载呢？《隋书·西域传》载："至罽宾得玛瑙杯，王舍城得佛经，史国得十舞女、师子皮、火鼠毛而还。"说的是隋炀帝（604—618）派使者前往西域各国，到罽宾（犍陀罗·克什米尔）获得玛瑙杯，到王舍城（摩揭陀国）获得佛经，到史国（羯霜那国）获得十个舞女、狮子皮、火鼠毛。这里的"火鼠毛"应该就是指"火浣布"。

《后汉书·西南夷列传》又载："又其賨幏火毳驯禽封兽之赋，軬积于内府"，李贤注"火毳即火浣布"。《说文解字》将"毳"释为"兽细毛（鸟兽的细毛）"，说明火毳为火鼠毛，也就是火浣布。南宋周密的《齐东野语》"火浣布"条也记载说温陵（泉州）海商购买的"火鼠布"投入火中便与火同色。②

以上文献记载说明"火浣布"自古就以其材质为异名，被称为"火鼠毛""火毳"等，直到南宋还被称为"火鼠布"。这样一来，再结合平安贵族喜爱貂裘的风气，《竹取物语》的作者构思出"火鼠裘"的难题就很自然了。

关于"火鼠裘"，作品描写说"这裘如果穿得脏了，可以入火焚烧，不但烧之不坏，反更清洁"，这一特质与前文所列的《神异经》《吴录》《本草纲目》中的记载一致。关于火浣布火烧不坏反而更清洁的特质，中国古代文献中还有一些更为生动的故事。例如《后汉书》西南夷列传李贤注、《三国志·魏书·三少帝纪》裴松之注均引用的《传子》，说汉桓帝时的大将军梁冀以火浣布为单衣会见宾客，故意争酒失杯弄脏它，梁冀继而解衣而烧之，火浣布"垢尽火灭，粲然洁白"，像被洗过一样。《竹取物语》中辉夜姬说："欲知真假，可将此裘投入火中，若火焚不坏，便是真裘。"以为是真裘的右大臣毫不犹豫地将之投入火中。这一描写与梁冀烧火浣衣的故事构思相似，但梁冀是为了炫耀自己的真品，可怜的右大臣则落得"皮裘转瞬燃尽，灰飞烟灭"的下场。

另外，辉夜姬出的题目中指明要的是"唐土之火鼠裘"。唐商王卿在给右大臣的回信中说：

---

① ［日］網屋厚子：《もし天竺にたまさかにもて渡りなば——竹取物語の再検討——》，《平安朝文学の構造と解釈——竹取・うつほ・栄花——》，教育出版中心1992年版，第11—12页。
② 《齐东野语》，中华书局1983年版，第224页。

火鼠裘实非敝国之物,一向只闻其名,未曾亲眼得见。倘若世间真有其物,则必已舶至贵国。今无,可知阁下所托,实乃万难之事。然天竺或有此物,若碰巧舶来至天竺,①则在下当询于豪富者,借彼等助力而取之。如世间诚无其物,则今日所付钱款,当交来人全数奉还。特此致复。

王卿说"火鼠裘"并非唐土之物,甚至不知道世间是否真有其物。但他又答应说如果天竺有,或是从别的地方碰巧舶来至天竺的话,自己会尽力取之。

关于"火浣布"的原产地,《后汉书·西域传》大秦国条载:"土多金银奇宝,(中略)作黄金涂火浣布。"②《三国志》魏书注引《魏略·西戎传》中也有记载:"大秦多金、银、铜、铁、铅、锡……金涂布、绯持布、发陆布、绯持渠布、火浣布"③,说明"火浣布"是大秦国所产丰富物产之一。

根据《后汉书·西域传》中"天竺国,一名身毒。……西与大秦通,有大秦珍物"的记载,可以了解到天竺和大秦(罗马国)有贸易往来,有机会获得大秦的奇珍异宝。下文《晋书》中"天竺献火浣布"的记录也说明"火浣布"早就传入天竺,王卿所说的"若碰巧舶来至天竺"也是有史实依据的。

中国古代史书中还有很多西域、天竺、大秦等各地在不同朝代进献"火浣布"的例子。早在周朝就有西戎进献,见于《列子·汤问》。

　　周穆王大征西戎,西戎献锟铻之剑,火浣之布。其剑长尺有咫,练钢赤刃,用之切玉如切泥焉。火浣之布,浣之必投于火;布则火色,垢则布色;出火而振之,皓然疑乎雪。

张华《博物志》卷二与《晋书·张轨列传》中可见西域进献之例。

　　《周书》曰:西域献火浣布,昆吾氏献切玉刀。火浣布污则烧之则洁,刀

---

① 原文为"もし、天竺に、たまさかに持て渡りなば",参考译本译为"若从天竺舶来敝国"。此句笔者更改为"若碰巧舶来至天竺"。
② 《后汉书》,《二十五史》,上海古籍出版社1986年版,第1059页。
③ 《三国志》,《二十五史》,上海古籍出版社1986年版,第1170页。

切玉如脂。布,汉世有献者,刀则未闻。①

西域诸国献汗血马、火浣布、犛牛、孔雀、巨象及诸珍异二百余品。②

《晋书·苻坚载记》与《艺文类聚》卷八十五引殷巨《奇布赋及序》则分别记载了天竺和大秦进献之例:

鄯善王、车师前部王来朝,大宛献汗血马,肃慎贡楛矢,天竺献火浣布。③
惟泰康二年,安南将军广州牧腾侯,作镇南方……大秦国奉献琛,来经于州,众宝既丽,火布尤奇。④

根据文献中的记载可以了解到,西戎、西域、天竺甚至是大秦都曾进献过"火浣布"。大秦国于泰康二年(281)进献火浣布的路线,是经由海上丝绸之路,从广州入境。《晋书》中关于"天竺献火浣布"的记载是在苻坚(357—385年在位)已统一北方、平定诸国之后,而这正是古印度笈多王朝第三代君主旃陀罗笈多二世(375—415年在位)在位之时。旃陀罗笈多二世在《法显传》中被称为超日王,法显访问印度时正是超日王的时代。旃陀罗笈多二世派使者前往长安,向前秦苻坚进献了火浣布。

《竹取物语》中,王卿在信中这样描述购买"火鼠裘"的经过,"据闻往昔有天竺圣僧曾携来敝国,存于西山寺中。吾请朝廷下旨,方才购得"。往昔从天竺被携来至唐土,这一描写与《晋书》所载天竺进献的史实也是吻合的。

关于西山寺这一设定,河添房江认为可以想象成是连接唐朝和西域的枢纽,即诸如敦煌莫高窟那样的地方。⑤ 山口博则认为是以佛教与火浣布的关系(火

---

① 王根林等校点:《博物志外七种》,上海古籍出版社2012年版,第15页。
② 《晋书》,《二十五史》,上海古籍出版社1986年版,第1505页。
③ 《晋书》,《二十五史》,上海古籍出版社1986年版,第1583页。
④ 欧阳询撰、汪绍楹校:《艺文类聚》,上海古籍出版社1982年版,第1463页。
⑤ [日]河添房江:《『竹取物語』と東アジア世界—難題求婚譚を中心に》,永井和子编:《源氏物語へ源氏物語から》,笠间书院2007年版,第35页。

浣布袈裟)及寺院交易等为背景的。① 考虑到作品中"天竺圣僧"的设定,或许还应该考虑到天竺译经僧这一文化背景。很多来自西域、天竺的僧人在长安或长安以西的交通要塞凉州的寺院中翻译佛经。例如,著名译经僧鸠摩罗什在当时就已声名远扬,甚至连苻坚也素有耳闻,后来苻坚下令吕光出征西域,鸠摩罗什随吕光东来凉州,驻留凉州16年。弘始三年(401)鸠摩罗什被迎至长安,受到国师礼遇,在长安译经13年。② 虽然鸠摩罗什与天竺进献火浣布的史实并无直接联系,但在中印文化交流史上留下浓墨重彩的印度来华弘法、译经僧侣的存在或许与天竺圣僧、西山寺的背景设定并非毫无关系。

王卿购得"火鼠裘"之后交给专门跟船到唐土的小野房守,再由小野随唐的贸易船带回日本,在筑紫上岸后赶回京城。于是"火鼠裘"又经过唐土、博多、平安京这条中日海上贸易的路线,最终将天竺携来的火鼠裘送到了日本平安京。

这条路线从陆路到海路再到陆路,包含了陆上丝绸之路和中日海上贸易通道,可谓成本高昂、耗资巨大。右大臣阿部御主人虽以天价购得,但投入火中之后却转瞬燃尽、灰飞烟灭。与"佛之石钵"一样,这个故事也是作者借用"人的移动""物的流动"等真实的文化语境所创作出的虚构的反讽故事。

## 五、"蓬莱之玉枝"与海上丝绸之路

在"蓬莱之玉枝"的故事里,航海的描写反映了当时的人们对遣唐使航海漂流的记忆,对蓬莱的描述则反映了对仙山蓬莱的一种集体想象。辉夜姬所出的题目是:"东海有仙山蓬莱,山上有宝树,以白银为根,以黄金为茎,结白玉果实。请他为我折一枝来。"

关于蓬莱最早的文字记录应该算是《山海经·海内北经》了,但其中只有"蓬莱山在海中"短短几个字。在先秦两汉文献中,对蓬莱有较为详尽书写的是《史记·封禅书》和《列子·汤问》。《史记·封禅书》载:

---

① 山口博:《平安貴族のシルクロード》,角川书店2006年版,第42—44页。
② 慧皎撰,汤用彤校注:《高僧传》,中华书局1992年版,第52页。

> 自威、宣、燕昭使人入海求蓬莱、方丈、瀛洲。此三神山者，其傅在勃海中，去人不远；患且至，则船风引而去。盖尝有至者，诸仙人及不死之药皆在焉。其物禽兽尽白，而黄金银为宫阙。①

《列子·汤问》中还可见更为细致的记载。

> 渤海之东不知几亿万里，有大壑焉，实惟无底之谷，其下无底，名曰归墟。（中略）其中有五山焉：一曰岱舆，二曰员峤，三曰方壶，四曰瀛洲，五曰蓬莱。其山高下周旋三万里，其顶平处九千里。山之中间相去七万里，以为邻居焉。其上台、观皆金玉，其上禽兽皆纯缟。珠玕之树皆丛生，华实皆有滋味，食之皆不老不死。②

人们想象中的蓬莱是一座海中的仙山，位于渤海中或渤海之东。正如高莉芬指出，蓬莱神话与上古其他的圣山、圣地神话相比较，具有独特的"海洋"性质。③ 蓬莱山上"黄金银为宫阙"，或是"台、观皆金玉""珠玕之树皆丛生"，可见想象中的蓬莱仙境是以"金、银、玉"为基调的。平安朝文人最为喜爱的白居易《长恨歌》中方士寻找杨贵妃的部分也描写了蓬莱仙境，"忽闻海上有仙山""金阙西厢叩玉扃"等诗句中的描写与《史记》《列子》一致。

辉夜姬所说的蓬莱也是位于东海的仙山，山上的宝树"以白银为根，以黄金为茎，结白玉果实"，比《列子》中的"珠玕之树"更为具体，也许是作者在"金、银、玉"的想象基础上对"珠玕之树"进行了更为具体的描写。

车持皇子假称在海上漂流 500 天后终于到了蓬莱山，他在向辉夜姬描绘蓬莱仙境时说："沿途见无数奇花异草，皆是人世罕见之物。金银琉璃色之水，自山涧潺潺流出。小河上架着几座样式精巧的玉桥，周围的树木都闪着金光。"④ 车持皇子描述的蓬莱仙境也是以"金、银、玉"为基调的，金银琉璃色之水、精巧的玉

---

① 《史记》，《二十五史》，上海古籍出版社 1986 年版，第 174 页。
② 杨伯峻撰：《列子集释》，中华书局 1979 年版，第 151—152 页。
③ 高莉芬：《蓬莱神话——神山、海洋与洲岛的神圣叙事》，陕西师范大学出版社 2013 年版，第 34 页。
④ 王新禧译：《竹取物语 御伽草子》，陕西人民出版社 2013 年版，第 12 页。

桥,闪着金光的树木等。"奇花异草""金银琉璃"等在佛典中多见于对西方净土的描述,这段描写应该是作者在汉籍和佛典基础上的想象,也可以说是当时的日本人对于"蓬莱仙境"的一种集体想象。

为什么会产生这样一种集体想象呢?山口博从海上丝绸之路的贸易背景来解释,提出了非常新颖独到的见解。他认为,"金、银、玉"实际上是天竺国、罽宾国、大秦国、波斯国等丝绸之路沿线国家的产物,由于通过海上丝绸之路经印度、东南亚海域到达广州再运送到中国各地,才会产生关于东海蓬莱宝岛的想象。而日本的文人受到中国典籍的影响,也会想象蓬莱是"金、银、玉"之岛,辉夜姬的"蓬莱玉枝"难题就是在这样的背景之下产生的。①

上文提到大秦国物产丰富,"金、银、奇宝"众多,《后汉书·西域传》中记载大秦有"夜光璧、明月珠、骇鸡犀、珊瑚、虎魄、琉璃、琅玕、朱丹、青碧"等众多宝石,还有"黄金涂、火浣布"。《后汉书·西域传》同时记载了天竺是金、银、玳瑁的产出国。②《汉书·西域传》也可见于阗国"多玉石",罽宾国以"金银"为钱,生产"珠玑、珊瑚、虎魄、璧流离"③等记载。

《后汉书·西域传》大秦条记载大秦国"与安息、天竺交市于海中",公元1世纪左右开始通过海上丝绸之路和安息、天竺进行贸易往来。根据下面这条记载,它还意欲绕过安息等海上贸易中介,与中国进行直接贸易往来。

> 其王常欲通使于汉,而安息欲以汉缯彩与之交市,故遮阂不得自达。至桓帝延熹九年,大秦王安敦遣使自日南徼外献象牙、犀角、玳瑁,始乃一通焉。④

延熹九年(166),大秦王安敦遣使,自日南(越南)入朝参觐,献上象牙、犀角、玳瑁等宝物,首次实现了和中国的直接交流。前文引用的殷巨《奇布赋》序也记述了晋武帝太康二年(281),大秦国通过海上丝绸之路登陆广州,进献火浣布等

---

① [日]山口博:《平安贵族のシルクロード》,角川书店2006年版,第27—30页。
② 《后汉书》,《二十五史》,上海古籍出版社1986年版,第1059页。
③ 《汉书》,《二十五史》,上海古籍出版社1986年版,第724页。
④ 《后汉书》,《二十五史》,上海古籍出版社1986年版,第1059页。

众多宝物的故事。

按照山口博的观点,金银珠宝事实上并非是在"渤海以东不知几亿万里"的蓬莱山,而是通过海上丝绸之路从遥远的异国带来的。这也丰富了人们对仙境、对理想世界的想象,金银珍宝成为仙境传说中营造氛围和神奇效果必不可缺的元素。

事实上,关于东海中的宝岛仙境传说也不仅只有蓬莱。南朝陶弘景编撰的道教经典《真诰》卷十四中描写"沧浪山的东北、蓬莱山的东南"有座"八渟山","其下有碧水之海"。和蓬莱一样位于东海海中的"八渟山",其上也是"琳琅众玉,青华绛实,飞间之金所生出矣"[①],可谓之宝岛。

《太平广记》神仙二五中引用《原仙记》的"采药民",讲述蜀郡一山民在青城山下采药时,不慎落入了一个巨大的洞穴,千辛万苦找到出口后,发现上面有水。走了几十步后,突然来到一个世外桃源般的地方。他上前询问"此乃何处",方才得知这里是不为世人所知的仙境——玉皇城。不久,这位采药的山民打算回到蜀国,在乘驾鸿鹄回去的路上,他最先经过了和蜀地相隔甚远的浙江省"临海县",说明他所到访的仙境是临海县东部海面上的一座岛屿。

《太平广记》卷三十九引《广异记》"慈心仙人"条也描写了临海县向东数千里的一个海岛,也是理想中的仙岛。

> 唐广德二年,临海县贼袁晁,寇永嘉。其船遇风,东漂数千里,遥望一山,青翠森然,有城壁,五色照曜。回舵就泊,见精舍,琉璃为瓦,玳瑁为墙。既入房廊,寂不见人。房中唯有胡猱子二十余枚,器物悉是黄金,无诸杂类。又有衾茵,亦甚炳焕,多是异蜀重锦。又有金城一所,余碎金成堆,不可胜数。(后略)[②]

仙岛位于浙江临海县以东数千里,岛上也是以"金、银、玉"为基调,精舍以"琉璃为瓦,玳瑁为墙",房中器物悉是黄金,又有金城一所。有意思的是,还提到

---

① [日]吉川忠夫、[日]麦谷邦夫编:《真诰校注》,朱越利译,中国社会科学出版社 2006 年版,第 466—467 页。
② 《太平广记》,中华书局 2015 年版,第 249 页。

衾茵被褥多是"异蜀重锦"。唐代走长江水道往来于巴蜀和东部沿海贩运蜀锦丝绸的商船声名远扬,在唐诗中也有不少生动形象的描述。[①] 蜀锦自隋唐以来,通过海上丝绸之路还曾大量传入日本。《太平广记》中的这两则故事将内陆蜀地和临海县以及东海中的岛屿联系在一起,反映了当时的人们对东海上宝岛、仙岛的想象与水上商路贸易品的某种联系。

东海蓬莱宝岛也好,八涥山、临海县以东的东海仙岛也好,它们都充溢着金银珠宝,甚至是"蜀锦",而这些又刚好都是海上丝绸之路的重要商品。或许正如山口博所说的那样,这些通过海上丝绸之路从遥远东方的海上运送而来的珍宝激发了人们的想象。《竹取物语》的作者受到中国典籍的影响,也将蓬莱想象成以"金、银、玉"为基调的宝岛,进而构思了"蓬莱之玉枝"的故事。

## 六、结　语

本文以严绍璗先生提出的在"多元文化语境"中"还原"文学文本这一方法论为指导,不拘泥于直接的出典,尝试从古代亚洲文化圈这一多元文化语境下对《竹取物语》的生成时空进行还原。尽管这是一部虚构的文学作品,但作品透射出古代亚洲文化圈中"人的移动""物的流动"等文化交流的丰富内涵。通过那些看似与作品并无直接关联的外部的历史叙述,深入挖掘其与作品内部叙述的重合点,读者更加可以感受到《竹取物语》这部作品的宏大视野及其内含的深邃时空。

---

① 侯水平:《从唐诗看蜀与海上丝绸之路》,《中华文化论坛》2017年第7期,第82页。

# 《清朝探事》诸写本的条目内容、系统分类与抄写时间

葛继勇

《清朝探事》是日本享保年间(1716—1735)江户幕府儒官荻生北溪(1673—1754)奉将军德川吉宗之命通过身在长崎的深见有邻(1691—1773)向清人朱佩(珮)章询问清朝之事、唐通事彭城藤治右卫门协助翻译而作成的问答书,又名《大清朝野问答》《清朝杂事》《享保笔话》《清客闻书》《清人问答书》《清人答问录》《清人答问觉书》,其内容涉及广泛,包括清朝的政治、军事、地理、风俗、法律等。

管见所及,中日学界对《清朝探事》的关注度远不及《清俗纪闻》。《海上丝绸之路稀见文献丛刊》影印了内阁文库所藏《清朝探事》写本(索书号为184-0346),但未进行解题说明。[①] 最近,部分学者虽引用了《清朝探事》所载的数条内容,但对《清朝探事》诸写本未作梳理,更没有对其展开文献学方面的考察。

本文依据已经收集到的《清朝探事》写本18种,对诸写本的书名、卷数、条目数量以及序文、批注、相关内容、跋文进行分析,对诸写本的源流系统进行分类,进而探讨诸写本的抄写时间。

## 一、诸写本书名与卷数

《清朝探事》虽未被版刻刊行,但在问世不久后被广为传抄,因此现存写本较

---

[①] 文物出版社编:《海上丝绸之路稀见文献丛刊:清朝探事 新潟新繁昌记 琉客谭记》,文物出版社2020年版。

多。日本《国书总目录》载,内阁文库(现国立公文书馆)藏3种①,国立国会图书馆、宫内厅书陵部、京都大学图书馆、东京大学图书馆、东北大学狩野文库、栗田文库(名古屋大学教授栗田元次个人书库,现所在不明)、尊经阁文库、御茶水图书馆成篑堂文库、旧下乡文库(现已烧失,所藏本不明)、仙台藩伊达家藏书(现藏宫城县图书馆伊达文库)、学书言志轩(长泽规矩也书斋,1993年入藏关西大学图书馆长泽文库)各藏1种。

但事实上,现存写本远超上述14种。笔者调查发现,日本国立国会图书馆实藏两种(索书号为142-15的写本命名为①、142-57命名为②)、东京大学图书馆实藏两种(索书号为G30:521的写本命名为①、G30:565命名为②)。

此外,《国书总目录》未著录的写本还有:关西大学图书馆藏3种(索书号L21＊＊4＊1816的写本命名为①、L23＊＊300＊6020-6021命名为②、LM2＊二＊16＊2命名为③),筑波大学图书馆藏两种(索书号ヨ219-29的写本为①、ヨ644-77为②),斯道文库(安井文库)、早稻田大学图书馆、东京大学东洋文化研究所(下文简称东文研)图书室、爱知县刈谷市中央图书馆村上文库、兵库县洲本市立图书馆(柴野栗山藏本)、爱媛县大洲市立图书馆矢野玄道文库各藏1种。其中,早稻田大学图书馆藏本与东京大学东文研图书室藏本每页字数、行数相同,无疑为同一底本的姊妹抄本;斯道文库(安井文库)藏本与关西大学图书馆藏本①虽笔迹不同,但内容、朱笔圈点基本相同,或为同一底本的姊妹抄本。另外,日本学者大庭修出版了排印本,但所依写本不明,似乎为多种写本的混合体(从其与内阁文库藏本③存在同样排序混乱的现象推测,内阁文库藏本③可能为该排印本所依底本之一)②。

《清朝探事》现存写本达20余种,笔者现已收集18种,诸写本书名、所藏机构以及卷数情况特整理如表1所示:

---

① 内阁文库藏3种写本中,索书号184-0342的写本命名为①、184-0343命名为②、184-0346命名为③。
② ［日］大庭修:《享保時代の日中關係資料二——朱氏三兄弟集》,关西大学出版部1995年版,第109—153页。

表 1　诸写本书名、所藏机构以及卷数

| 藏　书　地 | | | 索书号 | 书名(外题) | 册数 | 卷数 |
|---|---|---|---|---|---|---|
| ◎内阁文库(国立公文书馆) | | ① | 184-0342 | 大清朝野问答 | 1 | 2 |
| | | ② | 184-0343 | 大清朝野问答 | 1 | 2 |
| | | ③ | 184-0346 | 清朝探事 | 1 | 1 |
| ◎关西大学图书馆 | 长泽文库(学书言志轩旧藏) | ① | L21**4*1816 | 清朝探事 | 1 | 1 |
| | | ② | L23**300*60 20-6021 | 清朝杂事 | 2 | 2 |
| | 增田文库 | ③ | LM2*ニ*16*2 | 清客闻书 | 1 | 1 |
| ◎国立国会图书馆 | | ① | 142-15 | 清朝探事 | 2 | 2 |
| | | ② | 142-57 | 清人问答书 | 1 | 1 |
| ◎东京大学图书馆 | | ① | G30：521 | 清朝探事 | 2 | 2 |
| | | ② | G30：565 | 享保笔话 | 1 | 1 |
| ◎东京大学东文研图书室 | | ① | E 54：7 | 清人答问觉书 | 1 | 1 |
| ◎早稻田大学图书馆 | | | イ5-435 | 清人答问觉书 | 1 | 1 |
| ◎筑波大学图书馆 | | ① | ヨ219-29 | 清人答问觉 | 1 | 1 |
| | | ② | ヨ644-77 | 清朝探事 | 1 | 2 |
| ◎斯道文库 | | | ヤ54A・9-2・1 | 清朝探事 | 1 | 1 |
| ◎东北大学图书馆狩野文库 | | | 8047-2 | 清朝探事 | 2 | 2 |
| ◎京都大学图书馆 | | | 222.06‖S-231 | 清朝探事 | 1 | 1 |
| ◎宫内厅书陵部 | | | 205・31 | 大清朝野问答 | 1 | 2 |
| 名古屋市栗田文库 | | | 不详 | | 1 | 不详 |
| 尊经阁文库 | | | 不详 | 清朝探事 | 1 | 不详 |
| 御茶水图书馆成篑堂文库 | | | 不详 | | 不详 | 不详 |
| 宫城县图书馆伊达文库 | | | D292-シ1 | 清朝探事 | 1 | 不详 |
| 爱知县刈谷市中央图书馆村上文库 | | | 30-809-7-1 | 清朝探事 | 1 | 不详 |
| 兵库县洲本市立图书馆 | | | 不详 | 清朝探事 | 1 | 不详 |
| 爱媛县大洲市立图书馆矢野玄道文库 | | | Tヤ/ 84 10 | 清朝探事 | 1 | 不详 |

说明:"◎"为笔者现已搜集到的写本。

首先,《清朝探事》的书名较多,部分写本封面所载题目与内题并不一致,现将外题与内题情况整理如表2所示:

**表2　诸写本书名的内题与外题**

| 写　　本 | 外　题 | 内　题 卷　首 | 内　题 卷　尾 |
|---|---|---|---|
| 内阁文库藏本① | 大清朝野问答 | 大清朝野问答 | 无 |
| 内阁文库藏本② | 大清朝野问答 | 大清朝野问答 | 无 |
| 内阁文库藏本③ | 清朝探事 | 清朝探事 | 无 |
| 宫内厅书陵部藏本 | 大清朝野问答 | 大清朝野问答 | 无 |
| 关西大学图书馆藏本① | 清朝探事 | 清朝探事 | 无 |
| 关西大学图书馆藏本② | 清朝杂事 | 清朝杂事、清朝探事 | 无 |
| 关西大学图书馆藏本③ | 清客闻书 | 清朝探事 | 无 |
| 国立国会图书馆藏本① | 清朝探事 | 清朝探事 | 清朝探事 |
| 国立国会图书馆藏本② | 清人问答书 | 清人问答觉书、清朝探事 | 清人答问书 |
| 东京大学图书馆藏本① | 清朝探事 | 清朝探事 | 清朝探事 |
| 东京大学图书馆藏本② | 享保笔话 | 清朝探事 | 无 |
| 东京大学东文研图书室 | 清人答问觉书 | 清人答问觉书 | 清人答问书 |
| 早稻田大学图书馆 | 清人答问录 | 清人答问书 | 清人答问书 |
| 筑波大学图书馆藏本① | 荻朱问答 | 清人答问觉 | 清人答问书 |
| 筑波大学图书馆藏本② | 清朝探事 | 清朝探事 | 清朝探事 |
| 京都大学图书馆藏本 | 清朝探事 | 清朝探事 | 无 |
| 斯道文库藏本 | 清朝探事 | 清朝探事 | 无 |
| 东北大学图书馆藏本 | 清朝探事 | 清朝探事 | 清朝探事 |

其次,需要说明的是,内阁文库藏本①中,下卷首页载"大清朝野问答 下",但上卷首页仅载"大清朝野问答",并无"上"的字样。不过下卷"御赐官位永宣旨。有日本伏见殿、京极殿之类吗?"条的回答末尾写有"其等级次序见上卷"(也见于内阁文库藏本②)。据此可知,此写本分为上下两卷。内阁文库藏本①②、

宫内厅书陵部藏本的上卷均自"当今雍正帝政务之事，附平日之行仪、狩野、游幸等嗜好之品传闻、物语大概之事"条至"奴婢下人，有男女、雇佣年限之定限吗？并给银大概之事。有保人、契约吗？有世代约定之雇佣吗？"条；下卷以"清朝廷官员之内，自元满洲附来之世家无断绝吗？"条为始，至"随意造大船或持有吗？有限制吗？"条结束。

此外，关西大学图书馆藏本②有"上卷"两字，不见"下卷"字样。但比照其余诸本，可知第二册首页缺失一条问题（北京之外，有可成帝城之地吗？有替代之地吗？有与北京相似之城地吗？）回答，以及下一条问题（官员以下重视婚礼、葬礼吗？诸省之内，有依风仪简办之地吗？）的文字内容，或许是装订时遗漏一张，而"下卷"两字可能在漏装纸张之上。根据文字内容来看，"下卷"应该在"北京之外，有可成帝城之地吗？有替代之地吗？"条问题之前。也就是说，关西大学图书馆藏本②也分上下两卷。

但是，关西大学图书馆藏本②上下卷划分与内阁文库藏本①②、宫内厅书陵部藏本不同，上卷以"享保中，荻生总七郎奉令寻问清人朱佩章之事及深见久大夫传达、朱佩章回答内容呈送之抄本"序文为始，或至"年年赐鞑靼钱，大约多少"条结束；下卷或以"北京之外，有可成帝城之地吗？有替代之地吗？"条为始，至附录"小说书目"条结束。

国立国会图书馆图书馆藏本①、东京大学图书馆藏本①、东北大学图书馆藏本、筑波大学图书馆藏本②4种写本的上下卷划分与上述几种写本又有不同。上卷以"器物之问"（即关西大学图书馆藏本②序文后的内容）为始，至"与清朝五六十年以前比，风俗、人之气习变了吗？"条结束；下卷以"诸省往还之内，山川难所大略之事"条为始，至附录"清朝之事"条结束。

综上可知，内阁文库藏本①②、宫内厅书陵部藏本、关西大学图书馆藏本②、国立国会图书馆图书馆藏本①、东京大学图书馆藏本①、东北大学图书馆藏本、筑波大学图书馆藏本②8种写本分上下两卷，其他10种全部为一卷。

## 二、诸写本条目数量与系统分类

诸写本内容有多寡之分，可能是传抄过程中删减或添加了部分内容所致。

国立国会图书馆藏本①②、东京大学图书馆藏本①②、筑波大学图书馆藏本①②、东北大学图书馆藏本、关西大学图书馆藏本①②③、京都大学图书馆藏本、斯道文库藏本、东京大学东文研图书室藏本、早稻田大学图书馆藏本等14种写本中，全部内容可划分为四部分，即类别问答（器物之问、祭葬之问、衣服之问）、分条问答（政治并风俗之问）、附加问答（小说书目之事）、附录。内阁文库藏本①②、宫内厅书陵部藏本仅有分条问答，内阁文库藏本③载分条问答、附加问答、附录。

类别问答中未记载具体问目，仅见回答内容，但"器物之问"类中的17个满语词汇以及"衣服之问"类的全部内容均先记载满语、衣服名称，而后具体说明。

分条问答以"雍正帝政务、平日之行仪、游猎、行幸、嗜好之品"为始，有问有答。需要说明的是，关西大学图书馆藏本①②③、京都大学图书馆藏本、内阁文库藏本③、国立国会图书馆藏本②、东京大学图书馆藏本②、斯道文库藏本、筑波大学图书馆藏本①、东京大学东文研图书室藏本、早稻田大学图书馆藏本等11种写本分条问答最后一条为"小说书目之事"，后记载小说书名16种。该条后为"附录"两字，包括"清朝之事""康熙帝座右联之事""小说书目"三个部分。"附录"后的"小说书目"记载了12种小说书名。但由于内阁文库藏本①②、宫内厅书陵部藏本分条问答中无"小说书目之事"，故将其从分条问答中抽离，单独列为附加问答。

另外，国立国会图书馆藏本①、东京大学图书馆藏本①、筑波大学图书馆藏本、东北大学图书馆藏本等4种写本中，"小说书目之事"载15种小说书名（东京大学图书馆藏本①又以墨笔补添1种小说书名），比上述9种写本少1种。此后的"附录"虽包括12种小说书名与"清朝之事"，但无"康熙帝座右联之事"。

关于诸写本具体问答数目，整理如表3所示：

**表3　诸写本具体问答数目**

| 写　　本 | 目录 | 类别问答 ||| 分条问答 | 附加问答 | 附　　录 |||
|---|---|---|---|---|---|---|---|---|---|
| | | 器物之问 | 祭葬之问 | 衣服之问 | 政治并风俗之问 | 小说书目之事 | 清朝之事 | 康熙帝座右联之事 | 小说书目 |
| 内阁文库藏本① | × | × | × | × | 149 | × | × | × | × |
| 内阁文库藏本② | × | × | × | × | 149 | × | × | × | × |
| 内阁文库藏本③ | × | × | × | × | 132 | √ | √ | √ | √ |

续　表

| 写　　本 | 目录 | 类别问答 器物之问 | 祭葬之问 | 衣服之问 | 分条问答 政治并风俗之问 | 附加问答 小说书目之事 | 附　录 清朝之事 | 康熙帝座右联之事 | 小说书目 |
|---|---|---|---|---|---|---|---|---|---|
| 宫内厅书陵部藏本 | × | × | × | × | 149 | × | × | × | × |
| 东北大学图书馆藏本 | √ | 41 | 5 | 18 | 128 | √ | √ | × | √ |
| 筑波大学图书馆藏本② | √ | 41 | 5 | 18 | 128 | √ | √ | × | √ |
| 国立国会图书馆藏本① | √ | 41 | 5 | 18 | 128 | √ | √ | × | √ |
| 东京大学图书馆藏本① | √ | 41 | 5 | 18 | 128 | √ | √ | × | √ |
| 筑波大学图书馆藏本① | √ | 41 | 5 | 19 | 132 | √ | √ | √ | √ |
| 东京大学东文研图书室藏本 | × | 41 | 5 | 19 | 132 | √ | √ | √ | √ |
| 早稻田大学图书馆藏本 | × | 41 | 5 | 19 | 132 | √ | √ | √ | √ |
| 国立国会图书馆藏本② | × | 41 | 5 | 19 | 132 | √ | √ | √ | √ |
| 东京大学图书馆藏本② | × | 41 | 5 | 21 | 132 | √ | √ | √ | √ |
| 关西大学图书馆藏本① | × | 41 | 5 | 21 | 132 | √ | √ | √ | √ |
| 关西大学图书馆藏本② | × | 44 | 5 | 21 | 131 | √ | √ | √ | √ |
| 关西大学图书馆藏本③ | × | 41 | 5 | 21 | 132 | √ | √ | √ | √ |
| 斯道文库藏本 | × | 41 | 5 | 21 | 132 | √ | √ | √ | √ |
| 京都大学图书馆藏本 | × | 41 | 5 | 21 | 132 | √ | √ | √ | √ |

说明："√"表示有此内容，"×"表示无此内容。

　　筑波大学图书馆藏本②上卷载有"器物之问""祭葬之问""衣服之问"的目录，下卷无目录。而东北大学图书馆藏本、国立国会图书馆藏本①、东京大学图书馆藏本①上下两卷均有目录，其中，上卷包括"器物之问"目录 40 条、"祭葬之问"目录 5 条、"衣服之问"目录 18 条，分条问答目录 57 条；下卷目录实计 72 条，共计 192 条。不过，"器物之问"中的"噶布什贤"条将满语词汇"噶布什贤"写至上条"噶布昂邦"末，而对"噶布什贤"的解释则另起一行，此应视作 2 条，即"器物之问"的条目数量实际为 41 条。此外，关西大学图书馆藏本②"器物之问"载有

44 条;东北大学图书馆藏本等写本中虽为 41 条,但存在一条抄写为两条的现象,全部内容实际上同为 44 条。也就是说,"器物之问"的条目数量有 41 条、44 条两种情况。

东北大学图书馆藏本等 14 种写本中"祭葬之问"条数相同。"衣服之问"中条数最多的有东京大学图书馆藏本②等 6 种,为 21 条;国立国会图书馆藏本②虽为 19 条,但存在一条抄写两条的现象,全部内容实际上同为 21 条;东北大学图书馆藏本等 5 种写本中为 18 条,但存在一条抄写两条的现象,全部内容实际上为 20 条。

分条问答条数最多的为内阁文库藏本①②、宫内厅书陵部藏本,均为 149 条。内阁文库藏本③、国立国会图书馆藏本②等 8 种写本虽为 132 条,但存在一条抄写两条的现象,全部内容实际为 139 条。关西大学图书馆藏本②虽为 131 条,但存在一条抄写两条的现象,全部内容实际为 138 条,而且因其缺失一页,判断原来内容应为 139 条。东北大学图书馆藏本、筑波大学图书馆藏本②虽为 129 条,但存在一条抄写两条的现象,全部内容实际为 136 条。国立国会图书馆藏本①、东京大学图书馆藏本①虽为 128 条,但存在一条抄写两条的现象,全部内容实际为 135 条。

关于附加问答,除内阁文库藏本①②、宫内厅书陵部藏本外,其余写本均有。至于附录,除内阁文库藏本①②、宫内厅书陵部藏本没有之外,东北大学图书馆藏本等 4 种写本内容相同(有"清朝之事"+"小说书目",无"康熙帝座右联之事"),内阁文库藏本③、国立国会图书馆藏本②等 9 种写本内容相同("清朝之事"+"康熙帝座右联之事"+"小说书目"三部分齐全)。

综上,虽然东北大学图书馆藏本、筑波大学图书馆藏本②中的分条问答比国立国会图书馆藏本①、东京大学图书馆藏本①多 1 条,但是 4 种写本的类别问答、附加问答、附录条目数量一致,而且分条问答中某条的问题、回答的部分内容与下下条回答的部分内容抄为一条,漏抄内容一致,因此认为 4 种写本可能依据同一祖本写成(以下称为 A 系统)。其中,国立国会图书馆①尾页载"应赖勒慎齐虽书之,不详哉。本原误字尤多",东京大学图书馆藏本①尾页载"应赖勤慎齐虽书之,不详哉。本原误字尤多",虽有一字之差,但可以看出国立国会图书馆藏本①、东京大学图书馆藏本①依同一写本写成(以下称为 A-1 系统),东北大学图书馆藏本、筑波大学图书馆藏本也可视为同一系统写本(以下称为 A-2 系统)。

此外,国立国会图书馆藏本②、东京大学图书馆藏本②、关西大学图书馆藏本①②③、京都大学图书馆藏本、斯道文库藏本、筑波大学图书馆藏本①、东京大学东文研图书室藏本、早稻田大学图书馆藏本等 10 种写本中的类别问答、分条问答、附加问答、附录条目数量基本一致,可能依据同一祖本写成(以下称为 B 系统)。其中,关西大学图书馆藏本①③、斯道文库藏本 3 种写本册首序文中的"享保中"旁有"二十一年丙辰"的旁注,可视为同一系统(以下称为 B-1 系统);京都大学图书馆藏本、国立国会图书馆藏本②、东京大学图书馆藏本②、筑波大学图书馆藏本①、东京大学东文研图书室藏本、早稻田大学图书馆藏本等 7 种写本册首序文中的"享保中"旁无"二十一年丙辰"的旁注,可视为同一系统(以下称为 B-2 系统)。无"二十一年丙辰"的旁注、由上下两卷构成的关西大学图书馆藏本②可单独视为一个系统(以下称为 B-3 系统)。

此外,关于"祭葬之问"内容中的朱批,B 系统的东京大学图书馆藏本②共计 7 处,置于每条问答最后,比前文缩进一格。其分别为:

    a. 但清朝ハカリニテモ無御座。明朝ヨリ此通也。(译:不仅清朝,自明朝便如此)

    b. 但明朝ヨリ此通也。但祠堂家廟ノ事末ニ記ス。(译:自明朝便如此,但祠堂、家庙之事记于末)

    c. 古ヨリ如此コトクニテ候。但主祭ノ人精進トアルハ誤也。子細ハ祭ノ時ノ作法ニ飲福受胙ト云テ、供物ノ酒肉ヲ戴ク事アリ。是精進ニアラス。但祭ノ前日ヨリ當日迄齊ノ内精進也。此事ヲ書違シタルト見タリ。又末末ノ民ナトハ心得違タルモ有ルヘシ。(译:自古如此。但主祭之人食素误也。祭时有饮福受胙之作法,食供物之酒肉,此非素菜。但自祭之前日至当日,齐之内,素菜也。此事写错,又应是庶民等理解有误)

    d. 明朝モ此通也。明律ニテ明也。(译:明朝亦如此,明律中明也)

    e. 祠堂ト家廟ノ差別誤也。官人ノヲ家廟ト云。四民ノヲ祠堂ト云事通法也。訳ヲ不存唐人此方ヨリ問ハレ、嘘ヲツキ申候。(译:祠堂、家庙之差别有误。官人之云家庙,四民之云祠堂。此为通说。询问时,唐人不

懂其差别,撒了谎)

  f. 正月三ヶ日。家廟祠堂ニテ祭ノ日ヲワカツ事誤也。是ハ長崎へ来ル唐人ノウソニテ御座候。(译:正月有三日。家庙、祠堂祭日分开之事有误。是来长崎唐人之谎言)

  g. 八碗ト云事モ右ノ事ヲ尋ラレタル唐人ノ乡里ノ大概ナルヘシ。康熙ノ書齊家宝要ニ委ク有。十碟トアリ。碟ハ皿也。(译:八碗,在所问唐人之故乡应为大概。康熙《齐家宝要》详载十碟。碟,皿也)

上述批注内容,B-1系统即关西大学图书馆藏本①③、斯道文库藏本、B-2系统中的京都大学图书馆藏本用朱笔抄写,其余诸写本用墨笔抄写。其中,关西大学图书馆藏本①、斯道文库藏本、京都大学图书馆藏本朱笔旁注a、b、c、d、e、f、g,但c、d写为一条;关西大学图书馆藏本③朱笔小字旁注a、b、c、d、e、g,但c、d写也为一条,无f。此外,筑波大学图书馆藏本②、东北大学图书馆藏本中以双行小字夹注a、b、e、f、g、c、d写入正文,且合写为一条;国立国会图书馆藏本②、筑波大学图书馆藏本①、东京大学东文研图书室藏本、早稻田大学图书馆藏本旁注a、b、e、f、g、c、d写入正文,且合写为一条,与正文字体大小相同;东京大学图书馆藏本①、国立国会图书馆藏本①正文中有a、c、d,其中国立国会图书馆藏本①中a为小字,东京大学图书馆藏本①中a与正文字体大小相同,c、d均写为一条。B-3系统的关西大学图书馆藏本②中,a、b、c、d、e、f、g均写入正文,置于每条问答最后,其中c、d写为一条。

  值得注意的是,除东京大学图书馆藏本②外,其余13种写本均将c、d写为一条。东京大学图书馆藏本②中,c注于有关忌日的条目旁,d注于有关土葬的条目旁。荻生北溪训点本《明律》中,确有"丧葬"条,而无c中的忌日相关条目。因此,荻生北溪在批注c、d时,应是分开批注。B-2系统中的东京大学图书馆藏本②较为接近荻生北溪批注的原始底本。由此,B-2系统中的东京大学图书馆藏本②可单独为一个子系统(以下称为B-2-1)。国立国会图书馆藏本②、筑波大学图书馆藏本①、东京大学东文研图书室藏本、早稻田大学图书馆藏本可视为一个子系统(以下称为B-2-2)。余下的京都大学图书馆藏本则归为B-2-3系统。

  除上述A、B系统外,还有内阁文库藏本①②③、宫内厅书陵部藏本4种写本。其中，内阁文库藏本①②两种写本笔迹相同，应是同一人抄写；同时，后者有朱笔的校勘记，而前者无校勘记，且后者校勘出来的漏抄、误抄等处，均在前者中得到整补、修正。可知，前者的抄写时间晚于后者，且是作为后者的定本而存在的。宫内厅书陵部藏本与内阁文库藏本①②的内容条目、上下卷起始条目相同。因此，内阁文库藏本①②、宫内厅书陵部藏本可视为同一系统（以下称为 C 系统）。内阁文库藏本③可单独视为一个系统（以下称为 D 系统）。

表 4  诸写本系统分类

| 系统 | | 写本 |
|---|---|---|
| A | A-1 | 国立国会图书馆藏本①<br>东京大学图书馆藏本① |
| | A-2 | 东北大学图书馆藏本<br>筑波大学图书馆藏本② |
| B | B-1 | 关西大学图书馆藏本①<br>关西大学图书馆藏本③<br>斯道文库藏本 |
| | B-2 | B-2-1 | 东京大学图书馆藏本② |
| | | B-2-2 | 国立国会图书馆藏本②<br>筑波大学图书馆藏本①<br>东京大学东文研图书室藏本<br>早稻田大学图书馆藏本 |
| | | B-2-3 | 京都大学图书馆藏本 |
| | B-3 | 关西大学图书馆藏本② |
| C | | 内阁文库藏本①<br>内阁文库藏本②<br>宫内厅书陵部藏本 |
| D | | 内阁文库藏本③ |

## 三、诸写本的序文、批注与内容构成

A 系统中的 4 种写本，即国立国会图书馆藏本①、东京大学图书馆藏本①、东北大学图书馆藏本、筑波大学图书馆藏本②第一册册首（目录前）载：

清朝探事卷之上
奉命问：荻生总七郎、深见久太夫
通事/词：彭城藤治右卫门
清人：朱珮章
问目总计二百余条

此后载具体目录 120 条。但是，筑波大学图书馆藏本②仅载分类问答 63 条的目录，缺少分条问答 57 条的目录；东京大学图书馆藏本①中虽有 2 条目录记为 1 条，但实际目录仍计 120 条。

A 系统中的国立国会图书馆藏本①、东京大学图书馆藏本①、东北大学图书馆藏本三种写本的第二册册首（目录前）载：

清朝探事卷之下
奉命问：荻生总七郎、深见久太夫
通事/词：彭城藤治右卫门
清人：朱珮章
问目总计二百余条之内

其次为具体目录 73 条，但目录末尾载"下卷问目七拾二条"，少计 1 条。

完整的目录、序文，这种类似刊行书籍的格式内容，明显是后人在作序、整理时添加，故应并非呈交德川吉宗阅览的抄本。

此外，A 系统的四种写本上卷的正文部分前载：

清朝探事卷之上
答：朱珮章

下卷的正文部分前载：

清朝探事卷之下

问：荻生总七郎
答：朱珮章
政治并风俗之问

上述内容仅见于 A 系统写本，B 系统的关西大学图书馆藏本①②③、京都大学图书馆藏本、国立国会图书馆藏本②、东京大学图书馆藏本②、斯道文库藏本、筑波大学图书馆藏本①、东京大学东文研图书室藏本、早稻田大学图书馆藏本等 10 种写本未见。

此后为"器物之问"的内容。A 系统的四种写本中，"器物之问"内容前还记"器物之问　四十条"7 字。

此后为"祭葬之问"，B 系统中的十种写本"祭葬之问"内容前载：

> 享保中清人祭葬之事御尋ニ付，深見久太夫ヨリ差上候書付之寫。但朱批ハ此書付ヲ以テ，荻生惣七郎江御正被遊候節相加ェ差上候由。（译：享保中询问清人祭葬之事，深见久大夫所呈记录之抄本。但朱批是请荻生总七郎校正此记录时所加）

而 A 系统略有不同。A－2 系统即东北大学图书馆藏本、筑波大学图书馆藏本②中"祭葬之问"内容前载：

> 享保中清人喪祭之事御尋ニ付，深見久太夫ヨリ差上候書付之寫。但朱批ハ此書付ヲ以，荻生江御尋ノ節相加テ差上候由。（译：享保中询问清人丧祭之事，深见久大夫所呈记录之抄本。但朱批是荻生询问此记录时所加）

可知，A、B 系统的不同主要表现在"葬祭"与"丧祭"部分、"荻生总七郎校正时所加"与"询问荻生时所加"部分两处。

A－1 系统中的国立国会图书馆藏本①、东京大学图书馆藏本①中无"但朱批ハ此書付ヲ以，荻生江御尋ノ節相加テ差上候由（译：但朱批是询问荻生时所加）"的记载，但正文中有荻生北溪批注的部分内容。从这点来看，A、B 系统的写本所依祖本均应为添加荻生北溪批注后的写本。

"祭葬之问"后为"衣服之问",B系统中的10种写本、A-2系统的东北大学图书馆藏本、筑波大学图书馆藏本②中的"衣服之问"前载:

享保中清人衣服之事御尋二付,深見久太夫ヨリ差上候書付之寫。
(译:享保中询问清人衣服之事,深见久大夫所呈记录之抄本)

而A-1系统的国立国会图书馆藏本①、东京大学图书馆藏本①作:

衣服ノ事御尋書。(译:衣服之事询问记录)

记载相对简洁,或许更接近原始记录,而且其中并未提及其为"深見久太夫ヨリ差上候書付之寫(译:深见久大夫所呈记录抄写)"一事。因此认为A-1系统的两种写本所依祖本的书写时间较早。

另外,"器物之问""祭葬之问"后还载有询问之人深见久大夫、通事彭城藤治右卫门的名字,但诸本记载略有不同,具体如表5所示:

表5 诸写本类别问答询问之人

| 系统 | 写本 | 器物之问询问之人 | 祭葬之问询问之人 | 衣服之问询问之人 |
| --- | --- | --- | --- | --- |
| A-1 | 国立国会图书馆藏本①<br>东京大学图书馆藏本① | 无 | 深见久大夫/彭城藤治右卫门 | 无 |
| A-2 | 东北大学图书馆藏本<br>筑波大学图书馆藏本② | | 深见久大夫/通事彭城藤治右卫门 | |
| B-1 | 关西大学图书馆藏本①<br>关西大学图书馆藏本③<br>斯道文库藏本 | | | |
| B-2 B-2-2 | 国立国会图书馆藏本②<br>筑波大学图书馆藏本①<br>东京大学东文研图书室藏本<br>早稻田大学图书馆藏本 | | | |

243

续 表

| 系 统 | | 写 本 | 器物之问询问之人 | 祭葬之问询问之人 | 衣服之问询问之人 |
|---|---|---|---|---|---|
| B-2 | B-2-1 | 东京大学图书馆藏本② | 深见久大夫 | 深见久大夫/通事彭城藤治右卫门 | 无 |
| | B-2-3 | 京都大学图书馆藏本 | | | |
| B-3 | | 关西大学图书馆藏本② | | | |

若类别问答"器物之问""祭葬之问"内容原本与其他问答抄于同一写本,那么在其中插入深见久大夫以及通事彭城藤治右卫门的名字,显得十分多余。因此,这两部分内容应是单独记录的。而且,C系统中的内阁文库藏本①②、宫内厅书陵部藏本与D系统中的内阁文库藏本③计4种写本中均无类别问答,且主要收藏于红叶山文库(江户幕府将军藏书库)与昌平坂学问所(江户幕府大学寮教学机构),由此可推测,类别问答是深见久太夫单独记录并呈交荻生总七郎,即荻生北溪的,但未呈交将军德川吉宗。

类别问答后为分条问答。A系统4种写本与B-2-2 4种写本中,类别问答紧接分条问答;而B系统中的其他6种写本另起一页书写分条问答。值得注意的是,A、B两种系统在分条问答前均写有"清朝探事"[①]4字。B-2-2系统中的国立国会图书馆藏本②类别问答与分条问答之间写有"答ニテワカリ候故ニ問候文ハ略シテ記シ申候/問テ曰清朝探事"(因答句明白,故问句略记之/问曰 清朝探事)。由此推测,分条问答与类别问答原本分开记录,传抄时进行了合并。也就是说,"分条问答"是呈交给幕府将军德川吉宗的原本,而"类别问答"是荻生总七郎(北溪)与深见久大夫根据个人的需求询问记录下来的。

关于附加问答,B-3系统的关西大学图书馆藏本②"附加问答"中的"小说书目之事"与之前的"分条问答"没有书写在同一页纸上,而是另起一页,这也暗示着"附加问答"与前述"分条问答"是分离开来的。

"小说书目之事"之后,B系统的写本均有"附录"两字,内容包括"清朝之事"和"康熙帝座右联之事"。附录中的"清朝之事"记载了清高祖努尔哈赤、清太祖

---

① 其中,关西大学图书馆藏本②"清朝探事"朱笔头注"两本无此行",即有两种写本无"清朝探事"4字。但是此"两种写本"所指无法明确。

的名讳以及顺治、康熙、雍正帝的名讳、在位时长等,但关于乾隆帝仅见其名讳,未见在位时长,而且,国立国会图书馆藏本②载"当今乾隆帝",说明"清朝之事"最早成书于雍正十三年九月(乾隆帝即位,宣告翌年改元乾隆)。"康熙帝座右联之事"记载了康熙帝到广和楼看戏时颁赐的台联。

另外,关西大学图书馆藏本②③、京都大学图书馆藏本3种写本中的"附录"内容亦与前面的"附加问答"不在同一页张上,也是另起一页。附录部分后,全部内容结束。

此外,东京大学图书馆藏本①"清朝探事下卷毕"后附"中華之儀付申上候覚",计34条,为享保四年三月萨摩藩主询问前往清朝的琉球人所作成的问答书,且与其他内容的笔迹不同。内阁文库藏表题为"大清风俗书"(内题"中華之儀付申上候覚",索书号为"184-0338")的写本与其内容一致,可见该部分是单独成立的。此外,东京大学图书馆藏本①还附有出自长崎全图的"長崎ヨリ諸国エ海陸道規"与"長崎ヨリ異国エ道規",前者载有长崎至大阪、京都、江户等日本诸地的海陆里程;后者载有长崎至朝鲜、宁波、交趾等外国的里程。

综上可知,根据内阁文库的藏书主要来自江户幕府将军藏书库——红叶山文库,从类别问答"祭葬之问"中有荻生北溪的批注,以及内阁文库藏本①②、宫内厅书陵部藏本无"类别问答""附加问答"等情况可推测,"类别问答""附加问答"呈送荻生北溪后,未被呈送幕府将军德川吉宗。换言之,德川吉宗命令荻生北溪等询问的是分条问答部分,而"类别问答""附加问答"或为荻生北溪、深见有邻解决翻译《大清会典》时遇到的问题而询问朱佩章并记录的,非源于德川吉宗的需求。而"附录"部分或为后人传抄时添加的内容,与德川吉宗、荻生北溪、朱佩章无关。仅记载分条问答的C系统(内阁文库藏本①②、宫内厅书陵部藏本)的3种写本,特别是没有抄写者校勘记的内阁文库藏本①很可能是呈送给德川吉宗的原本。

## 四、诸写本的跋文与抄写年代

A系统中的4种写本,即国立国会图书馆藏本①、东京大学图书馆藏本①、东北大学图书馆藏本、筑波大学图书馆藏本②第一册问目后载如下内容:

> 此問答ハ享保ノ初、深見久太夫<sub>後新兵衛卜云</sub><sub>高玄岱ノ子</sub>、奉命肥ノ崎陽ニ赴キ、藥草ノ事ヲ監セラルルノ序テ、来舶ノ唐人ニ問目ノ旨アリテ、清人朱珮章奉答所ノ書也。時ニ金城ノ儒官荻生氏和解シテ奉ル。或人是ヲ藏ス。予切ニ懇望シ謄寫シテ秘藏ストフ。深見氏ハ書籍奉行也。宝暦甲申歳中秋。双松堂主人誌。(译：享保初,深见久太夫后云新兵卫・高玄岱之子奉命赴肥之崎阳监药草之事,因于来舶之唐人有问目之旨,清人朱珮章奉答,成此问答书。时金城儒官荻生氏奉令和解。或人藏之,余恳望得之,誊写秘藏。深见氏为书籍奉行也。宝历甲申岁中秋,双松堂主人志)

据此可知,此序作于宝历甲申年(1764),A 系统的四种写本应是在 1764 年的写本或 1764 年以后的写本。

B 系统的 10 种写本虽无上述内容,但册首载：

> 享保中荻生總七郎江被仰付、清人朱佩章江御尋之事共、深见久大夫取次朱佩章答之趣,書付指上侯寫。(译：享保中荻生总七郎奉令询问清人朱佩章之事及深见久大夫传达、朱佩章回答内容呈送之抄本)

值得注意的是,B-1 系统的斯道文库藏本、关西大学图书馆藏本①③"享保中,荻生总七郎"朱笔旁注"二十一年丙辰"。享保二十一年(1736)四月,改元为元文。但是,担任通事的彭城藤治右卫门于享保十年八月至十六年十月间担任"御用通事",享保二十年(1735)十一月九日病逝①。而且询问者深见久大(太)夫(1691—1773)即深见有邻,于享保十九年任书物奉行,并改名为新兵卫②。因此,此处的享保"二十一年"应该晚于深见久询问朱佩章的时间。

日本《国书总目录》载,旧下乡文库藏本为享保二十一年写本③。或据此,内藤湖南指出,荻生北溪在享保二十一年(1736)向来到长崎的中国人朱佩章询问

---

① [日]颖川君平编：《譯司統譜》,大坂活版制造所 1897 年版(非卖品),第 5 页。
② 《御文库始末记》,《幕府書物方日記》(三),东京大学出版会 1966 年版,第 399 页。
③ 《補訂版　国書総目録》第四卷,岩波书房 1969 年版,第 733 页。

清朝的事情后,向幕府提交了问答记录①。遗憾的是,旧下乡文库藏本因战火烧失,无法确认。B-1系统的斯道文库藏本、关西大学图书馆藏本①③无跋文,也未有抄写时间。

不过,B-2-2系统中的国立国会图书馆藏本②末尾"清人答问书终"后载如下跋文:

此問答ハ享保年中清人朱珮章外餘ノ清人肥ノ前州崎陽ニ来ル期、德廟荻生氏深見氏ニ命セラレテ答問ノ趣書也。アル家ヨリ密ニ出タルト也。荻生氏ハ惣七郎トテ金城ノ儒官。深見氏ハ初ノ名ハ久太夫、後ノ名ハ新兵衛ト云テ、官庫書籍奉行ナリ。宝暦甲申歳。(译:此问答为享保年中清人朱珮章及余外清人来肥前州之崎阳时,德川吉宗命荻生氏、深见氏询问、所答之内容。自某家密出之。荻生氏名总七郎,金城儒官。深见氏,初名久太夫,后云新兵卫,官库书籍奉行。宝历甲申岁)

文中"アル家ヨリ密ニ出タルト也(自某家密出之)"与上述A系统序文(筑波大学图书馆藏本②无)序文中的"或人是ヲ藏ス。予切ニ懇望シ謄寫シテ秘藏スト云フ(或人藏之,余恳望得之,誊写秘藏)"表述接近。

早稻田大学图书馆藏本的末尾也载如下跋文:

此問答ハ享保年中清人朱珮章外餘ノ清人肥ノ前州崎陽ニ来ル期、德廟荻生氏深見氏ニ命セラレテ答問ノ趣書也。荻生氏字ハ總七郎。深見氏字ハ久太夫、后新兵衛ト云。荻生氏ハ金城ノ儒官也。深見氏ハ官底書籍奉行也。宝暦甲申歳。(译:此问答乃享保中,清人朱佩章与其他清人赴肥之前州崎阳之期,德庙(德川吉宗)命荻生氏、深见氏询问唐人的答问趣旨。荻生氏字总七郎,深见氏字初久大夫,后云新兵卫。荻生氏为金城儒官,深见氏为官底书籍奉行。宝历甲申岁)

---

① [日]内藤湖南:《昔の満州研究》,《内藤湖南全集》第八卷,筑摩书房1969年版,第250页。

其中"官底",显然是"官库"之讹。文中少了"アル家ヨリ密ニ出タルト也（自某家密出之）",而且"德庙"两字抬头,以示避讳。东京大学东文研图书室藏本的跋文,与早稻田大学图书馆藏本相同,不过"宝历甲申岁"后还续写有"三浦玉绳藏书"6字。若"三浦玉绳"非人名的话,则其底本应为三浦半岛玉绳城（最早修筑于1513年,位于镰仓市西北部）藏本。

筑波大学图书馆藏本①的跋文,也与上述早稻田大学图书馆藏本相同,不过未载"宝历甲申岁",而写有如下内容：

宽政己未春,得奚疑塾藏本,于江户侨居誊写之。九渊。

可知,名为九渊之人于宽政己未（1799）春根据奚疑塾的藏本抄写而成。从"江户侨居"的表述来看,九渊并非江户人。

其中"奚疑塾"并非明治时代的汉学者窪全亮（1847—1913）于1880—1913年开设的私塾,而是江户儒学者山本北山（1752—1812）创办的奚疑塾。山本北山别号孝经楼主人、奚疑塾主人、奚疑翁,为江户御家人之子,门下弟子有大洼诗佛、梁川星岩等著名诗人。因此,此《清人答问书》（即《清朝探事》）应为山本北山的藏书。江户著名考古学者蒲生君平于宽政二年（1790）、梁川星岩于文化四年（1807）进入奚疑塾学习。此外,曾参与编纂《清俗纪闻》的近藤重藏也曾进入奚疑塾学习,师从山本北山。

由此可知,上述B-2-2系统四种写本依据的原本的末尾均有"此問答ハ享保年中清人朱珮章外餘ノ清人肥ノ前州崎陽ニ来ル期、德廟荻生氏深見氏ニ命セラレテ答問ノ趣書也。荻生氏字ハ總七郎。深見氏字ハ久太夫、后新兵衛ト云。荻生氏ハ金城ノ儒官也。深見氏ハ官底書籍奉行也"的跋文,但抄写时间不同。国立国会图书馆藏本②、早稻田大学图书馆藏本、东京大学东文研图书室藏本的抄写时间与A系统的4种写本同样,宝历甲申岁（1764）或其后抄写的。而筑波大学图书馆藏本①的抄写时间最为明确,为宽政己未（1799）春。

另外,A-1系统的东京大学图书馆藏本①末尾书写有"文政三年庚辰十一月四日写毕"13字。从该13字与正文以及"清朝探事下卷毕"等笔迹相同来看,东京大学图书馆藏本①的书写时间应该为文政三年（1820）。

综上可知,从序跋文来看,A 系统的国立国会图书馆藏本①、筑波大学图书馆藏本②3 种写本抄写的时间为宝历甲申岁(1764)或其后抄写的,东京大学图书馆藏本①的书写时间为文政三年(1820);B-2 系统的国立国会图书馆藏本②、早稻田大学图书馆藏本、东京大学东文研图书室藏本的抄写时间最早也为宝历十四年(1764)或其后抄写的,筑波大学图书馆藏本①的抄写时间最早,为宽政十一年(1799)春。另外,从"祭葬之问"中的批注来看,B-2-1 系统即东京大学图书馆藏本②或较为接近荻生北溪批注的原始底本。遗憾的是,由于 B-1 系统的斯道文库藏本、关西大学图书馆藏本①③缺少跋文,无法考察抄写时间。

# 中世日本的"坡诗讲谈师"与"东坡诗抄物"[①]

王连旺[*]

## 一、引　　言

明成化二十二年(1486,朝鲜成宗十七年,日本文明十八年),朝鲜成宗向明朝派出的圣节使中,有位叫李昌臣的质正官。李昌臣此次燕行的使命之一,是购买一套《苏文忠公集》,但他在北京搜求未果。幸运的是,在回国路经辽东时,李昌臣得遇进士邵奎,并诉说了购书未果之憾。邵奎闻听后邀请李昌臣参观其藏书阁,慷慨赠其一套《苏文忠公集》,以为他日不忘之资。回国后,李昌臣向成宗报告了这次奇遇,成宗大喜曰:"得好书而来,善矣!"[②]又明弘治十四年(1501,朝鲜燕山君七年,日本文龟元年),日本国使臣弸中、智瞻等赴朝鲜求《东坡诗集》等书,朝鲜欣然允诺。[③]将两则事例串联起来,便可以清晰地勾勒出一条16世纪前后以朝鲜半岛为媒介,由官方主导的苏轼诗集在东亚的传播路径。

其实,苏轼的诗文集在其生前便已大量刊刻,大行海内,北传辽金[④],风靡高丽[⑤],

---

[*] 王连旺:郑州大学外国语与国际关系学院、亚洲研究院副研究员,博士生导师。
[①] 本文基金项目:国家社科基金一般项目"东亚视域下的日本'东坡诗抄物'研究"(项目批准号:21BZW012);教育部人文社会科学研究青年基金项目"苏轼文学在日本的传播与接受研究"(项目批准19YJC751042)。
[②] 事见《朝鲜王朝实录·成宗实录》十七年十二月二十八日条,(韩国)国史编纂委员会1968年版,第11册第172页。
[③] 事见《朝鲜王朝实录·燕山君日记》七年九月十七日条,(韩国)国史编纂委员会1969年版,第13册第452页。
[④] 曾枣庄:《"苏学行于北"——金、元"靡然"期》,曾枣庄等:《苏轼研究史》,江苏教育出版社2001年版,第156—205页;郑墡谟撰:《高丽文坛"东坡风"成因论》,高卓译,《域外汉籍研究集刊》2021年第22辑。
[⑤] 详见王水照:《苏轼文集初传高丽考》,《新民晚报》1997年3月16日;洪瑀钦:《"拟把汉江当赤壁"——韩国苏轼研究述略》,《苏轼研究史》,江苏教育出版社2001年版,第571—622页。

其后又东传日本。苏轼诗文集在辽金、高丽的传播与接受群体情况，经国内外学者的研究已基本明确化。但是，苏轼文学初传日本的时间只能大概推断为13世纪中期[1]，依据是1253年成书的《正法眼藏》（道元著）与1254年成书的《古今著闻集》（橘成季著），但尚不能说明苏轼文学在日本的传播形式及程度。也有研究认为"苏轼在世时，其作品便已传入日本"[2]。虽然这一蠡测在可能性上是成立的，但无依据。实际上，13世纪中期至14世纪的约150年间，苏轼诗文集在东瀛的流布及接受群体的情况依然不甚明晰。

东亚汉文化圈内各国交流与冲突频繁的14—16世纪，元明时期的苏轼研究出现了一个相对低潮，但苏轼文学在日本的传播与接受却出现了一个持续两个多世纪的高峰。大量的苏轼文学作品传入日本，在皇室、公卿、平民，尤其是五山禅林中被广为阅读、注解，且在当地刊刻出版，并催生了《四河入海》等大量文献价值极高的被称为"东坡诗抄物"的注释书，形成了苏轼文学在日本传播与接受的鼎盛时期。本文在前人研究的基础上，系统梳理现存苏诗抄物的数量、类型及文本形态，进而探讨苏诗"抄物"的注释特色及文献价值。

厘清苏轼诗歌在日本的传承脉络，对于研究苏轼文学在中世日本传播与接受具有重要意义。基于此，本文从接受主体（坡诗讲谈师）和文献载体（东坡诗抄物）两个维度，介绍苏轼文学在中世日本的传播情况。

## 二、中世日本的"坡诗讲谈师"

### （一）形成期

894年，日本停止向中国派遣遣唐使，中日间官方往来中断；10—14世纪东亚海域的活动主体变为海商与禅僧，中日间横渡沧波的人员在数量和往来频次上较之以往不但没有减少，反而大幅增加[3]，大量宋代书籍被宋朝商船、日本入

---

[1] 早川光三郎：《蘇東坡と国文学》，《斯文》1954年第10号；王水照：《苏轼作品初传日本考》，《湘潭师范学院学报》1998年第2期。
[2] 冯宇环：《苏轼作品在日本中世的流布与影响》，浙江工商大学硕士学位论文，2015年，第1页。关于苏轼在日本的早期传播，吉井和夫做出了突破性研究，详参《日本における蘇東坡受容の揺籃期》（上）（下），《西山学苑研究纪要》2020年第15号、2021年第16号。
[3] ［日］榎本涉：《遣唐使中止でも日中交流は花盛り》，《日本史の新常識》，2018年，第90—94页。

宋僧、宋元渡日僧等携往日本。这些承载着宋代文化基因的典籍在东瀛生根发芽，催生了日本镰仓时期(1185—1333)至室町时期(1336—1573)的宋学隆兴，文学风尚亦随之一变，以日本临济宗禅僧为主体、以汉诗文创作为主要形式的五山文学成为文学主流。

五山文学初期的诗文集中，不乏有关苏轼文学的记录。初期代表人物之一虎关师练(1278—1346,亦作虎关师炼)的《济北集》卷三中收录《除夜并序》诗一首，序中言："《东坡集》曰：'岁晚相与馈为馈岁，酒食相邀呼为别岁，除夜不眠为守岁，蜀之风俗如是。'因而有三诗各八韵，予嫌其繁冗焉，今夜灯下包三事而赋一绝云。"①明确显示《东坡集》不仅传播至日本，而且影响了虎关师练的汉诗创作。《济北集》以诗体分卷，单卷中的作品以创作时间排序，卷三中有《辛亥之秋余居骏州与富峰密迩偶作二偈》诗一首，辛亥为日本正和元年(1311)，该诗又在《除夜并序》之后，据此可以确定1311年之前即14世纪初期便有五山禅僧阅读《东坡集》。值得注意的是，虎关师练曾于元大德三年(1299)跟随渡日僧人一山一宁学习禅学与外典之学，一山一宁可能携带《东坡集》至日本。日本学者村井章介将13世纪中期至14世纪中期称为"渡来僧的世纪"②，大批宋元禅僧横渡东海，传法立派，他们不仅促进了禅宗东传，也无疑带去了苏轼文学的诸多信息。

1320年入元、1329年返归日本的临济宗禅僧天岸慧广(1273—1335)曾遍访江南名刹，在游历湖州何山时作有《游何山道场》，诗中有"不啻坡仙题品妙，天开佳境助篇章"③句。"坡仙题品"指苏轼《游道场山何山》诗，也就是说，14世纪初期的入元僧在中国江南接触苏诗遗迹是接受苏轼文学的途径之一。至五山文学鼎盛时期的14世纪，五山禅僧研读苏诗的记录明显增多。与绝海中津(1336—1405)并称为五山文学"双璧"的义堂周信(1325—1388)便是苏诗的忠实读者。中岩圆月(1300—1375)于日本延文四年(1359)为义堂周信《空华集》所作序文中称："友人信义堂，禅文偕熟，余力学诗，风骚以后作者，商参而究之，最于老杜、老

---

① ［日］虎关师练：《济北集》卷三，上村观光编：《五山文学全集》第一卷，思文阁1973年版，第97页。
② ［日］村井章介：《東アジア往還：漢詩と外交》，朝日新闻社1995年版，第48页。
③ ［日］天岸慧广：《东归集》，上村观光编：《五山文学全集》第一卷，思文阁1973年版，第11页。

坡二集读之稔焉，而酝酿于胸中既久矣。时或感物发兴而作，则雄壮健峻，幽远古淡，众体具矣。"①据此可知，义堂周信曾熟读苏诗，并以此感物发兴进行诗歌创作，终成五山文学首屈一指的大家。这也从另一个侧面反映了苏轼诗歌对五山汉文学的影响。值得注意的是，义堂周信不仅研读中国古典诗歌，而且聚集门徒弟子开讲宋人周弼所编唐诗选本《三体诗》，在五山禅林中开创了讲诗的先河。跟随义堂周信学习外典之学的弟子有惟肖得岩、严中周噩、大岳周崇等人，他们三人均是在日本五山禅林讲授苏诗的"坡诗讲谈师"。自此之后，日本的苏诗接受群体虽然仍在五山禅林中，但接受方式已由单纯的阅读苏诗变更为讲读苏诗、注释苏诗。

**（二）发展期**

曾为后土御门天皇进讲汉诗的兰坡景茝（1417—1501）对日本五山禅林中研读苏诗的历史有如下记述：

> 江西曾三度讲授东坡诗，盖已通读《王状元集百家注分类东坡先生诗》，瑞岩亦数次研读苏诗，如此，苏诗诚当读也。总之，唐土无讲诗之风，我朝讲诗亦为一补也。记之方札，阅读五经，凡书皆应自题号讲起。东坡家有《论语》《易》之书，有注《论语》书一部。日本讲诗之风，自义堂讲《三体诗》起。太白、柳文亦有点读。讲东坡诗者，始自惟肖，其后又有瑞岩龙惺、九渊等人。点读四书五经始自吉备大臣。②

兰坡景茝追溯了日本研读中国经典及诗歌之诸端绪，特别指出，最初在日本讲读苏诗的是临济宗禅僧惟肖得岩（1360—1437）。

惟肖得岩③，法讳得岩，道号惟肖，别号蕉雪、歇既道人、山阳备人，备后（今广岛县）人。历任天龙寺、南禅寺（第98世）住持。师事绝海中津（1336—1405）研习诗文，列席义堂周信（1325—1388）的《三体诗》讲习，远赴镰仓跟随建长寺吉

---

① ［日］中岩圆月：《东海一沤集》，上村观光编：《五山文学全集》第二卷，思文阁1973年版，第1084页。
② 日本市立米泽图书馆藏：《增刊校正王状元集注分类东坡先生诗》（米泽善本91）第1册5b。原文为日语，引文系笔者翻译。
③ 详参［日］玉村竹二编：《五山文学新集》卷二，东京大学出版会1968年版，第1279—1289页。

祥庵的藏海性珍(1335—1409)学习韩柳文、苏黄诗,著有《东海琼华集》。惟肖得岩曾列席义堂周信的《三体诗》讲席,不难想象,惟肖得岩讲授、研习苏诗的方式,应该受到了义堂周信的影响。其门生有希世灵彦、瑞溪周凤、存耕祖默、龙冈真圭等人。其中,希世灵彦、瑞溪周凤继承了惟肖得岩及江西龙派的东坡诗讲习,皆有记录存世。

除惟肖得岩外,兰坡景茝还列举了江西龙派(1375—1446)、瑞岩龙惺(1384—1460)、九渊龙賝(？—1474)三人。

江西龙派①,临济宗禅僧。道号江西,法讳龙派,号木蛇、续翠,晚号晚泊老人,室号豺庵。承一庵一麟(1329—1407)法嗣,师事绝海中津,擅诗文。历任建仁寺、南禅寺(第144世)住持。门生有希世灵彦、瑞溪周凤、胜刚长柔、雪窗慧照、仁甫圣涛、正宗龙统等人,著有《江西和尚语录》《续翠诗藁》《续翠稿》,另著述有"东坡诗抄物"《天马玉津沫》。已佚。

瑞岩龙惺②,临济宗黄龙派禅僧。初法讳龙章,道号仲建,后改法讳为龙惺,改道号为瑞岩。别号蝉庵、蝉闇、稻庵,承一庵一麟法嗣,历任建仁寺、南禅寺住持。其学除受于一庵一麟外,还跟随惟肖得岩、江西龙派、慕喆龙攀学习汉诗文,著有《瑞岩和尚语录》《蝉闇外藁》。其门生有天隐龙泽、太极等人,天隐龙泽亦为坡诗讲谈师。

九渊龙賝③,临济宗黄龙派禅僧。法讳龙賝,道号九渊,室号葵斋,承一庵一麟法嗣,历任建仁寺、南禅寺住持。日本宝德三年(1451),随遣明使入华,3年后回国。除师事一庵一麟外,还跟随希世灵彦及其同门法兄瑞岩龙惺、江西龙派学习,门生中有天隐龙泽。善诗文,著有《葵斋集》《九渊唾稿》。

兰坡景茝提及的4人,均是活跃于15世纪前期的临济宗禅僧,是造就日本中世五山文学繁荣局面的核心群体,且都担任过建仁寺、南禅寺住持。除上述4人外,日本"东坡诗抄物"集大成之作《四河入海》的编者笑云清三在该书百家注姓氏后,也列出了一组"日本坡诗讲谈师",如下:

---

① 详参［日］玉村竹二编:《五山文学新集》别卷一,东京大学出版会1977年版,第1123—1129页。
② 详参［日］玉村竹二编:《五山禅僧传记集成》,讲谈社1983年版,第339—341页。
③ 详参玉村竹二编:《五山文学新集》别卷二,东京大学出版会1981年版,第693页。

中世日本的"坡诗讲谈师"与"东坡诗抄物"

> 双桂和尚,讳传,字惟肖,号蕉雪,始号樵雪。
> 懒云师讳噩,字严仲,号懒云。
> 北禅师讳凤,字瑞溪,号刻楮子,或号卧云,作《脞说》。
> 大岳师作《翰苑遗芳》。
> 万里居士述《天下白》。
> 木蛇师讳派,字江西,作《天马玉津沫》,号续翠。
> 竹处师讳仙,字桃源,号万庵,或号春雨,在山上讲坡者全部。
> 讳翃,字一韩,坡之闻抄号《蕉雨馀滴》,因桃翁所讲也。桃翁或号蕉了,盖以蕉坚绝海和尚之后裔也。

笑云清三所列的 8 位坡诗讲谈师中,有 6 位是兰坡景茞没有提及的,分别是严中周噩(1359—1428)、瑞溪周凤(1391—1473)、大岳周崇(1345—1423)、万里集九(1428—1507)、桃源瑞仙(1430—1489)、一韩智翃(？—？)。

严中周噩[①],临济宗梦窗派禅僧。初法讳周佑,道号天助。后避足利义满"道有"之法讳,改道号、法讳为严中周噩,南禅寺第 102 世住持。跟随义堂周信学习汉诗文,擅长讲读外典,曾讲授《三体诗》及东坡诗,其门生有瑞溪周凤。

瑞溪周凤[②],临济宗梦窗派禅僧。法讳周凤,道号瑞溪,别号卧云山人、竹乡子、刻楮子,先后跟随严中周噩、大岳周崇、惟肖得岩、江西龙派、天章澄彧等人学习诗文,转益多师,颇有成就,是继义堂周信、绝海中津之后的代表性诗文名家。著有《卧云日件录》,编有《善邻国宝记》,其讲读苏诗的抄物为《脞说》。

大岳周崇[③],临济宗梦窗派禅僧。法讳周崇,道号大岳,别号全愚道人。阿波人,俗姓一宫。应安元年(1368),在镰仓圆觉寺跟随义堂周信学习诗文。另外,还师从东福寺梦岩祖应学习外典之学。自应永十一年(1404)起,继绝海中津之后担任相国寺鹿苑塔主,专司僧录之事长达 11 年,后任南禅寺住持。大岳周崇精通《汉书》,曾讲习《汉书》,著有《前汉书抄》。可惜已佚。其门生竺云等连(1383—1471)得其《汉书》学之津要。大岳周崇亦讲授苏诗,编著有《翰苑遗芳》,

---

① 详参[日]玉村竹二:《五山禅僧传记集成》,讲坛社 1983 年版,第 185—186 页。
② 详参[日]玉村竹二编:《五山文学新集》卷五,东京大学出版会 1971 年版,第 1283—1289 页。
③ 详参[日]玉村竹二:《五山禅僧传记集成》,讲坛社 1983 年版,第 402—404 页。

录入南宋赵次公注、施顾注甚多,价值极高。

万里集九①,临济宗禅僧。法讳集九,道号万里。应仁之乱(1467—1478)后还俗,不再使用法名,以万里作为居士号自称,又常以"漆桶"两字冠于"万里"之前。于美浓鹈沼结庵谓之梅花无尽藏,并以庵号"梅花无尽藏""梅花无尽藏漆桶子"等自称。应仁之乱前,万里集九在东山常在光寺住持一华建怼门下学习,一华建怼善诗文,与瑞溪周凤交往甚密,精于《庄子》,曾讲授林希逸《鬳斋口义》,万里集九曾列席讲座。著有《梅花无尽藏》,讲授苏诗、黄诗的抄物分别为《天下白》《帐中香》。万里集九晚年时,桃源瑞仙的门生一韩智翃,以及笑云清三寓居其庵边,学习诗文。

桃源瑞仙②,临济宗梦窗派禅僧。法讳瑞仙,道号桃源,别号蕉了、蕉雨、春雨、亦俺万庵、竹庵等,近江市村人。10余岁时,入相国寺胜定院明远俊哲门下,至24岁时明远去世。在相国寺时,与横川景三、万里集九等诗文结社,交往甚密。桃源瑞仙自青年时期起,便转益多师,研读外典。跟随竺云等连、瑞溪周凤学习易经,跟随竺云等连、绵谷周旵、牧仲梵佑学习《史记》,跟随竺云等连学习《汉书》,跟随一条兼良、清原业忠学习《礼记》,还列席过东福寺云章一庆的《敕修百丈清规》讲席。由此可见,桃源瑞仙的知识构成极为丰富。应仁之乱爆发后,桃源多处辗转,终在文明二年(1470)于永源寺建梅岑庵定居,并于文明六年起,在永源寺讲授易学和《史记》《东坡诗集》。门生有季玉承球、一韩智翃、笑云清三等人。桃源瑞仙的易经讲义有《百衲奥》存世,《史记》的讲义录有《史记抄》,《东坡诗集》的讲义被其门人一韩智翃整理为《蕉雨馀滴》,后被收入笑云清三编《四河入海》。

一韩智翃(？—？)③,临济宗禅僧,承东福寺孝仲法嗣,曾任镰仓圆觉寺住持。在京都相国寺师事景徐周麟,亦追随桃源瑞仙学习东坡诗20余年,后将桃源东坡诗讲义整理为《蕉雨馀滴》,又名《一韩听书》。此外,一韩智翃还讲授过《古文真宝》,有《古文真宝抄》存世。

---

① 详参[日]玉村竹二编:《五山文学新集》卷六,东京大学出版会1972年版,第1139—1165页。
② 详参[日]玉村竹二:《五山禅僧传记集成》,讲坛社1983年版,第518—521页。
③ 详参[日]上村观光:《五山诗僧传》,民友社1912年版,第357—358页。

此外，《四河入海》的编者笑云清三①(1429？—1520？)也是五山禅林中整理、传习"东坡诗抄物"的重要人物。笑云清三是临济宗圣一派禅僧，法讳清三，道号笑云，伊势人，曾任东福寺大慈庵塔主。跟随一韩智翃学习苏诗，应仁之乱后，与一韩智翃同赴美浓鹈沼投师万里集九，在其梅花无尽藏边建容安斋卜邻而居，编成《四河入海》，抄录万里集九《帐中香》，并讲授《古文真宝》《无量寿禅师日用清规》《敕修百丈清规》。

除上述禅僧外，市立米泽图书馆藏有一部辑录10种抄物的东坡诗抄，题为《增刊校正王状元集注分类东坡先生诗》(米泽善本91)②，辑录了以芳、瑞、胜、兰、天、白、顽、幻、马、青简称的10种抄物材料。

芳，即大岳周崇的《翰苑遗芳》；瑞，指瑞岩龙惺；胜，指瑞溪周凤的《胜说》；兰，指兰坡景茝；天，指天隐龙泽(1422—1500)；白，指万里集九的《天下白》；顽，指河清祖浏(1460？—？)的《豖云集》；幻，指月舟寿桂(1470—1533，别号幻云)；马，待考；青，待考。

此本保存了除《四河入海》收录的大岳周崇、瑞溪周凤、桃源瑞仙、万里集九以外6位禅僧的部分东坡诗讲义，可为全面了解中世坡诗讲谈师提供重要线索。

兰坡景茝③，临济宗禅僧。师事瑞岩龙惺、希世灵彦，与横川景三、天隐龙泽过从甚密，曾任相国寺住持。善诗文，自文明十一年(1479)起，先后三次为后土御门天皇讲授《三体诗》及黄庭坚诗。著有《雪樵独唱集》。

天隐龙泽④，临济宗禅僧。法讳龙泽，道号初为天岩，后改为天隐。建仁寺大昌院天柱龙济法嗣，师从法兄宝洲宗众。诗文方面，师承江西龙派与心田清播。此外，还列席过东福寺宝渚庵云章一庆的《敕修百丈清规》讲席。天隐龙泽精通杜诗及《三体诗》，喜好讲说，门徒多达70人，月舟寿桂、祖溪德浚、古桂弘稽、春和启闾、春庄宗椿、雪岭永瑾、仁恕集尧、文揖寿显等人皆其门生。

河清祖浏，临济宗禅僧。承廷瑞祖龟法嗣，建仁寺兴云庵住僧，以诗文名重

---

① 详参[日]玉村竹二：《五山禅僧传记集成》，讲坛社1983年版，第323—324页。
② 关于此书，可参见拙稿《日本市立米泽图书馆藏【米泽善本91】〈增刊校正王状元集注分类东坡先生诗〉残卷考》，《域外汉籍研究集刊》第13辑，中华书局2016年版，第415—432页。
③ 详参[日]玉村竹二编：《五山文学新集》卷五，东京大学出版会1971年版，第1235—1247页。
④ 详参[日]玉村竹二编：《五山文学新集》卷五，东京大学出版会1971年版，第1315—1325页。

禅林，与月舟寿桂、龙崇常庵、驴雪鹰灞等有交游，晚年退休越前宝应寺。

月舟寿桂，法讳寿桂，道号月舟，别号幻云、中孚道人。据《新纂禅籍目录》记载，月舟著述颇丰。曾为天隐龙泽编纂的汉诗集《锦绣段》做过注，又将常庵龙崇（1469—1536）讲授的黄庭坚诗加以整理，编成《黄氏口义》，而且还著有《史记抄》《三体诗抄》。但《新纂禅籍目录》中并无记载月舟著有《东坡诗抄》。此外，从"大日本史料综合数据库"检索结果来看，月舟于永正六年（1509）四月七日被召入宫，为后柏原天皇（1500—1526年在位）进讲杜诗，又分别于享禄元年（1528）十月二十三日、十一月二十三日及享禄三年（1530）受召入宫，为后奈良天皇（1526—1557年在位）进讲杜诗及三体诗，而尚未发现月舟进讲苏诗的记录。月舟寿桂的谈录《月影集》中有如下记载：

> 《方舆胜览》可委以查阅南方地理，而不载北方地理。故此，讲释苏、黄诗歌时除使用《方舆胜览》外，还需利用载有北方地理信息的《翰墨全书》。现在的《（大明）一统志》亦是讲读苏、黄诗歌时的重要书籍，兼载南北地理。①

材料中提及，从《方舆胜览》中只能查找南方地理，无法了解北方的地理情况。因此讲授苏轼和黄庭坚诗歌的过程中，需要查询地理信息时，应该兼顾南北，除了《方舆胜览》外，还要使用《翰墨全书》《大明一统志》等。这条材料可以说明，月舟不仅讲授过苏诗，还讲授过黄庭坚诗。月舟寿桂的东坡诗抄物没有单行本行世，市立米泽图书馆藏《增刊校正王状元集注分类东坡先生诗》（米泽善本91）收录了月舟寿桂的东坡诗抄，且资料来源有3种②。

**（三）衰微期**

据董舒心考证③，自惟肖得岩至笑云清三之间，还有多位五山禅僧参与苏诗讲谈，包括心田清播、天章澄彧、竺云等连、胜刚长柔、梅阳章江、绵谷周瓞、景徐周麟、大圭良价、一华建怣等9人，并绘制了《四河入海》系列抄物关系图。需注意的是，

---

① 转引自[日]住吉朋彦：《〈方舆胜览〉版本考》，《斯道文库论集》2015年第49辑，第173页。原文为日文，笔者译。
② 关于月舟寿桂，笔者做过专门研究。可详参王连旺：《蘇詩及びその注解者の研究》，筑波大学博士论文，2017年，第63—73页。
③ 董舒心：《〈四河入海〉研究》，南京大学研究生毕业论文，2012年。

虽然以上9人都参与过苏诗讲谈,对部分苏诗发表过自己的见解,但尚无材料证明他们讲授过苏诗。另外,董文受论题限制,未对笑云清三之后的苏诗讲读情况作进一步的考证。作为补充,本文介绍室町后期至江户初期的三位坡诗讲谈师。

第一位是彭叔守仙(1490—1555)。临济宗禅僧,信浓(今日本长野县)人,别号瓢庵。承东福寺自悦守怪法嗣,天文七年起任东福寺住持,天文十六年升至南禅寺,其后在东福寺建善慧院。著有《犹如昨梦集》《铁酸饀》。彭叔守仙曾在善慧院讲授《江湖风月集》,其自笔《江湖风月集抄》中有跋语两条,如下:

斯《江湖风月集》二百六十一首,自永正十八岁辛巳八月十三日至同十月初六,首位十七会,为大仙庵运仲乘公西堂,于善慧境界讲说焉。云云。

自天文元(1532)壬辰仲冬初七至文二(1533)癸酉仲夏廿八日,为艺阳西禅主盟梁公首座,讲者十五会。云云。①

由此可知,彭叔守仙每次讲诗的数量为16首前后。西尾市岩濑文库藏有一部《增刊校正王状元集注分类东坡先生诗》,经与笔者研究过的米泽图书馆藏同名诗集(米泽善本91)为同一系列印本,均系朝鲜甲寅字铜活字版《增刊校正王状元集注分类东坡先生诗》,岩濑文库本卷一首有"善慧轩"长形墨印,为彭叔守仙的藏书印。据此可知,此书为彭叔守仙旧藏,同米泽本一样,均为万历朝鲜战争以前传入日本的朝鲜铜活字本。该书有彭叔守仙施加的朱引、训点及批注。关于彭叔守仙讲授苏诗,以及与岩濑文库藏朝鲜铜活字版东坡诗集之间的关系,笔者将做进一步的调查。

第二位是月溪圣澄(1536—1615)。临济宗禅僧,法讳圣澄,道号月溪,承器之圣林法嗣,跟随仁恕集尧学习诗文。曾任东福寺住持,著有《月溪和尚疏藁》《月溪和尚文集》。曾于庆长十七(1612)、十八年受召入宫进讲《古文真宝》,有《古文真宝抄》存世。文禄五年(1596)三月十日,月溪圣澄曾为智仁亲王讲授过苏诗,讲授内容为苏诗类注本卷一纪行第二至第六首,且讲义录被收入智仁亲王自笔《听书拔书类》第三册中,计有两种,藏于宫内厅书陵部,堀川贵司有专文对

---

① [日]上村观光:《五山诗僧传》,民友社1912年版,第381页。

此作过研究①，录入了全文，并加以笺注。

第三位是文英清韩（1568—1621）。文英清韩是安土桃山时代至江户初期的临济宗禅僧，法讳清韩，道号文英，别号不放子。承建长寺文叔清彦法嗣，历住东福寺、南禅寺，深得丰臣一族及加藤清正恩宠，曾随加藤清正军入侵朝鲜，颇有文名。大阪府立中之岛图书馆藏有一部元刊本《增刊校正王状元集注分类东坡先生诗》（索书号：甲汉21），该书余白及行间有大量文英清韩的批注，这种形式即是"书入れ抄（写入抄）"，也是"东坡诗抄物"的一种。该书有文英清韩跋语，如下②：

> 天正十三年癸酉（愚十八岁也）四月十九日始讲，天正十九年己卯（二十四岁也）四月二日成就也。

清韩拜

  坡讲传受

  桃源 — 一韩（蕉雨馀滴）— 笑云三和尚（四河入海述之）— 文叔彦和尚 —清韩（二十五岁惠日前板秉拂。）

从这条跋语可知，自18—24岁的青少年时期，文英清韩跟随文叔清彦研习苏诗长达6年。并且，还列出自己研习苏诗的师承谱系。如此一来，可呈现出一条笑云清三之后五山禅僧中研习苏诗的清晰脉络，将中世禅林的苏诗受容史直接拖进了近世初期。

文英清韩青少年时期的努力在庆长十八年（1613）得到了回馈，45岁的他被召入宫中为后水尾天皇（1611—1629年在位）讲授苏诗，也曾入八条宫智仁亲王府邸（1579—1629）讲授苏诗。列席讲席的山科言绪（1577—1620）在其日记《言绪卿记》记载③，庆长十八年八月十日，东福寺天得院清韩（文英）进讲《东坡集》，前来听讲的除后水尾天皇和八条宫智仁亲王外，近卫准后、同内大臣、御门迹众、

---

① ［日］堀川贵司：《禅僧による禁中漢籍講義—近世初頭『東坡集』の例—》，堀川贵司：《続五山文学研究：資料と論考》，笠间书院2015年版，第86—106页。
② 东京大学史料编纂所：《大日本史料》第十二编之三十四，1943年，第296—297页之夹页书影。
③ 《大日本史料》第十二编之十一，第405页。

照高院宫、曼珠院宫等人侍听,来听讲的大臣公卿有飞鸟井中纳言、四辻宰相中将、阿野宰相中将、中御门宰相中将、通村朝臣、冬隆朝臣、永庆朝臣、白川雅英、嗣良、安倍泰重、今出川三位中将等人。另外,来自鹿苑寺的部分僧众也有参加讲席。由此看来,东坡诗在近世初期依然受到日本上层社会的欢迎,热度未减。幸运的是,文英清韩的这次讲义录尚存世间,名为《东坡诗闻书》,现为庆应义塾大学佐藤道生先生收藏;堀川贵司有专文介绍这件资料,做了详尽的文献学调查,录入全文,且加以笺注[①],又以此为基础探讨了中世后期五山禅僧与公家之间有关苏诗的交流与互动[②]。

庆长十九年(1614)四月,丰臣家在京都修建的方广寺大殿竣工,文英清韩受丰臣秀赖之托撰写钟铭,因铭文中"国家安康"的"康"字犯了德川家康的名讳,引发"钟铭事件",成为德川家与丰臣家对立的口实。文英清韩受此牵连,被逐出南禅寺,住坊天得院也险遭废弃。该年冬季及次年夏季,德川家与丰臣家爆发了"大坂之役",丰臣家被灭。元和二年(1616)二月,文英清韩被德川家康幽禁在骏府,其间结识了开江户时期一代学问之先的林罗山,两人往来酬唱,惺惺相惜。经林罗山相助,才被赦免。元和六年(1620)九月十三日,文英清韩再次被召入宫中讲授苏诗,听讲者除了后水尾天皇外,有近卫殿左府、八条殿、曼殊院宫、青莲院门迹、阿野、中院、日野、花山、东坊城、菊亭、五条、平松、广桥及五山僧众多人列席,这是文英清韩最后一次在日本高层传授东坡诗。元和七年(1621)三月,随着文英清韩去世,五山禅僧中已再无有影响力的东坡诗讲谈师。此时期,以林罗山为代表的江户儒学家们取代了五山学问僧,掀起了日本文化的新风尚,进而执掌德川幕府之文事,苏轼文学在日本的接受主体与传播方式也随之一变。

## 三、中世日本的"东坡诗抄物"及其文献价值

### (一) 抄物的定义与"东坡诗抄物"的数量

抄物,简而言之就是注释书。日本学者柳田征司从成书时代、讲抄者身份、

---

① [日]堀川贵司:《东坡诗闻书》,堀川贵司:《五山文学研究:资料と論考》,笠间书院 2011 年版,第 238—262 页。
② [日]堀川贵司:《続五山文学研究:資料と論考》,第 86—106 页。

原典资料的类别、与讲义的关系、注释书的性质、文本及文体形态等 6 个方面对抄物进行了定义①。柳田认为,抄物主要指日本室町时代(1336—1573)京都五山禅僧、博士家、神道家、公卿、医家、足利学校庠主、曹洞宗僧侣等为汉籍、佛典及部分"日本国书"所做的注释资料群;其核心资料为讲授过程中产生的"教案"或"讲义录"形式的文本,也有部分抄物不是讲授过程中产生的;从文字上看,既有用汉字撰写的"汉文抄",也有用假名书写的"假名抄";从形态来看,不仅限于单独成书的注释书,也包括在原典资料中写入的"汉字假名混淆体"的批注资料,这类资料被称为"書入れ仮名抄"(写入抄)。

此外,堀川贵司《抄物の類型と説話》一文,从原典资料、文体类型、成立时期、注释系统、注释形态、受众群体等方面,梳理了抄物文献的概念、类别、性质、变迁及作用②。

柳田征司自 1970 年代起就致力于调查日本现存抄物文献,先后制作了《書き込み仮名抄一斑》③《抄物目録稿(原典漢集經史子類の部)》④《抄物目録稿(原典漢籍集類の部)》⑤;又在《書入れ仮名抄》⑥一文中统计出日本现存抄物文献有 509 种,其中经部 102 种、史部 7 种、子部 83 种、集部 81 种、佛书 66 种、日本"国书"170 种。其中,《抄物目录稿·原典汉籍集部之类》著录了以下 9 种"东坡诗抄物":

(1) 万里集九《天下白》(藏本较多)。

(2) 笑云清三编《四河入海》(藏本较多)。

(3) 建仁寺两足院藏林宗二、林宗和《东坡诗抄》。

(4) 建仁寺两足院藏林宗和《东坡诗抄》。

---

① [日]柳田征司:《室町時代語資料としての抄物の研究》,武藏野书院 1998 年版,第 5 页。
② [日]堀川贵司:《続五山文学研究:資料と論考》,笠间书院 2015 年版,第 56—72 页。
③ [日]柳田征司:《書き込み仮名抄一斑》,《愛媛大学教育学部紀要》第 2 部第 9 卷,1977 年,第 1—20 页。
④ [日]柳田征司:《抄物目録稿(原典漢集經史子類の部)》,《訓點語と訓點資料》1983 年第 70 号,第 1—127 页。
⑤ [日]柳田征司:《抄物目録稿(原典漢籍集類の部)》,《訓點語と訓點資料》2004 年第 113 号,第 3—82 页。
⑥ [日]柳田征司:《書入れ仮名抄》,《室町時代語資料としての抄物の研究》,武藏野书院 1998 年版,第 217—218 页。

（5）米泽图书馆藏月松宗鹤编《东坡诗抄》（米泽善本91）。

（6）庆应义塾大学图书馆藏抄者未详《东坡诗抄》。

（7）月溪圣澄讲《东坡闻书》（宫内厅书陵部藏）。

（8）文英清韩讲《东坡闻书》（庆应义塾大学佐藤道生教授藏）。

（9）江西龙派讲、胜刚长柔抄录《东坡诗抄》。

除柳田著录的9种之外，笔者又调查到以下17种"东坡诗抄物"：

（1）日本国立国会图书馆藏大岳周崇《翰苑遗芳》。

（2）日本国立国会图书馆藏五山版类注本所附"写入抄"。

（3）日本国立国会图书馆藏元刊类注本所附"写入抄"。

（4）米泽图书馆抄者未详元刊类注本（米泽善本90）所附"写入抄"。

（5）庆应义塾大学附属研究所斯道文库藏宋末元初刊类注本所附"写入抄"。

（6）宫内厅书陵部藏南宋黄善夫家塾刊类注本所附"写入抄"。

（7）大阪府立中之岛图书馆藏元刊类注本所附文英清韩"写入抄"。

（8）尊经阁文库藏瑞溪周凤《坡诗脞说》。

（9）岩濑文库藏朝鲜铜活字版类注本所附彭叔守仙"写入抄"。

（10）京都大学图书馆谷村文库藏五山版类注本所附"写入抄"。

（11）天理大学图书馆藏五山版类注本所附"写入抄"。

（12）足利学校遗迹图书馆藏五山版类注本所附"写入抄"。

（13）成箦堂文库藏天隐龙泽旧藏五山版类注本所附"写入抄"。

（14）成箦堂文库藏清见寺旧藏五山版类注本所附"写入抄"。

（15）东洋文库藏五山版类注本所附嘉吉元年（1441）"写入抄"。

（16）阳明文库藏五山版类注本所附近卫信尹题识本"写入抄"。

（17）东京卧游堂书店旧售文明十四年移录江西龙派训点本[①]。

以上26种资料中，大岳周崇（1345—1423）《翰苑遗芳》约成书于14世纪末，是现存最早的"东坡诗抄物"；大阪府立中之岛图书馆藏元刊类注本所附文英清韩"書入れ抄（写入抄）"完成于天正十九年（1591），成书时间较晚；1534年，笑云清三所编《四河入海》收录了《翰苑遗芳》《坡诗脞说》《天下白》《一韩听书》4种抄

---

[①] 承金程宇教授赐教，该书已被日本国学院大学购入。

物,是"东坡诗抄物"中的集大成之作;月松宗鹤(1511—1596)编《东坡诗抄》(米泽善本91)收录了10种抄物,是收录抄物种类最多的文献,可惜现在仅存全卷的约1/6。

（二）"东坡诗抄物"的类型与形态

"东坡诗抄物"多以讲义录的形式保存与流传,以汉文记述的被称为"汉文抄"类型的"东坡诗抄物",《翰苑遗芳》即是此类文献。在宋元版、五山版、朝鲜铜活字版苏诗类注本上直接书写的批注被称为"写入抄",此类文献多是"日本坡诗讲谈师"的"备课教案"及其誊录本,是最原始的"东坡诗抄物",种类数量也是最多的,上述宫内厅书陵部藏南宋黄善夫家塾刊类注本所附"写入抄"便是此类的早期抄物。此本最大的特点是抄录了大量施顾注与赵次公注等南宋古注,与大岳周崇《翰苑遗芳》的内容重合度很高,极有可能是大岳周崇的"写入本"。利用该本与《翰苑遗芳》相互参合,可以离析出多条《翰苑遗芳》未标姓氏的施顾注与赵次公注。

主讲的禅师授课时,列席讲诗会的禅僧们会直接把讲谈师讲授的内容用当时的口语记录,整理成册后便成了"假名抄",《四河入海》所收的《一韩听书》便是

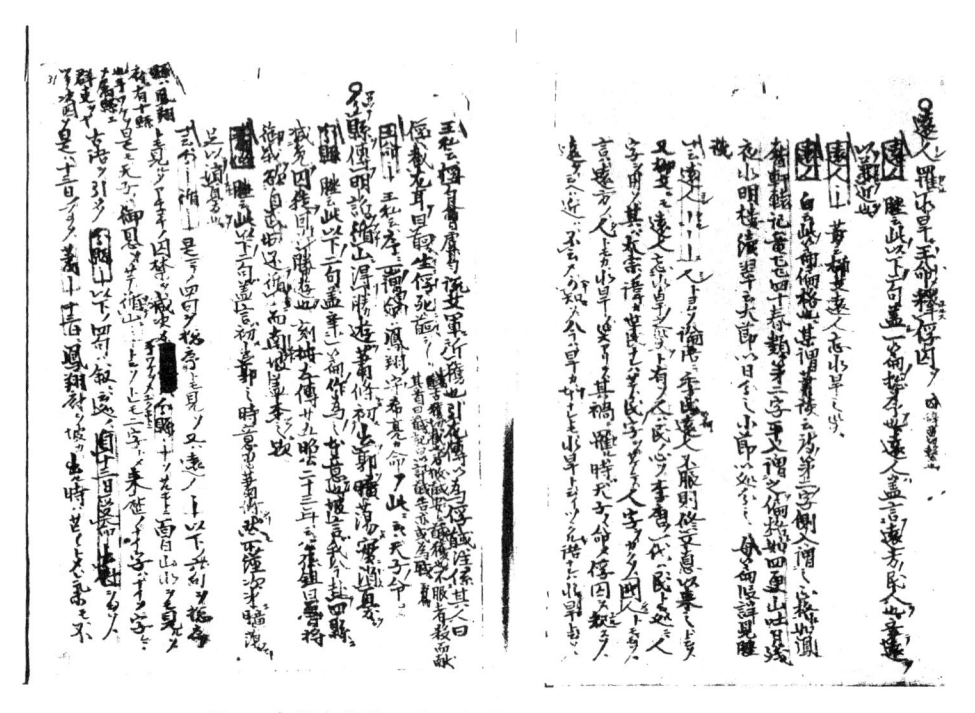

图1　东福寺藏笑云清三自笔稿本《四河入海》卷一之一

此类。苏诗讲谈师世代相传200余年,讲谈师们留下的内容像滚雪球一般愈来愈多,后世禅僧们往往收集多人的抄物类聚编集,形成了极为明显的层累型、类聚型注释书,《天下白》《四河入海》等即是此类。

随着抄物内容的逐代累加,集大成式的类聚抄不断出现,这直接影响了抄物的文本形态。当禅僧们在原典资料上没有空间抄写诸类抄物时,自然会想办法解决抄写空间的问题,方法无外乎两种:一种是离开原典资料另外抄录重编,笑云清三编纂《四河入海》时即采用此法。另一种是通过改装原典资料制作出更大的纸幅进行抄写。米泽图书馆藏抄者未详元刊类注本(米泽善本90)所附"写入抄"及月松宗鹤编《东坡诗抄》便是很好的例子,后者尤为典型。该本以朝鲜铜活字版《增刊校正王状元集注分类东坡先生诗》刘辰翁批点本为底本,将底本的一叶去掉版框以外的部分,剪去版心,再剪裁为四等分,基本上隔叶贴于高36.5厘米、宽26.2厘米的和纸之上后(a左下方,b右下方),再绘制上版框及版心,并于和纸的余白处抄写与本叶所附底本内容相符的10种抄物。

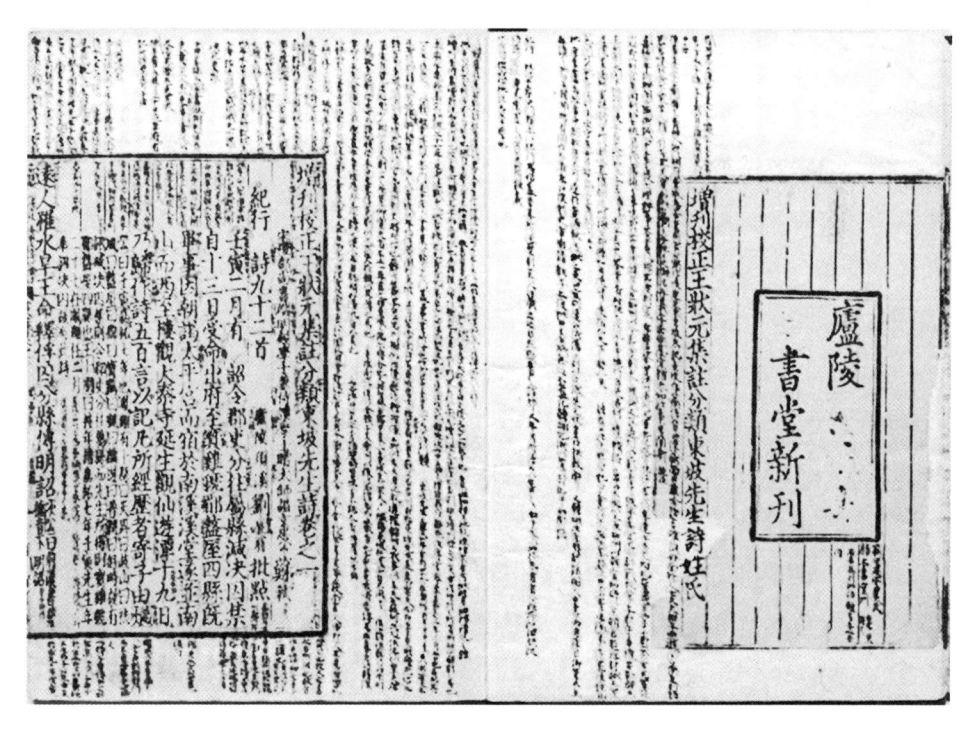

图2 米泽善本90所附"写入抄"

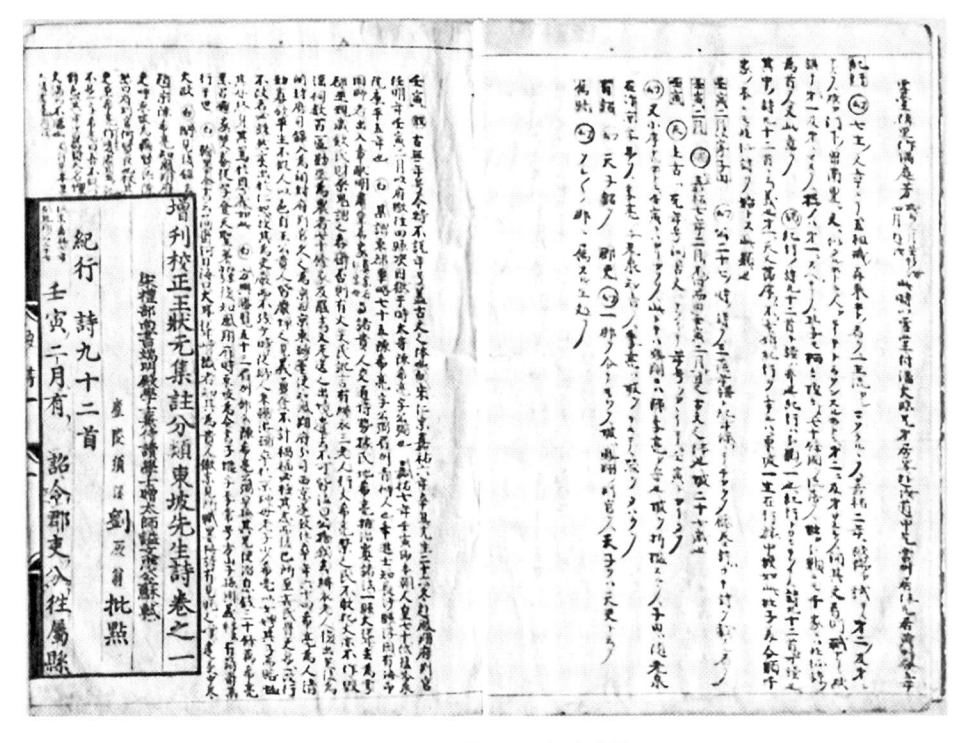

图 3　月松宗鹤编：《东坡诗抄》

### (三) "东坡诗抄物"在日本的流布与印行

从现存抄物来看，除禅林以外，只有林宗二、林宗和等少数人有传写抄物，绝大部分的传抄者是五山禅僧。由此可知，在庆长、元和年间古活字本《四河入海》印行之前，"东坡诗抄物"的流传范围几乎仅限于五山禅林之中，流传度并不广。

从流传区域来看，越后（今新潟县）曹洞宗禅僧月松宗鹤编于天正十三年（1585）的《东坡诗抄》抄写了 10 种抄物，说明"东坡诗抄物"在 16 世纪后期已经从文化中心的京都地区远播至越后，且抄写者中出现了曹洞宗禅僧，丰富了苏诗在日本的受容群体，这也是曹洞宗禅僧参与外典研读活动较早的案例①。

庆长、元和年间（1596—1624），日本印行了古活字本《四河入海》，该本现存 17 种，即国会图书馆藏本、国立公文书馆藏本 2 种、东洋文库藏本、宫内厅书陵

---

① 关于月松宗鹤编《东坡诗抄》及其"东坡诗抄物"在越前的流布、曹洞宗禅僧参与苏诗文学活动，可参见拙稿《市立米沢図書館蔵「増刊校正王状元集注分類東坡先生詩」残 7 巻考——朝鮮銅活字版の底本を中心にして》，《中国文化》2016 年第 75 号，第 1—13 页。

部藏本、大东急纪念文库藏本、静嘉堂文库藏本、东京大学文学部国语研究室藏本、蓬左文库藏本、お茶の水大学成篑堂文库藏本、熊本大学附属图书馆永青文库藏本、阳明文库藏本、庆应义塾大学图书馆藏本、积翠轩文库藏本、龟井孝藏本、冈见正雄藏本、土井洋一藏本。通过对以上藏本递藏过程的考察,可大致了解江户时期古活字本《四河入海》的流布情况,进而探讨中世五山禅林中勃兴200余年的苏轼诗学在江户时期的延续、影响及嬗变。

1970—1972年,中田祝夫影印出版了"东坡诗抄物"的集大成之作《四河入海》[①],该本以日本国立国会图书馆藏古活字版移点本(将抄物原稿中的朱批、墨批及日文训点等忠实地移录到古活字本)为底本,比较接近抄本原貌。1971年,冈见正雄、大冢光信影印的《抄物资料集成》中也收录了《四河入海》[②],该本以宫内厅书陵部藏无移点的古活字素本为底本,全失抄本原貌,在底本选择上有严重疏漏。除《四河入海》外,尚未有其他"东坡诗抄物"的影印或整理本问世,"东坡诗抄物"的基础文献研究工作尚待加强。

**(四)"东坡诗抄物"与五山版苏诗类注本**

"东坡诗抄物"虽然种类繁多,但有一点是相通的,即均以《王状元集注分类东坡先生诗》宋元版类注本为底本,这与五山禅林中研读苏诗时使用的"讲谈"形式有密切关系。禅僧们不是各自研读,而是跨寺院、跨派别地聚集在一起来闻听某一位坡诗讲谈师授课,授课时如果没有统一的"教材",则难以推进,所以苏诗类注本便成了他们的"通用教材"。五山版刊印之前,"通用教材"主要来自中国,室町后期还有少量来自朝鲜的铜活字版。室町时期之所以复刻如此多的苏诗类注本,正是宋元版传入日本的数量已远远不能满足禅僧们的使用需求所致。要解决"教材不足"的矛盾,方法无外乎三种。

一是抄写。上述东京卧游堂书店旧售日本文明十四年(1482)移录江西龙派训点本苏诗类注本5册,该本原有8册,阙第2、3、8册(卷4—9、23—25)。册首有题跋:

旧本□九百九十二丁也。诗一千四百七十二首也。文明十三年辛丑林

---

① [日]中田祝夫整理,[日]笑云清三编:《四河入海》,勉诚社1970—1972年版。
② [日]冈见正雄、[日]大冢光信:《抄物资料集成》,清文堂1971年版。

> 钟廿六日相国寺于鹿苑院之衣钵阁初书之,次之壬寅仲春十又八日嵯峨鹿王院北窗下而书之了,次之癸卯季春于北山之鹿苑寺,江西之点以人之所称之本写之,后览直过惟幸。文明癸卯孟夏下旬志焉。辉子。

由此可知此本抄写之过程。该本可贵之处是移录了江西龙派的训点,以此为依据,使对现存"东坡诗抄物"训点系谱梳理成为可能。

二是引进朝鲜本。关于朝鲜本流入日本,一般认为是丰臣秀吉侵略朝鲜时从朝鲜大量劫回的。但从笔者的研究来看,在万历朝鲜战争以前,至少有市立米泽图书馆藏本、岩濑文库藏本两种朝鲜铜活字版苏诗类注本已经传入日本并被五山禅僧用于苏诗讲读活动了。而且,《朝鲜王朝实录》中也有日本派使赴朝鲜求苏轼诗集的记载[①]。

三是复制,即刊刻五山版苏诗类注本。川濑一马《五山版の研究》上卷《解说篇》[②]录入了以下 23 种五山版类注本东坡诗集,又在《新修成箦堂文库善本书目》[③]中增录了 1 种,计有 24 种:

(1) 宫内厅书陵部藏林罗山旧藏本。
(2) 宫内厅书陵部藏长得院旧藏本。
(3) 宫内厅书陵部藏松平乐翁旧藏本。
(4) 国立国会图书馆藏盐田屯旧藏本。
(5) 成箦堂文库藏天隐龙泽手泽本。
(6) 成箦堂文库藏清见寺旧藏本(《新修成箦堂文库善本书目》著录)。
(7) 东洋文库藏嘉吉元年写入本。
(8) 东洋文库藏冈山国清寺旧藏本。
(9) 静嘉堂文库藏本。
(10) 大东急纪念文库藏本。
(11) 足利学校遗迹图书馆藏本(一)。

---

① 《燕山君日记》七年(1501)九月十七日条载:"日本国使臣弸中、智瞻等求《东坡诗集》、《碧岩录》、《黄山谷》等册。命给之,《碧岩录》未知何册,其问于弸中。"
② [日]川濑一马:《五山版の研究》上卷,日本古书籍商协会 1970 年版,第 484 页。
③ [日]川濑一马:《新修成箦堂文库善本书目》,お茶の水図書館 1992 年版,第 519 页。

(12) 足利学校遗迹图书馆藏本(二)。

(13) 足利学校遗迹图书馆藏零本(卷十五、十七、二十五,计三卷)。

(14) 京都大学谷村文库藏本。

(15) 龙谷大学图书馆藏本。

(16) 宫城县立图书馆藏本。

(17) 松平家披云阁文库藏本。

(18) 阳明文库藏本。

(19) 尊经阁文库藏本。

(20) 三井家旧藏本(一),十四册。

(21) 三井家旧藏本(二),十册。

(22) 天理图书馆藏石井氏积翠轩文库旧藏本。

(23) 天理图书馆藏零本(卷十二)。

(24) 布施卷太郎藏本。

笔者已经对第(1)(4)(5)(6)(7)(9)(11)(14)(18)(22)等 10 部进行了确认,均附有"写入抄"。可以推想,尚未调查的 14 部中附有"写入抄"的可能性极高。五山版中同一种书存有 24 部是极为罕见的,也从一个侧面说明苏轼诗歌在日本中世禅林中普及程度之高,书上所附禅僧们的"写入抄"更增加了该书的文献价值。这里可以给我们一点启示,整理影印日本五山版汉籍时,是从刊刻艺术角度考虑选择洁净整齐的版本,还是从文本价值角度考虑选择满纸"写入抄"的版本? 以(5)天隐龙泽旧藏本为例,将该本中的"写入抄"与月松宗鹤编《东坡诗抄》中收录的天隐龙泽抄物进行对比,即可判断该本中的"写入抄"是否为天隐龙泽自笔写入本,若能判明则可全面了解天隐龙泽的苏诗研究,其文献价值之高不言自明。

**(五) 繁杂但有序:"东坡诗抄物"的注释体例与特色**

五山禅僧以宋元版类注本为基础,利用海内散逸的施顾注、赵次公注等资料,并大量引用南宋中期以来出现的《翰墨全书》《方舆胜览》《杭州图经》《咸淳临安志》《东都事略》《言行录》《宋史全文续资治通鉴》《宋元通鉴》等重要的宋代地理、人物相关书籍。这些书籍多成书于南宋中后期,故未能被赵次公等南宋初期注家采用。又因在清代流传不广,清代注家也极少使用。从这个角度看,"东坡诗抄物"在引用材料方面完全可以和宋人、清人相媲美。关于"东坡诗抄物"的注释体例及特色,笔者以《四河入海》为例,从题注、分段、校勘、诗语诗句的解释、全篇概括5个方面展开,撰写过日文论文①,现概述其要点：

诗歌中的题注主要解决创作时间地点、有关人物等事项,对理解作品非常重要。苏诗南宋古注本中,施顾注的题注最为详细,施宿专门参考《国史》等资料②制作了苏轼的年谱,并将年谱有效地运用到题注中。《四河入海》很好地继承了施顾注的这一特点,把施宿《东坡先生年谱》作为重要的参考文献频繁引用。除此之外,还大量参考了何抡《三苏年谱》及傅藻《仙溪纪年录》。

注释诗中的宋代人物时,《四河入海》频繁引用《东都事略》《言行录》《宋史全文续资治通鉴》③《宋元通鉴》等南宋中期以后出现的书籍,注释尤为详尽。

注释地名、楼阁、历史遗迹时,《四河入海》频繁引用《方舆胜览》《杭州图经》《咸淳临安志》《翰墨全书》等南宋中后期出现的方志、类书,显示出五山禅僧对中国地理的好奇心与熟知度。

我国的诗歌注释多注重字词解说与名物考据,对诗歌作品进行全面或分段分析则多见于诗话或宋末元初兴起的批点之学。南宋的注释家中,赵次公是个特例,他在注释杜诗时便采用了分段分析的方式。五山禅僧在注释苏诗时继承了赵注的特点。关于这一点,瑞溪周凤《刻楮子瑞溪脞说叙》中有明确记载:"长篇分段,盖拟赵次公杜诗之解也。"

苏轼的诗歌在其生前便已出现文字异同,至南宋时,随着苏集的大量印行,异文的情况也愈来愈多,成为南宋苏诗注家们必须解决的一个重要问题。比如,施顾注本大量引用墨迹及石刻资料对苏诗进行了校勘④。和南宋注家一样,五山禅僧也非常重视对苏诗文本的校勘。从《四河入海》的引书情况看,他们所用的校勘资料有《东坡集》《东坡文集》《大全集》《东坡别集》等宋刊东坡集,还广泛搜罗了大量宋元刊本、五山版等苏诗类注本,以"无批语本""无批语唐本""增刊

---

① 王连旺:《蘇詩注釈書としての『四河入海』》,《筑波中国文化论丛》2014年第33号,第49—75页。
② 施宿在:《东坡先生年谱》的跋文中提及:"宿即略采《国史》谱先生之年而系其诗于下。"引文见郑骞、严一萍:《增补足本施顾注苏诗》,艺文印书馆1980年版,第107页。
③ 承蒙刘成国教授赐教,《四河入海》所引《续资治通鉴》为《宋史全文续资治通鉴》。
④ 关于施顾注本利用墨迹、石刻资料校勘的研究,详参见浅见洋二:《校勘から生成論へ：宋代の詩文集注釈、特に蘇黄詩注における眞蹟・石刻の活用をめぐって》,《东洋史研究》2009年第68(1)号,第34—69页。

本""批语本""和本""日本本""日本版"等略称,又将新近从中国传入的刊本称为"新度唐本""新渡增刊本"等等。因为苏诗类注本是禅僧们讲授或学习时的"通用教材",故而才出现了这么多的版本。除此之外,中国注家在校勘时使用频度不高的《丛林盛事》《事文类聚》《渔隐丛话》《方舆胜览》《冷斋夜话》《诗学大成》《东京梦华录》等也频频出现在他们的校勘中。

除了题注、分段、校勘之外,"东坡诗抄物"在注释诗歌词句时,多用日语的俚语、谚语、连歌,或者将中日两国的人物与实物进行类比,且多使用图录,使日本文化视角下的苏诗解读,时有新意,可为苏诗文本研究提供新的视角,具有重要的参考价值。

"东坡诗抄物"以宋元版、五山版、朝鲜铜活字版等苏诗类注本为底本,大量引用中国本土已经散逸或部分散佚的施顾注、赵次公注等宋人古注,仿照赵次公注杜甫诗的体例,广泛利用宋人所编苏轼年谱、史籍、诗话、方志、韵书、类书、丛书、佛典等资料,对苏诗进行文本校勘、字词释义、分段赏析,并对南宋旧注及日本古注进行辨析,兼具集注与疏证的特点。可以说,五山禅僧们的苏诗注释充分吸收了南宋注家的已有成果,是在南宋以来的苏诗研究系谱下继续进行的研究活动。

**(六) 辑佚的宝库:赵次公佚诗的发现与佚注的复原**

伴随着宋学的传入,中世日本的学术风尚随之一变,大量宋代典籍传入日本。五山禅僧们在注释苏诗时大量引用了南宋古注及其他宋代文献,使"东坡诗抄物"成为重要的辑佚材料。1960年代以来中日学者都做了这方面的尝试。1965年,小川环树、仓田淳之助在大岳周崇《翰苑遗芳》中辑出大量施顾注、赵次公注,汇集为《苏诗佚注》[1]出版;1998年,王水照利用"东坡诗抄物"及其他资料,整理出《宋人所撰三苏年谱汇刊》[2];董舒心先后发表《论日本苏诗注本〈四河入海〉的文献价值》[3]《〈四河入海〉所引苏诗佚注与〈东坡别集〉》[4],强调了《四河入海》的引文中包含大量中国本土已佚文献,并以《东坡别集》为例进行了探讨;卞东波总结了苏诗施顾注的现存状况及前人辑佚的得失,指出以嘉定原刊本为底本,参校景

---

[1] 小川环树、仓田淳之助:《苏诗佚注》,京都大学人文科学研究所1965年版。
[2] 王水照:《宋人所撰三苏年谱汇刊》,上海古籍出版社1998年版。
[3] 董舒心:《论日本苏诗注本〈四河入海〉的文献价值》,《古典文学知识》2012年版,第102—109页。
[4] 董舒心:《〈四河入海〉所引苏诗佚注与〈东坡别集〉》,《域外汉籍研究集刊》第十五辑,中华书局2017年版,第167—180页。

定再刊本,并以《翰苑遗芳》中所引的施顾注为补充,同时参考《四河入海》的古钞本和据古钞本"移点"的古活字本,可以高度复原宋刊本施顾注①。除上述成果外,笔者近年来致力于赵次公"和苏诗"②及苏诗赵次公佚注的整理研究③。

# 结　　语

自室町初期的惟肖得岩(1360—1437)至江户初期的文英清韩(1568—1621),200余年间,代表日本文化最高水平的五山禅僧群体世代传习苏诗,转益多师,切磋琢磨,不论是应仁之乱后颠沛流离的万里集九,还是被卷入诸侯争霸漩涡的文英清韩,在社会动荡与时代剧变下,五山禅僧们始终没有放弃对苏诗的研读。现存大量的苏诗抄物,既是他们研读苏诗的集体成果,也是他们研究苏轼文学在日本受容的重要文献。

15—16世纪初期参与苏诗讲习的五山禅僧人数最多、注解活动也最为繁盛;1467—1477年,日本爆发"应仁之乱",五山禅林遭受重创,知识精英由京都向各地疏散漂泊,苏诗研读活动也随之衰落;日本天文三年(1534),笑云清三所编苏诗抄物集大成之作《四河入海》的成书是对15—16世纪初期五山禅林研读苏诗活动的一个阶段性总结,成为日本苏诗接受由盛至衰的一个分水岭,苏诗接受群体的数量与参与热度由此衰退;但是,《四河入海》之后的五山禅林中苏诗研读并未中止,而是进入16世纪中期至17世纪初期的衰微期,这一时期的代表人物为文英清韩。进入江户时期后,由于江户儒学者的崛起,苏轼文学在日本的接受主体与模式也随之改变,苏诗研读活动中已基本不见五山禅僧的身影。

南宋中期和清代是苏轼研究史上的两个高峰,出现了大批高水平的苏诗注家。日本五山禅僧的注释活动介于南宋与清代之间的元明时期,使这一时期的苏轼研究出现了"墙里开花墙外香"的异趣。自惟肖得岩(1360—1437)、大岳周

---

① 卞东波:《域外汉籍与施顾〈注东坡先生诗〉之研究》,《文学遗产》2017年第6期,第20—31页。
② 王连旺:《赵次公"和苏诗"辑考》,《中国典籍与文化论丛》第17辑,凤凰出版社2015年版,第36—53页;王连旺:《赵次公诗文汇校稿》,《筑波中国文化论丛》2015年第34号,第143—160页;王连旺:《诗人赵次公初探》,《新宋学》第5辑,复旦大学出版社2016年版,第138—148页。
③ 王连旺:《苏诗赵次公注的辑佚与整理新考》,《古典文献研究》第21辑上卷,凤凰出版社2018年版,第111—125页。

崇以来，五山禅林中的坡诗讲谈师世代传授、研习苏诗两个多世纪，他们作为日本最一流的知识阶层，跨越法系、学系的拘囿，以苏诗类注本为"通用教材"，广泛搜集各类苏集文献，以"讲谈"的方式研读苏诗，造就了这一时期东亚苏轼诗学研究的高地，为后世留下了大量弥足珍贵的注释材料，使进一步辑佚整理苏诗文献成为可能。他们对"通用教材"的需求，也促进了五山版苏诗类注本的出版。

"东坡诗抄物"具有很高的文献价值，可以作为苏轼诗歌批评资料、苏轼文学海外传播研究资料、中国典籍在海外的流布及辑佚资料，以及中日比较文学研究资料加以利用。从影印整理来看，仅有日本的语言史专家影印出版过《四河入海》一种"东坡诗抄物"，诸如月松宗鹤编《东坡诗抄》及宋元版、五山版、朝鲜版苏诗类注本"写入抄"等大量珍贵文献亟待发掘整理；五山禅僧们对苏诗的注释可以大大丰富苏诗文本批评资料，为作品解读提供一个日本视角。因此，整理或利用"东坡诗抄物"时，不能只限于苏诗"汉文抄"，苏诗"假名抄"中也含有很多真知灼见和苏轼文学在该时期受容情况的重要信息，应摒弃语言和国界的限制，将苏轼诗歌的研究置于东亚坐标中，作为经典的区域文学加以关照。

值得进一步探讨的还有两点：其一，室町前期的坡诗讲谈师多出自建仁寺、南禅寺，而中后期则多出自东福寺，且室町后期至江户初期的五山禅僧与皇室、公家之间有频繁的交流与互动。堀川贵司在《禅僧による禁中漢籍講義——近世初頭「東坡集」の例一》文末提出了一个新的研究课题，想进一步考察五山禅僧与皇室、公家之间的学问互动是否与庆长、元和年间勃兴的古活字出版事业有关联；其二，近世初期公家的苏诗受容也值得关注和研究。前文提及，八条宫智仁亲王曾邀请过月溪圣澄、文英清韩讲授苏诗；另外，阳明文库藏有一部五山版《王状元集百家注分类东坡先生诗》，该书施有训点、朱引及大量批注，卷四末有近卫家第17代当主近卫信尹（1565—1614）墨笔题识"内大臣信辅"，卷五首有其花押，卷六末有墨书"天正十三年（1585）"。日本学者松尾肇子在对此书调查的基础上，对近卫家的苏诗受容情况进行过考察，是研究近世初期苏诗在公家受容情况的典型个案[①]。智仁亲王和近卫信尹均是江户初期文学素养极高的重要文人，他们在文学创作中是否受到苏诗的影响，亦有待探讨。

---

① 松尾肇子：《近衛家における蘇軾の詩文》，《東海学園言語・文学・文化》2008年第8号，第30—38页。

# 斯 文 在 兹
## ——从严绍璗先生的文献学看日本思想史研究

张晓明[*]

关于严绍璗先生的学术研究,周阅教授的概括最为妥帖,即"以东亚文学与文化关系为中心的比较文学研究和以日本中国学为中心的海外汉学研究"。从这个角度严格来说,我的专业日本思想史研究确实与严先生的学术研究有点相去甚远的意思。但是,就是在这个"相去甚远"的边界,我反而被严先生的学术魅力所吸引,进入了一个并不怎么"思想史"的思想史研究,准确地说是基于古典文献学的思想史研究。而恰恰正好是这一点,让我能够通过严绍璗先生的文献学观照到日本思想史的研究。

与严绍璗先生的初次见面还是在我读博正为江户时代古学家山鹿素行和伊藤仁斋苦闷的时候。在授业恩师郭连友教授的启蒙下,很长时间的学术训练让我经常能够往来于日本江户思想史研究的故纸堆。同时,因为郭老师师承日本东北大学源了圆先生,有着严谨的实证学风的思想史训练,所以我们作为徒孙辈的一代人理所应当地按照同样的研究范式展开思想史研究。在做先行研究的时候我在北京日本学研究中心的图书馆里看到了严绍璗先生和源了圆先生合编的《中日文化交流史大系·思想卷》。翻开编委会的一页,周一良、严绍璗、王勇、中西进、源了圆、大庭修等中日学界学术巨擘;思想卷的作者王家骅、严绍璗、荻生茂博、前田勉、郭连友等一个个再熟悉不过的名字映入眼帘,那种震撼激起了我的一份渴望——想从进入学界前辈们的思想世界寻求学术研究的范式,它像一粒种子深埋在了我的内心。但是,一直到2015年我才第一次在北京外国语大学

---

[*] 张晓明,北京第二外国语学院日语学院副教授。

(简称"北外")的校园里见到严先生。严先生应邀参加在北外举办的学术会议,远在京都大学访学的严先生弟子张西艳给我打电话让我接送一下严先生,我欣然应允。

自那以后,似乎冥冥中自有天意,我总能够跟严先生的弟子们产生交集。先是中国社会科学院哲学所的王青教授推荐我负责北京大学刘玉才教授汇编的《日本五山版汉籍丛刊》中"孟子"部的翻译;后来赴日到日文研学习时第一个认识的是北京语言大学的周阅教授;再后来我到北京第二外国语学院(简称"北二外")工作后又认识了隔壁中国传媒大学的涂晓华教授……无论是王青老师、刘玉才老师还是周阅老师,抑或是涂晓华老师、张西艳老师,都给予了我学术上诸多的指导和帮助。而正是这种因缘际遇又吸引我开始接触严绍璗先生的文献学研究,特别是后来研读《日藏汉籍善本书目录》时,那种文人气运堪称惊为天人。

等到第二次与严绍璗先生坐在一起正式聊文献学,就已经到了我2018年博士临近毕业的时候。严格意义上说这应该算是第三次,因为在此之前张西艳博士论文答辩的时候叫我去帮拍照,也正是在那时候我相机里留下了严先生跟周阅老师、张西艳老师的合照。同样,在我临近毕业的时候也是张西艳叫我一起去严先生所在的泰康之家·燕园拍照(因为多少懂点拍照技术,加上设备还不错,当时不少朋友都愿意叫我帮忙去拍照)。去到泰康之家·燕园之后,严先生很高兴,跟我说你这设备高级。说的我内心无比忐忑,担心给德高望重的严先生拍不好。还好,严先生一直风趣地跟我们讲他以前搜集文献时的过往趣事,真正到拍照的时候整个人也就松弛了下来,拍了不少效果不错的照片。最有意思的是等回到北外宿舍,第二天严先生就跟张西艳打听照片的事情。因为是毕业季,当时在办理一些离校就业手续,拍完的照片我都有选出几张满意的照片修图的习惯,就耽搁了一下。张西艳问过我后,我连夜开始修图,最终发给张西艳的照片,严先生说很不错。

但是,实际上在第二次见面之前我已经开始接触文献学研究了,而作为开始文献学研究的契机就是严先生的《日藏汉籍善本书目录》和刘玉才老师"五山版孟子"的翻译工作。在日访学期间,我也一直在留意《山鹿素行文集》和伊藤仁斋《论语古义》《孟子古义》《语孟字义》研究中所使用的明治以来汇编的专著文集。等到后来去国立国文学研究资料馆和天理大学附属图书馆调查山鹿素行的清稿本、伊藤仁斋的手稿本的时候,就发现明治以来汇编的专著文集存在三个问题:一是不全、有缺失;二是汉文训读后与原文意思有出入;三是刊本和手稿本内容不一致。于是,我在博士论文中尝试通过在整理《孟子》相关目录的基础上,利用江户时代山鹿素行、伊藤仁斋的清稿本、手稿本展开日本思想史的研究。在后来一次拜访严先生的时候,我把已经获得优秀毕业论文的最终稿也送了一份给严先生,同时还收到严先生《日藏汉籍善本书目录》的签名和钤印。

待到博士毕业以后去探望严绍璗先生就比较频繁了,其中最重要的一个原因是因为国际日本文化研究中心刘建辉教授的一句话。读博期间留学访日的单位是刘教授所在的国际日本文化研究中心,在大枝山受到刘教授的诸多关照。等到2017年6月,那时我已经回国正在写博士论文,刘教授随同日文研所长小松和彦教授一起参加了北京日本学研究中心主办的"丝绸之路与日本文化"讲演会,晚饭的时候日研中心原主任严安生先生、周阅老师还有我们几个学生辈一起聚餐,席间刘建辉教授说对他人生影响最大的两位严先生,简称"二严",一位是严绍璗,另一位是严安生。我们当时作为学生听着刘老师跟严安生先生的对话宛如在听上古神话,那种冲击让我当场就在想象属于老一辈人的黄金时代。于是,那时候我便牢牢地记住了刘老师说的"二严"这个词,我想有朝一日我一定要组织一场学术活动,让"二严"和"一刘"有那么一场历史性的对话,让自己也亲自参与一场"黄金时代"的对话。很快,时间来到了2019年,我开始在北二外组织一些学术活动工作,于是我就跟我们学院院长杨玲教授提议,希望组织"二严"和"一刘"的学术讲座,但是当时没有在线视频的技术,只能到现场,加之当时已经深秋10月,很难在没有提前准备的前提下贸然邀请刘老师。杨院长建议先组织"二严"与北二外的特聘教授孙歌老师举办一次讲座试试水,看看效果。于是,我就开始组织这场严绍璗先生最后一次公开的学术活动"二严对歌——鼎谈日本研究中的问题意识"。3位先生的发言内容风趣,滔滔不绝,让一群"00"后的小朋友们跟着老朋友一起领略了属于一代人的黄金时代。虽然严绍璗先生仍然是在讲他如何整理文献目录,但是我想彼时彼刻严先生的话里是具有思想性的。与其说严绍璗先生谈了一个作为方法的文献学研究,不如说是他在呈现一种思考问题的方式,即用文献的思维打开日本研究的一条进路。于我而言,我如愿亲身参与、领略了文坛的一代宗师,在这场鼎谈的话语中看到了一个黄金时代的缩影。

  写到最后，我想借助思想史中朱子学日本化问题中的一个例子观察严绍璗先生文献学研究的意义和价值。根据《普门院经论章疏语录儒书等目录》的相关记载，结合现存宋椠本《无垢先生中庸说》的双重证据，我们可以明确地认为最早将"四书"传入日本的是圆尔辨圆。圆尔辨圆打破了日本禅林以佛教为主的单一思维方式，告诉镰仓时代的日本在佛教之外还有一种思维叫朱子学。于是，才有了后来岐阳方秀、桂庵玄树训解"四书"，再后来荻生徂徕的古文辞学。通过这种转变，我们在思想史中看到朱子学逐渐日本化的动态过程，但是当一切汉文都可以进行训读最后成为近现代的日文时，其中思想的意义中反而裹挟着训读者的意思。于是，严绍璗先生用文献学传递给日本思想史研究另一种声音——"斯文在兹"。

# 后　　记

呈现在读者面前的这本纪念文集,是诸位执笔者最近3个多月共同努力的结果,也是我们自认为献给可亲、可敬、可爱的严绍璗先生的最好礼物。

之所以称严先生"可亲、可敬、可爱",是由于严先生日常生活中所具有的君子风度、学术研究上所取得的辉煌业绩以及待人接物时所展现的品格魅力。相信诸位读者阅读这本纪念文集登载的各篇文章即可有清晰的认知和切身的感受。其实,一代学术大家的养成,离不开上述三种品格,甚至可以说缺一不可。这三种品格,可以说是严先生为我们后辈学人所树立的丰碑,永远值得我们学习与敬仰!借用严先生在《好人阴法鲁先生》所说的一句话,先生的生命精华凝聚在无限的苍穹之中,滋养着我们的心灵和精神!

受汤重南先生、王晓平先生、胡令远先生、王勇师、刘建辉先生5位发起人委托,本人负责操办2022年9月17日召开的"严绍璗先生追思会"以及纪念文集的约稿、编辑、翻译、出版诸事,深感责任重大,尤其是担心"名不正,言不顺"。但胡令远先生等发起人的指导鼓励、钱婉约教授等严门弟子的认可支持、王连旺副研究员等研究团队的配合协作,尤其是得到了日本学研究领域学界名宿与青年才俊的积极参与和热烈响应,不仅"严绍璗先生追思会"顺利举办,而且字数多达20余万的追思文章和研究论文也迅速结集。在此过程中,我深切感受到诸位执笔者严谨踏实的学风修养、造诣深厚的学术功力以及重情重义的学人情怀、尊师重道的学术传承,更从中深切感受到严先生人格魅力的高尚深远!正是得益于"可亲、可敬、可爱"的严先生,我们大家才会聚在一起,回顾近年来中国的日本学研究,出版这本纪念文集!

这本纪念文集的编撰还得到复旦大学文科资深教授葛兆光先生、北京大学博雅讲席教授吴志攀先生的热情鼓励和鼎力支持。在此向两位先生表达衷心的

# 后　记

感谢！一如追思会诸位参与者的发言顺序，本纪念文集收录的论文也按照执笔者的年龄排列。不妥之处，敬请谅解。对诸位执笔者热情、积极、主动、及时的配合，再次致以诚挚的谢意！

这本纪念文集是由从事日本学研究的5位长者发起，执笔者多为日本学领域的研究学者，其中谈及的也多是严先生在日本学领域取得的成就。除追思怀念文章之外，还刊载了多篇日本学领域的前沿学术论文。因此，纪念文集命名为《中国的日本学研究——严绍璗先生纪念文集》。当然，严先生在中国文学、古典文献学以及比较文学等领域所取得的辉煌业绩，也需要彰显、继承和发扬；在教育教学、社会活动等方面做出的巨大贡献，也值得我们铭记、缅怀和敬仰。

葛兆光先生在序文中，把这本纪念文集看作"献给严绍璗先生的一块墓碑"。期盼这块有限的墓碑能寄托我们无限的哀思和永远的怀念！

葛继勇

2022 年 12 月 18 日

图书在版编目(CIP)数据

中国的日本学研究：严绍璗先生纪念文集 / 汤重南等主编；葛继勇执行主编 . — 上海：上海社会科学院出版社，2023

（亚洲文明交流互鉴研究丛书）

ISBN 978 - 7 - 5520 - 4129 - 3

Ⅰ.①中… Ⅱ.①汤… ②葛… Ⅲ.①日本—研究—文集 Ⅳ.①K313.07 - 53

中国国家版本馆 CIP 数据核字(2023)第 092745 号

## 中国的日本学研究
### ——严绍璗先生纪念文集

| 主　　编：| 汤重南　王晓平　胡令远　王　勇　刘建辉 |
|---|---|
| 执行主编：| 葛继勇 |
| 责任编辑：| 熊　艳 |
| 封面设计：| 周清华 |
| 出版发行：| 上海社会科学院出版社 |
|  | 上海顺昌路 622 号　邮编 200025 |
|  | 电话总机 021 - 63315947　销售热线 021 - 53063735 |
|  | http://www.sassp.cn　E-mail:sassp@sassp.cn |
| 排　　版：| 南京展望文化发展有限公司 |
| 印　　刷：| 上海盛通时代印刷有限公司 |
| 开　　本：| 720 毫米×1000 毫米　1/16 |
| 印　　张：| 18.75 |
| 字　　数：| 305 千 |
| 版　　次：| 2023 年 8 月第 1 版　2023 年 8 月第 1 次印刷 |

ISBN 978 - 7 - 5520 - 4129 - 3/K · 687　　　　　　定价：98.00 元

版权所有　翻印必究